장창수의 역량평가
인바스켓

장창수의 역량평가 인바스켓

초판 1쇄 발행 2020년 2월 10일
　　2쇄 발행 2020년 8월 17일
　　3쇄 발행 2022년 3월 11일
　　4쇄 발행 2024년 6월 4일

지은이 장창수
펴낸이 장길수
펴낸곳 지식과감성#
출판등록 제2012-000081호

디자인 및 편집 지식과감성#
마케팅 김윤길, 정은혜

주소 서울시 금천구 벚꽃로298 대륭포스트타워6차 1212호
전화 070-4651-3730~4
팩스 070-4325-7006
이메일 ksbookup@naver.com
홈페이지 www.knsbookup.com

ISBN 979-11-6552-000-7(13320)
값 34,000원

ⓒ 장창수 2024 Printed in Korea

잘못된 책은 구입하신 곳에서 바꾸어 드립니다.
이 책의 전부 또는 일부 내용을 재사용하려면 사전에 저작권자와 펴낸곳의 동의를 받아야 합니다.

이 도서의 국립중앙도서관 출판예정도서목록(CIP)은 서지정보유통지원시스템
홈페이지(http://seoji.nl.go.kr)와 국가자료공동목록시스템(http://www.nl.go.kr/kolisnet)에서
이용하실 수 있습니다. (CIP제어번호 : CIP2020006007)

홈페이지 바로가기

장창수의 역량평가 인바스켓

한국역량평가개발원

장창수 지음

─ 역량평가 및 개발전문가가 직접 전하는 ─
인바스켓 핵심이론과 적용 포인트

POINT 1 인바스켓 유형별 이론과 예시 문제
POINT 2 실전과제풀이 및 질의응답

책 내용에 대한 자세한 설명을 원하시면,
Youtube에 "한국역량평가개발원"을 검색해주세요!

머리말

2000년대 초반 포스코에 근무하셨던 모 교수님으로부터 처음 접했던 인바스켓 평가는 저에게 충격 그 자체였습니다. 어떻게 풀어야 하는지, 답지 구성은 어떻게 하는지, 질의응답은 어떻게 하는 것인지 전혀 모르는 상황에서 속칭 '개망신'을 당한 사건이었는데, 가상기반(Simulation) 평가가 낯선 것도 있었지만 타인들과의 답지 구성 차이에서 얼굴이 화끈거리는 충격을 받았습니다.

이러한 경험으로 제가 문서나 상황에 대한 '철저확인력'과 '상황판단력'이 부족하다는 고민을 했었습니다만 한편으로는 사전에 경험이 있었다면 망신을 당하지는 않았을 텐데 하는 생각도 했습니다.

저는 당시 인바스켓이라는 평가 및 교육훈련 방식에 '신세계'를 본 듯 놀랐습니다. 가상상황 기반의 학습 방식을 '사례연구(Case Study)'와 '문제중심 학습과정(Problem based Learning)'을 통해 접한 경험이 있었지만 세밀하게 만들어진 가상상황은 기존에 경험한 것과는 많은 차이가 있었습니다.

많은 분들이 인바스켓이라는 평가 및 학습방식을 처음 접했을 때 저와 유사한 경험이 있었으리라고 생각됩니다. 왜냐하면 인바스켓은 지금껏 우리가 경험해보지 못한 새로운 방식이기 때문입니다. 우리는 주로 기술과 지식 중심의 5지선다형 평가에 익숙하였는데 사고력에 기반을 둔 상황기반에 평가에 매우 당황할 수밖에 없습니다.

인바스켓 평가 및 교육방식의 도입은 큰 변화이고 경험하지 못한 분들이 많기에 인바스켓을 준비하는 것도 어렵습니다.

많은 평가대상자들이 인바스켓 역량평가에 앞서 준비를 하며, 제게 "어떻게 준비를 하는 것이 좋은가요?"라는 질문을 많이 하는데, 답은 의외로 쉽습니다.

저는 먼저 기관에서 제공하는 사이버 교육과정을 보길 권유합니다. 구체적으로 전략적 사고, 기획력, 문제해결, 갈등관리, 대인관계, 고객만족, 성과관리, 리더십, 변화관리 등의 소속기관의 평가역량에 맞춘 교과목을 먼저 공부하시는 게 우선이라고 말씀드립니다.

이러한 권유에 많은 분들이 시시하다는 표정을 짓는데, 이는 기관 내부에서 진행하는 역량개발교육과 역량평가가 별개의 사안이라고 생각하시기 때문입니다.

인적자원개발(HRD, Human Resource Development)은 CBHRD(Competency Based Human Resource Development)라고 하는데 인적자원개발이 역량을 기반으로 한다는 것입니다. 여기에서 말하는 '역량'이란 개념과 역량평가(Assessment Center)에서의 역량과 같은 개념입니다.

인바스켓에서의 가장 큰 오해 중 하나는 평가자들이 매우 어려운 답을 원할 거라는 것입니다. "인바스켓은 하늘에서 별을 따오는 것이 아닙니다"라는 말을 자주 합니다. 인바스켓의 답은 조직 내 일상에서 일어나는 일들의 효과적인 대처방안입니다. 가장 효과적인 답은 이미 여러분이 잘 알고 계십니다. 다만, "에이 이런 시시한 답을 요구할까?"라는 의구심에 여러분은 큰 함정에 빠지게 됩니다.

"인바스켓의 답은 조직 내에서 일어나는 상식적인 대응방안이다."

예를 들어 조직 구성원 동기부여와 관련한 최적의 방안은 여러분도 경험하신 내용입니다. 여러분은 힘들 때 위로해주고 격려해준 선배들이 있었을 것입니다. 선배들의 격려로 여러분은 어려움을 극복하고자 하는 동기를 부여받았고 이후 열심히 일하여 현재의 위치에 계신 것입니다. 부하직원의 동기부여 장면이라면 여러분이 받았던, 혹은 가장 이상적인 장면들을 떠올리며 선배들이 여러분에게 보여준 내용을 그대로 해주면 됩니다. 장점을 칭찬해주고, 공감해주고, 등 두드려주고, 격려를 아끼지 않았던 상황에서 여러분들은 많은 동기를 얻었을 것입니다. 이보다 좋은 동기부여 방안이 있을까요?

물론 전문적인 지식과 기술을 필요로 하는 상황이 있습니다. 예를 들어 '목표기술'의 원칙을 제시해야 하는 과제가 있다면 SMART의 기본이론을 알고 있어야 합니다. 목표기술의 기본이론은 여러분이 경험한 '성과관리' 교육과정에서 배우셨던 내용이며 연초에 작성한 성과목표 기술 시에 사용한 기법이기도 합니다. 이는 사이버 과정을 신청하여 성과관리를 공부하시면 어렵지 않게 습득이 가능합니다.

일반적으로 인바스켓 평가의 우수한 답안은 일 잘하는 사람들의 행동을 기반으로 합니다. 전문성을 요구하는 경우에도 알고 보면 상식의 수준입니다.

인바스켓은 문제를 해결하는 과정입니다. 보고서 작성, 갈등관리, 변화관리, 부하직원 동기부여, 고객만족 등 제시되는 소과제는 해결해야 하는 현황과 문제가 있습니다. 이를 개선 및 해결하는 과정을 평가하는 것이 인바스켓 평가입니다.

"인바스켓은 조직 내외에서 발생하는 문제를 해결하는 것이다"

'조직 내외에서 발생하는 다양한 문제상황을 해결하는 과정'이라는 것을 염두에 두시고 일 잘하는 동료, 선배들을 생각하시면서, 상식적 수준 내에서 인바스켓 가상상황을 해결하시면 됩니다.
인바스켓 평가를 대비하는 많은 분들이 풀이 공식이 있는 것처럼 생각하시는데, 만약 그런 것이 존재한다면 인바스켓 평가는 사라졌을 것입니다.

본서는 인바스켓 평가대상자들을 위해 만들어졌습니다. 인바스켓에서 요구하는 역량의 기본적인 지식과 기술적인 핵심이론을 담았습니다. 그리고 평가대상자들이 보통 가장 힘들어하는 습득된 지식을 어떻게 인바스켓에 풀어내느냐, 즉 지식과 기술이 인바스켓에 응용될 수 있도록 다양한 과제와 모범사례들을 준비하였습니다.

본서는 역량개발과 인바스켓 평가 통과라는 두 마리 토끼를 잡을 수 있도록 만들어졌습니다. 단순히 인바스켓 평가를 통과하는 데 그치지 않고, 더 나아가 여러분이 역량개발을 할 수 있도록 초점을 맞추었습니다. 부디 여러분들의 역량개발에 큰 도움이 되길 바랍니다.

목차

머리말　4

제1강 — 인바스켓의 이해

1. 인바스켓이란? 　10
2. 인바스켓의 구조 　11
3. 인바스켓 유형 　12
   (1) 과제 진행 방식에 따른 분류
   (2) 과제 내용에 따른 분류
4. 인바스켓의 흐름 　13
   (1) 과제 검토/조치
   (2) 답지 작성/제출
   (3) 인터뷰/평가
5. 인바스켓 특성과 구조 　15
   (1) 인바스켓의 특성과 구조

제2강 — 인바스켓의 평가의 핵심이론

1. 귀납적 사고 　21
2. 연역적 사고 　32

제3강 — 과제 유형별 이론과 조치 방안

1. 전략적 사고(의사결정) 　40
   (1) 전략적 사고
   (2) 인바스켓 전략적 사고 과제
2. 기획력(문제해결) 　55
   (1) 기획력
   (2) 인바스켓 기획력 과제
3. 성과관리(목표관리) 　72
   (1) 성과관리
   (2) 인바스켓 성과관리 과제
4. 갈등관리(이해관계 조정) 　87
   (1) 갈등관리
   (2) 인바스켓 갈등관리 과제
5. 부하 동기부여(리더십) 　106
   (1) 동기부여
   (2) 인바스켓 동기부여 과제

6. 고객만족(고객지향) ... 126
    (1) 고객만족
    (2) 인바스켓 고객만족 과제
7. 변화관리(변화지향, 변화혁신) ... 141
    (1) 변화관리
    (2) 인바스켓 변화관리 과제
8. 조직문화(조직개발) ... 153
    (1) 조직문화
    (2) 인바스켓 조직문화 과제
9. 조직관리(자원효율화) ... 168
    (1) 조직관리
    (2) 인바스켓 조직관리 과제
10. 대인관계 및 의사소통(논리적 설득, 감성소통) ... 181
    (1) 대인관계 및 의사소통

제4강 인바스켓의 평가방식

1. 평가기준 '역량' ... 190
2. 평가를 위한 '기법' ... 191
3. 구체적인 평가 '방식' ... 192
    (1) 행동기준척도
    (2) 행동관찰척도
4. 평가를 담당하는 '평가사' ... 195

부록 인바스켓 실전 테스트와 해설 I

가족복지부 청소년정책실 청소년보호과 정한수 과장의 현안업무처리 ... 201
1. 전략적 사고 / 2. 조직관리, 고객만족 / 3. 변화관리, 의사소통 / 4. 기획력, 성과관리

부록 인바스켓 실전 테스트와 해설 II

사랑시 문화관광국 관광정책과 관광개발 팀 나현석 팀장의 현안업무처리 ... 249
1. 갈등관리 / 2. 조직관리, 고객만족 / 3. 기획력, 성과관리 /
4. 동기부여, 성과관리 / 5. 기획력, 고객만족

제1강

인바스켓의 이해

1. 인바스켓이란?
2. 인바스켓의 구조
3. 인바스켓 유형
4. 인바스켓의 흐름
5. 인바스켓 특성과 구조

제1강

인바스켓의 이해

1. 인바스켓이란?

인바스켓(In-Basket) 기법은 '서류함 내에 들어 있는 미결 서류들'이라는 의미로 국내에서는 '서류함 기법' 또는 '미결함 기법'으로 알려져 있습니다.

인바스켓 기법은 전 세계적으로 널리 활용되고 있는 가장 보편화된, 실용적인 심리검사[1] 도구로 역량평가(Assessment Center) 및 역량개발(Development Center)의 장면에서 많이 쓰이고 있습니다. 역량평가와 역량개발에서는 인바스켓 외에도 분석과 발표(Analysis&Presentation), 집단토론(Group Discussion), 1:1 역할연기(1:1 Role Play), 1:2 역할연기(1:2 Role Play), 사례연구(Case Study) 등을 사용하는데, 그중 인바스켓의 활용도가 가장 높습니다.

국내에서는 1980년대 초반 포스코가 처음 도입하였고, 2006년 고공단 역량평가 제도가 수립되면서 본격적으로 활용되기 시작하였습니다. 현재는 국내 역량평가에서 가장 보편화된 기법으로 자리매김하였습니다.

인바스켓은 업무상황과 유사한 가상상황(시뮬레이션)을 제공하고, 상황을 해결해 나가는 행동을 평가하는데, 가상상황은 정책기획 수립, 문제해결, 의사결정, 성과관리, 대인관계, 갈등관리(이해관계 조정), 구성원관리(부하 동기부여), 고객만족 등의 과제들이 주로 제시되고 기관에 따라 기관의 특수성을 고려한 다양한 문제상황들이 제시됩니다.

---

[1] 역량평가(Assessment Center)의 학문적 기반은 산업심리학에 있으며 심리검사의 범주에 있습니다.

2 인바스켓의 구조

과제상황은 기관마다 평가하려는 역량에 따라 다르게 구조화하는데, 중앙정부(인사혁신처)에서 실시하고 있는 고공단 평가와 서기관 평가의 인바스켓의 구조는 아래와 같습니다.

(1) 고공단 인바스켓 평가

고공단 인바스켓 평가(소과제 3개, 검토 및 조치 시간 50분, 인터뷰 30분)	
평가역량	전략적 사고, 성과지향, 변화관리
과제 이슈	• 정책기획 보고서 작성 및 피드백 등 • 업무분장 및 조직 효율화 등 • 팀워크 증진 및 조직 분위기 개선방안 등

(2) 과장급(서기관) 인바스켓 평가

과장급 인바스켓 평가(소과제 3개, 검토 및 조치 시간 50분, 인터뷰 20분)	
평가역량	성과관리, 조직관리, 동기부여
과제 이슈	• 정책기획 보고서 작성 • 자원 효율화(조직관리) • 구성원 동기부여

산업부 상임이사, 서울시, 경기도, 부산시, 고용노동부, 선거관리위원회, 각 교육청, 건강보험공단, 국민연금관리공단 등 많은 기관에서 인바스켓 평가를 활용하고 있으나 기관별로 평가역량과 기관의 특수성이 반영되어 다른 유형의 평가를 진행하고 있습니다. 기관마다 주어진 과제 검토/조치 시간들이 다르며, 인터뷰의 진행 유무, 인터뷰 시간, 소과제 명시 여부[2], 컴퓨터 활용 여부[3] 등도 다릅니다.

과제 검토/조치 이후 인터뷰를 진행한다면 평가대상자들은 과제를 작성한 답지를 반드시 제출하여야 합니다.

---

2) 구체적으로 과제를 명시하는 경우와 과제 명시 없이 전체 상황 내에서 평가대상자가 과제를 찾아서 해결하는 경우가 있습니다.
3) 과제 검토 답지 작성 시에 기관에 따라 수기(手記)로 작성하는 경우와 컴퓨터에서 아래한글과 같은 워드를 활용하여 작성하는 경우가 있습니다.

3 인바스켓 유형

(1) 과제 진행 방식에 따른 분류

유형	과제 검토/조치 시간	과제 명시 여부	인터뷰 진행
A 유형	40분~70분	명시함	진행
B 유형	40분~60분	명시하지 않음	진행
C 유형	60분~100분	명시함	진행하지 않음
D 유형	180분~240분	명시함	진행/진행하지 않음

A 유형은 국내에서 가장 많이 사용하는 유형입니다. 과제를 검토한 이후에 반드시 과제답지를 기반으로 인터뷰를 진행하는 방식으로 중앙정부에서 진행하는 고공단 후보들에 대한 평가와 산업부의 공공기관 상임이사 후보, 각 교육청, 건강보험공단 1급, 2급 후보 등을 예로 들 수 있습니다.

B 유형은 고용노동부 사무관 후보, 국민연금관리공단에서 사용하는 기법으로 평가대상자의 역량에 따라 다양한 과제들이 도출될 수 있습니다. 예로 평가기관에서 기대하는 소과제가 3개이지만 평가대상자가 해결해야 할 사안이라고 판단하여 6개의 과제를 찾아내고, 개선방안을 제시하면 가점을 받을 수 있습니다. 또한 과제답지 제출 이후 인터뷰를 진행합니다.

C 유형은 과제를 검토하여 조치하고 인터뷰 없이 답지만 제출하게 하는 방식입니다. 국세청 사무관 평가, 남동발전 초급간부 평가에서 사용하는 기법인데 노트 작성에 정교함이 필요합니다.

D 유형은 과거에 많이 진행하던 방식인데 8~10개의 과제를 주고 조치하게 하는 형식입니다. 비교적 과제의 수준이 단순하여 난이도는 높지 않으나 과제의 수가 많아서 어려움을 느끼게 됩니다.

위의 유형 외에 일주일 전에 사전 공통자료[4]를 제공하는 기관들도 있고 인터뷰는 진행하지만 가볍게 하는 경우도 있는 등 기관의 특성에 따라 기법의 형태가 다양합니다.

(2) 과제 내용에 따른 분류

유형		내용
가 형	현업업무와 관련도가 높음	평가대상이 속한 조직의 내부적 상황에 기반을 둔 과제로, 소속된 조직의 업무 여건과 유사한 상황들이 제시됨
나 형	현업업무와 관련도가 없음	평가대상이 속한 조직의 내부적 업무 여건과 관련이 없는 상황들이 제시됨

---

[4] 인바스켓 구성요소인 가상상황 국가 및 조직, 비전, 조직도, 주요 업무, 과제상황 등이 담긴 내용을 미리 배포하여 평가대상자들로 하여금 사전에 숙지하게 하는 방법입니다.

가 형은 소속된 조직의 구조와 업무 내용이 유사한 내용을 다루는, 평가대상자들에는 익숙한 환경이 제공되는 유형입니다. 지문으로 제공된 내용이 평소에 접해본 용어들이라면 한결 마음이 편해질 것입니다. 서울시 교육청 사무관 평가, 건강보험공단, 국민연금관리공단 등이 가 형의 형태를 보입니다.

나 형은 평소 본인들의 조직구조, 업무 내용과 다른 상황을 제시하는 경우입니다. 부산시 교육청 사무관 평가, 고용노동부, 보건복지부 등이 해당됩니다.

가 형은 소속 부서에 따라 호불호가 갈립니다. 건강보험공단을 예를 든다면 금년도 상황 배경이 '요양직군'과 관련한 주제라면 '요양직군' 부분에 계신 분들은 상대적으로 유리할 수 있습니다. 또한 '기술직군'에 계신 분들은 '행정직군'에 계신 분들에 비해 상대적으로 보고서 등을 다뤄보는 기회가 적어 손해를 본다고 생각할 수 있습니다. 이러한 유불리를 극복하고자 나온 방안이 나 형입니다. 나 형은 소속기관의 특성과 무관한 배경 상황을 만듭니다. 평가대상자들이 수행하는 업무와 무관한 내용들이 나온다는 의미로 이럴 경우는 과제상황으로 인한 유불리에 대한 불만을 조금이나마 줄일 수 있습니다.

하지만 위의 나 형에는 오류가 있습니다. 심리검사 도구들은 신뢰도와 타당도를 갖춰야 합니다. 신뢰도는 작년 결과와 올해 결과에 편차가 없어야 한다는 것이고, 타당도는 본 평가를 통과하면 성과를 내야 한다는 것입니다. 통과자가 성과를 내지 못하면 평가의 타당도가 떨어지는 것이므로 가 형처럼 사내의 사례를 기반으로 평가하는 것이 옳습니다. 소속기관의 리더로 승진하는 데 다른 기관의 직무 사례를 기반으로 평가를 한다는 것은 타당도를 입증하기에 무리가 있습니다.

그러므로 평가도구를 만들기 위해 반드시 진행하는 작업이 소속기관의 직무분석[5]입니다. 소속기관의 평가역량과 직무내용을 기반으로 기술, 행정, 연구개발 등의 직무별로 동일한 난이도의 가상상황을 만들어 진행하는 것이 옳습니다. 하지만 국내 기관들이 비용과 시간 등의 여력이 부족해 하나의 사례로만 진행하다 보니 일정 직무에만 유리하다는 불만이 나와서 나 형의 평가 방식을 수용하는 것으로 판단됩니다.

4 인바스켓의 흐름

인바스켓은 기본적으로 아래와 같은 3단계의 흐름을 지닙니다.

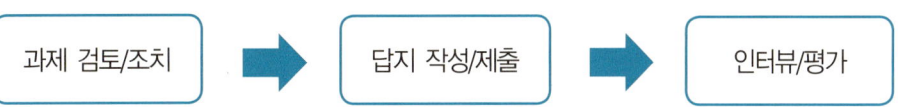

---
5) 직무분석을 통해 조직 구성원들의 필요역량을 구조화(Competency Modeling)하고 이를 기반으로 평가를 수행합니다.

(1) 과제 검토/조치

과제 검토/조치는 인바스켓의 핵심활동으로 효과적으로 대응하지 못한다면 인바스켓 평가가 실패로 이어질 수 있습니다.

과제검토/조치를 잘하기 위해서는, 먼저 인바스켓의 구조와 특성을 이해해야 합니다. 인바스켓은 가상 상황을 기반으로 각각의 소과제들이 상호 연계되어 있다는 특성이 있습니다. 그리고 문서에 대한 분석력과, 소과제별 특성에 대응하기 위한 지식이 필요합니다.

(2) 답지 작성/제출

답지 작성은 평가사와의 1차 의사소통으로 내용과 형식이 적절해야 합니다. 또한 기관의 평가방식에 따라 답지가 지니는 무게가 확연히 달라집니다.

인터뷰가 없는 기관이라면 답지 작성은 절대적인 비중을 가집니다.

인터뷰 유무와 관계없이 타이핑을 통해 답지를 작성하는 기관이라면 상대적으로 수기로 기술하는 기관에 비해 그 비중이 높습니다.

따라서 답지의 내용(현황파악과 개선방안, 언어표현력 등)과 형식(목차의 구성 등)은 매우 중요합니다.

(3) 인터뷰/평가

인터뷰의 핵심은 평가사와의 소통입니다. 기관의 특성에 따라 다르기는 합니다만 일부기관 평가의 경우 결과에 중대한 영향을 미칩니다.

검토된 과제의 내용과 의도는 인터뷰를 통해 평가되는데, 그래서 인터뷰 시에 효과적인 소통이 절대적으로 필요합니다. 평가사와 원활한 소통을 위해 평가 장면과 유사한 압박 상황에서의 소통 훈련이 요구됩니다.

본서는 위 흐름의 단계별 구조와 세부역량, 지식과 제기술을 중심으로 펼쳐나가겠습니다.

⑤ 인바스켓 특성과 구조

인바스켓은 평가도구 중 높은 예측 타당도를 보여주고 있으며 역량평가 장면에서 활용도가 가장 높습니다. 그 이유는 인바스켓이 지니는 특성과 구조에 있습니다. 인바스켓은 여러분들이 지금까지 체험하지 못한 평가 및 학습 방법이므로 반드시 그 특성과 구조를 이해하고 접근하여야 합니다.

(1) 인바스켓의 특성과 구조

1) 인바스켓은 문제를 해결하는 과정이다

인바스켓은 기본적으로 문제를 해결하는 과정입니다. 보고서 작성, 갈등관리, 변화관리, 부하직원 동기부여, 고객만족 등 제시되는 소과제들은 현황과 해결해야 하는 문제를 가지고 있습니다. 이를 개선, 해결하는 과정을 평가하는 것이 인바스켓 평가입니다.

> "인바스켓은 조직 내외에서 발생하는 문제를 해결하는 것이다."

문제(Problem)는 기본적으로 발생된(Past Tense) 또는 발생될(Future Tense) 문제입니다. 발생될 문제 유형은 현재는 발생하지 않았지만 발생될 미래 문제를 탐색하여 구조화하고 대응 방안을 수립하는 것이고, 발생된 문제 유형은 기존에 발생된 문제의 원인을 찾아 해결방안을 수립하는 것입니다.

발생될 문제 유형은 미래 상황이기 때문에 현상에서의 시사점을 도출해야 합니다. 예를 들어 과제 제목이 '4차 산업시대를 대비한 서비스 방향 수립'이라고 한다면 SWOT, PEST 등의 분석기법을 통해 현상의 시사점을 도출하고 이에 따른 대응 방안을 수립해야 합니다.

발생된 문제 유형은 과거의 상황을 다룹니다. 즉 현상에서 발생된 문제의 원인을 찾아 제거하거나 개선하는 과정입니다. 예를 들어 '학교 체육 활성화방안 수립'에서의 전제는 학교 체육이 활성화되지 않고 있다는 것이죠. 활성화되지 못한 문제점과 원인을 찾아 해결해주면 되는 것입니다. 인바스켓의 소과제들은 발생된 문제 유형을 담은 전형적인 문제해결 과제들입니다.

2) 인바스켓의 답지 구성은 논리적이어야 한다

인바스켓은 '내용'과 '형식'이 논리적이어야 합니다. '좋은 형식'이라 함은 추진배경 → 현황 → 문제점 → 원인 → 대안 → 실행의 맥락에 기반을 둔 논리적인 구조의 틀을 유지하고 있어야 합니다. 인바스켓은 현안업무 내에서 발생되는 다양한 문제들을 해결하게 되는데 '문제가 발생된 현상을 개선함'에 초점을 맞추는 스토리라인(Story Line)이 유지되어야 합니다.

> "인바스켓 답지의 '내용과 형식'은 논리적이어야 한다."

'내용의 탁월함'은 분석과 구조화, 논리적 타당함(논증)이 유지되어야 함을 말합니다.

'분석'은 제공된 다양한 자료들을 MECE(Mutually Exclusive and Collectively Exhaustive, 중복 없이 빠짐없이)의 관점에서 독해해야 하고 어휘력에 기반을 두고 표현하여야 함을 말합니다.

'구조화'는 분석한 다양한 의미들의 관련성을 도출하여 유목화하고 인과관계를 기반으로 현황과 문제점을 도출하여 전체 상황을 구조화함을 말합니다.

'논리적 타당함'은 제시된 현황과 문제점, 개선방안이 인과관계와 상관관계에 기반을 둔 논증적(주장과 근거)인 표현이 명료할 때 높일 수 있습니다.

3) 인바스켓은 숲을 봐야 한다

앞서 인바스켓이 가장 타당도가 높은 과제 유형이라는 말씀을 드렸습니다. 그 이유는 인바스켓은 3~4개의 소과제로 이루어져 있지만 각 소과제들이 큰 상황 내에 있기 때문입니다. 즉, '큰 하나의 상황 내에서 작은 소과제들로 구성되어 있다'라는 생각을 해야 합니다. 전체의 상황을 파악하지 못하면 인바스켓에 효과적으로 대응할 수 없습니다.

> "소과제들은 관련성이 있어 전체의 숲을 봐야 한다."

각 소과제들은 현황과 개선방안의 큰 영역으로 나뉘어 있습니다. 하지만 해당 소과제 내에 있어야 할 문제점과 개선방안은 다른 소과제 내에 있을 수 있습니다. 1번 소과제의 개선방안이 2번 소과제 내에 있을 수 있고 3번 과제의 개선방안의 중요 자료들이 앞단에서 제공되는 공통 자료에서 나올 수도 있습니다. 이는 인바스켓의 구조적인 특성으로 여러분들은 소과제 내용에 중심을 두되, 과제 전체를 유기적으로 바라보는 통찰력을 가지고 과제분석에 임해야 합니다. 즉, 나무를 보지 말고 숲을 봐야 한다는 것을 잊으면 안 됩니다. 특히 난이도가 높은 과제일수록 과제 간의 관련도가 높습니다.

4) 인바스켓은 가상상황에 기반을 두어 조치해야 한다

인바스켓은 시뮬레이션(Simulation) 즉, 가상상황을 기반으로 하고 있습니다. 가상상황이란 여러분들이 속해 있는 유사한 조직과 환경 그리고 조직 내에서 빈번하게 일어나는 현안 과제들을 제공하고 있다는 의미입니다. 가끔 현실과 가상상황을 혼동하셔서 현실의 답을 제시하시는 분들이 있는데 이러한 대처는 절대 금물입니다. 가상상황을 제시하는 이유는 여러분들이 어떻게 대처하는지를 보고 싶어 하는 것입니다. 여러분들은 철저히 가상상황에 몰입하셔야 하고, 본 상황을 벗어난 자료나 정보를 활용하시면 안 되며, 가상상황 내에 제시된 정보와 자료만을 이용하여 답안을 작성해야 합니다. 예를 들어, 과제를 조치하기 위해 본인의 경험이나 신문, 방송, 인터넷 등을 통해 접했던 정보를 제시하면 시뮬레이션 기반의 평가에 위배되는 사항입니다. 외부의 정보를 사용하여 답지를 조치하거나 질문에 대응하는 경우에는 평가자로부터 근거에 대한 강한 질문을 받게 됩니다.

"인바스켓은 주어진 가상상황의 정보에 기반을 두어 조치하여야 한다."

주어진 자료나 정보를 종합하여 새로운 정보를 만들거나, 원칙을 제시하는 것은 괜찮습니다. 예를 들어, 주어진 정보를 분석한 후 문제점을 정부, 사회, 가정의 세 가지 범주로 정리하여 구조화하는 것은 좋습니다. 또 자료를 분석하기 위해 기존에 사용되는 문제해결 방법론을 사용하는 것 역시 매우 좋은 방법입니다. 육하원칙, SWOT 분석, 3C 기법, 기승전결 기법 등 기존에 알고 계시는 문제해결 또는 상황을 구조화하는 기법을 사용하시는 것은 매우 좋은 결과로 이어질 수 있습니다.

5) 인바스켓은 상식적이다

인바스켓에서의 가장 큰 오해 중 하나는 평가자들이 어려운 답을 원할 것이라는 것입니다. "인바스켓은 하늘에서 별을 따 오는 것이 아닙니다"라는 말을 자주 합니다. 인바스켓의 답은 조직 내 일상에서 일어나는 일들의 효과적인 대처방안입니다. 가장 효과적인 답은 이미 여러분들이 잘 알고 계십니다. 다만, "에이 이런 시시한 답을 요구할까?"라는 의구심에 여러분들은 큰 함정에 빠지게 됩니다.

"인바스켓의 답은 조직 내에서 일어나는 상식적인 대응 방안이다."

예를 들어 조직 구성원 동기부여와 관련한 최적의 방안은 여러분들도 경험하신 내용입니다. 여러분들은 힘들어할 때 위로해주고 격려해준 선배들이 있을 것입니다. 선배들의 격려로 어려움을 극복하고자 하는 동기를 부여받았고 이후 열심히 일하여 현재의 위치에 계신 것입니다. 부하직원의 동기부여 장면이라면 여러분들이 받았던, 혹은 가장 이상적인 장면들을 떠올리며 선배들이 여러분들에게 보여준 내용을 그대로 해주면 됩니다. 장점을 칭찬해주고, 공감해주고, 등 두들겨주고, 격려를 아끼지 않았던 상황에서 여러분들은 많은 동기를 얻었을 것입니다. 이보다도 더 좋은 동기부여 방안이 있을까요?

인바스켓 과제개발은 직무분석에서부터 출발합니다. 조직 내외에서 일어나는 일상적이고 상식적인 내용을 다룬다는 것입니다. 여러분들의 직무 범위를 벗어나지 않습니다. 답은 여러분들에게 있고 지금까지 여러분들이 배워온, 사내에서 진행하는 역량개발과정 내에 있고 여러분들이 경험한 우수 행동사례(Best Practice) 내에 있습니다.

다만, 상식적이라는 말에 너무 치중하여 지나치게 일반적인(저급한) 상식을 사용하시면 안 됩니다. 우리 나라의 직장인 중에 SWOT 분석 기법의 개념을 모르는 사람은 없으리라고 생각합니다만 때로는 모르는 분들도 있습니다. 같은 과제에 A는 SWOT을 통해 시사점을 도출하여 대응 방안을 수립했고, B는 인과분석을 통해 문제점을 도출하고 개선방안을 수립했습니다. 상식이라는 동일한 틀에 있지만, A와 B의 과제 결과는 완전히 다릅니다.

상식이라는 틀은 유지하되 고급 상식(High Normal)을 활용하여야 합니다. 이는 승진대상자로서의 기본적인 지식을 요구하는 것으로 높은 상식의 함양은 꼭 필요합니다. 제가 만나본 대다수의 평가대상자는 다양한 지식과 경험을 가지고 계신 분들이었습니다.

제2강

인바스켓 평가의 핵심이론

1. 귀납적 사고
2. 연역적 사고

제2강 인바스켓의 평가의 핵심이론

여러분에게 제공되는 인바스켓 과제는 주로 아래의 주요 소과제로 구성됩니다.

	인바스켓 주요 소과제
1	전략적 사고(의사결정)
2	기획력(문제해결)
3	성과관리(목표관리)
4	갈등관리(이해관계 조정, 협의조정)
5	동기부여(리더십, 조직관리)
6	고객만족(고객지향)
7	변화관리(변화지향)
8	조직문화(조직개발)
9	조직관리(조직 자원효율화)
10	대인관계 및 의사소통(논리적 설득, 감성소통)

위의 10대 소과제는 국내 역량평가 장면에서 자주 사용되는 주제들입니다. 본서에서는 위의 10개의 주제를 효과적으로 해결하기 위한 주제별 기본이론, 분석의 틀(Frame), 개선(해결)방안, 과제해결의 절차(Process)들을 제시하며 소과제별 예시과제를 풀어보도록 하겠습니다.

소과제별 내용을 다루기 이전에 공통으로 학습해야 할 영역이 있습니다. 인바스켓 평가는 문서를 기반으로 진행됩니다. 즉, 가상상황을 제시한 문서 안에 있는 내용분석을 통해 문제해결을 해야 합니다. 문서의 분석과 사고의 과정을 통해 현황과 문제점(원인), 개선방안(대안)을 찾아야 하는데, 이를 위해 문제점과 원인을 찾기 위한 독해(讀解) 과정이 요구됩니다.

경험상 거의 모든 대상자가 역량평가를 수행함에 시간이 부족하다고 말합니다. 시간이 부족한 이유가 무엇일까요? 독해하는 데 시간이 오래 걸리기 때문입니다. 위에서 언급한 것처럼 인바스켓은 문제해결을 위한 과정입니다. 문제해결을 위해서는 가장 먼저 문제점(원인)을 찾아야 합니다. 문제점을 찾지 못하면 문제해결이 안 되는 것은 당연한 이치이겠지요. 그러기에 문서를 분석하여 문제점을 찾는 독해력은 필수적인 요소입니다.

우리는 문제해결을 위해 문제점을 찾거나 판단을 위한 근거를 찾을 때 두 가지의 접근을 합니다. 하나는 분석과 그루핑을 통해 문제점을 도출하는 귀납적 사고(歸納的思考)와 경험을 기반으로 추론(推論)을 통해 문제점을 찾는 연역적 사고(演繹的思考)입니다. 다소 어려운 내용이지만 역량평가의 환경에 맞게 설명을 드리겠습니다.

1 귀납적 사고

귀납적 사고(Inductive Thinking)는 구체적인 사실들로부터 일반적인 사실에 도달하게 한다고 하여 '수렴형 사고'로 부르기도 합니다. '소크라테스는 죽는다, 공자도 죽는다, 간디도 죽는다, 고로 인간은 죽는다'라는 흐름이 대표적인 귀납적 사고의 사례입니다. 귀납적 사고는 가장 많이 사용하는 방법으로, 제시되는 지문과 표, 그래프들을 분석(分析)하여 의미(논지)를 파악하고, 파악된 의미들의 관련성을 고려하여 분류(分類) 또는 유목화(類目化)하여 결론에 도달하는 과정을 말합니다.

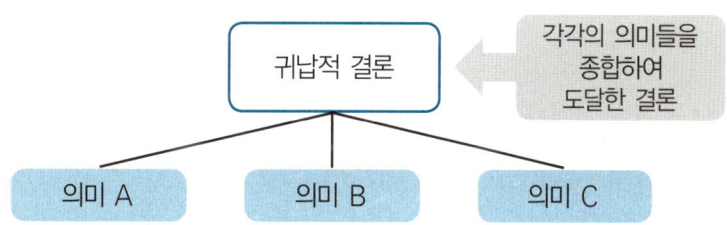

귀납적으로 접근하기 위해서는 먼저 지문 또는 그래프, 표의 의미를 정확하게 파악하여야 합니다. 지문의 의미를 파악하는 작업은 분석하는 과정으로, 역량평가 장면에서 제시되는 지문들은 '단순 설명적', '목적과 수단적', '논증적', '인과적' 표현이 제시됩니다.

지금부터 주로 제시되는 네 가지의 지문 유형과 각 유형의 의미를 도출하는 방법에 대해 설명해 드리겠습니다.

'단순 설명적'이라 함은 현상을 그대로 표현하는 것입니다. '하늘이 너무 맑다'라는 표현은 현상을 그대로 설명하는 표현입니다.

[테스트 1] 아래 글의 의미를 도출하시오.

> 오늘은 11월 27일입니다. 당신은 한라국 근로고용부 고용정책실 사회적기업과 김혜진 사무관입니다. 사회적기업과에서의 당신의 업무는 사회적 기업 지원 기본계획 및 실태조사, 제도개선 정책총괄, 사회적 기업 법령 제/개정, 사회적 기업 관련 타 부처 법령 검토 준비 등의 업무를 담당하고 있습니다.

위의 글의 의미는 '귀하는 사회적기업과 김혜진이고 담당 업무는 사회적 기업의 조사, 지원, 제도 및 법령 개선 등입니다'로 해석할 수 있습니다. 위의 글은 비교적 단순하여 제시된 대로만 파악하면 됩니다. 위와 같은 글은 주로 인바스켓의 배경과 상황을 설명하는 단계에서 제시됩니다.

다음은 '목적과 수단'을 담은 글입니다. 주된 내용은 목적과 목적 달성을 위한 수단을 표현한 내용입니다.

[테스트 2] 아래 글의 의미를 도출하시오.

> 우리 기업의 비전 달성을 위해 우리는 매출 극대화와 이익 개선이 반드시 필요합니다. 매출 달성을 위해서는 고객만족도 제고도 절대적인 요소입니다. 고객만족도를 높이기 위해서는 고객의 요구를 파악하고 대응하는 것이 중요합니다.

위의 글은 '비전 달성'이라는 목적을 달성하기 위해 '매출 극대화와 이익 개선'이라는 수단을 말하고 있고 핵심 수단으로 '고객만족도 제고를 위한 고객의 요구 파악'을 제시하고 있습니다. 목적을 도입 부분에 기술한 두괄식(頭括式)[6] 지문입니다.

다음의 글은 '논증적 구조'를 표현하는 글입니다. 논증의 구조는 주장과 근거를 제시하는 것입니다.

[테스트 3] 아래 글의 의미를 도출하시오.

> 인터넷 은행을 정상궤도로 끌어올리려면 은산분리 같은 족쇄를 풀어 주어야 한다. 그 이유는 국제결제은행(BIS) 자기자본비율을 일정 수준 유지하려면 늘어난 대출만큼 자본도 확충해야 하고, 인터넷 은행들은 서버 접속 불발이나 이체 중단 등 서비스 오류로 고객에게 불편을 주지 않도록 인프라 투자와 관리 노력을 배가해야 하기 때문이다.

위의 글은 그리 어렵지 않은 내용으로 '은산분리 같은 족쇄를 풀어 주어야 한다'라는 주장(판단)과 근거로 이루어진 문장입니다.

---

6) 문장에 결론을 어디에 배치하느냐에 따라 두괄식, 중괄식(中括式), 미괄식(尾括式)의 유형으로 나뉩니다. 우리나라는 전통적인 기승전결의 문장구조에 따라 미괄식이 많으나 서구는 결론을 도입 부분에 두는 두괄식의 유형이 많습니다. 그러나 최근 한 장 보고서(One Paper Proposal)가 활성화되면서 국내에서도 두괄식의 유형이 많아지고 있습니다.

- 주장: 인터넷은행을 정상궤도로 끌어올리려면 은산분리 같은 족쇄를 풀어야 한다.
- 논거: 국제결제은행(BIS) 자기자본비율을 일정 수준 유지하려면 늘어난 대출만큼 자본도 확충해야 하고, 인터넷은행들은 서버 접속 불발이나 이체 중단 등 서비스 오류로 고객에게 불편을 주지 않도록 인프라 투자와 관리 노력을 배가해야 하기 때문이다.

위와 같은 글의 형태를 상관관계와 인과관계 기반의 '논증(論證)'이라고 합니다. 상관관계는 두 변수 간에 일정한 관계가 있는 것입니다. 한 변수의 변화가 다른 변수의 변화와 관련이 되는 거죠. 반면 인과관계는 원인과 결과의 관계까지 명확히 밝힌 것이라고 보시면 됩니다. 글은 무엇이 원인이고 무엇이 결과인지 명확히 알 수 없는 상관관계에 기반을 두고 있습니다.

'논증'은 사전적으로는 '어떤 판단의 진리성 이유를 분명히 하는 일'입니다. 좀 더 쉽게 표현을 하자면 '주장에 대한 근거와 배경 이유를 명확히 함'을 논증이라고 말합니다. 논리학에서는 주장을 '논지(論旨)'라고 하고 근거를 '논거(論據)'라고 합니다. 주장과 판단을 할 때 즉, 논지는 논거인 그 근거나 이유, 배경의 타당함이 있어야 타인들의 수용성을 높일 수 있고, 논리적 접근이라고 말할 수 있습니다. 주장만 있고 근거가 없을 때, 우리는 '억지 주장'이라는 표현과 함께 심할 때는 궤변(詭辯)이라고까지 합니다. 말이 안 된다는 의미로 논리적이지 못하다는 뜻입니다.

논리적 표현은 논증의 구조를 유지함에 있습니다. 주변에 말을 잘하는 사람들의 특징은 무엇일까요? 그들의 표현은 논리적입니다. 논리적이라는 것은 주장과 근거가 명확함을 말합니다. 그래야만 상대가 여러분의 말을 수용할 것입니다.

역량평가에서 논증적 구조는 매우 중요합니다. 제시하는 현황과 문제점, 개선방안 등은 주장으로 이를 뒷받침하는 근거가 없다면 결코 논리적이지 못하고 좋은 점수를 취할 수 없습니다.

여러분이 평가사의 질문에 '제도 미비'라는 문제점을 제시했다면 평가사는 근거를 반드시 묻는다는 것을 명심하시고, 도출된 문제점의 근거를 과제들의 내용을 종합하여 명확히 하는 데 초점을 맞추어야 합니다. 그래야만 평가사는 여러분이 논리적으로 대응한다고 인정합니다.

다음의 글은 '인과관계적' 표현으로 결과와 원인을 제시하는 지문입니다.

[테스트 4] 아래 글의 의미를 도출하시오.

중소기업청에서는 지난해 12월부터 올해 2월까지 1,550개 전통시장을 대상으로 소방청, 전기안전공사, 가스안전공사와 함께 안전 점검을 시행한 결과, 상당수 시장의 안전시설이 노후화되어 있었습니다. 대부분의 전통시장 시장 상인들은 시설개선 비용부담을 감당하기 어려운 영세 생계형 사업자이며 또한 안전의식도 낮아 재난방지시설 개선을 기피하고 있어, 전통시장 화재 발생 요인이 상당히 높은 것으로 전통시장 안전점검 결과 조사되었습니다.

그리 어렵지 않은 내용입니다. '안전시설이 노후화되어 있어 화재발생요인이 상당히 높다'라는 결론(결과)과 '시장 상인들이 비용부담을 감당하기 힘든 영세 생계형 사업자들이다'라는 문제점(원인)으로 이루어진 문장입니다. 위와 같은 글의 형태를 '인과관계(因果關係)' 문형이라고 합니다.

위의 4가지 표현 외에도 다양한 문장 형태가 존재합니다만 일반적으로 인바스켓에서 나오는 문장의 유형은 위의 글이 대부분입니다.

> "인바스켓 과제를 풀면서 현황과 문제점(원인), 개선방안을 찾아야 합니다.
> 그리고 논증적 구조로 표현해야 합니다."

일반적으로 제시되는 지문에서는 '접속어'의 형태로 핵심의미를 도출할 수 있습니다. 의미(결론)를 알리는 접속어로 주로 '그래서, 결론은, 따라서, 그러므로, ~으로, 그 결과' 등의 표현이 쓰입니다. 주장의 근거를 제시하는 접속어로는 '왜냐면, 이는, ~ 때문에, 요인은' 등이 있는데, 이는 인과관계를 설명할 때에도 사용될 수 있습니다. 그리고 이러한 표현들은 접속어가 없이 글의 맥락으로도 표현될 수 있다는 것을 생각하셔야 합니다.

[테스트 5] 아래 글의 의미를 도출하시오.

> 세계 경제는 제2차 세계대전을 기점으로 큰 전환이 이루어졌다. 기업이 그 존속과 성장을 위해 소비 시장을 놓고 치열한 경쟁을 벌이게 된 것이다. 그 결과 시장은 생산자 중심에서 구매자 중심으로 바뀌었다.

위 글의 의미는 '시장은 생산자 중심에서 구매자 중심으로 바뀌었다'입니다. 위의 글에서 '그 결과'라는 접속어가 핵심의미(결과)를 알려주었습니다.

[테스트 6] 아래 글의 의미를 도출하시오.

> 우리나라의 조직은 대화, 토론, 의견 교환, 주장과 같은 커뮤니케이션이 약하다. 특히 수직적 문화로 조직은 경직되어 과정, 소통 등은 등한시되고 결정, 확정된 사항을 이야기하는 것을 좋아한다. 토론을 꺼리는 명령 위주의 조직문화가 갈등을 유발하는 요인이 된다.

위 글의 의미는 '수직적인 문화로 인한 소통의 부재가 갈등을 유발한다'입니다. 위의 글은 접속어 없이 표현된 문장 유형입니다.

인바스켓은 글로 작성된 지문 자료 외에 표와 그래프 자료들도 제공됩니다. 마찬가지로 의미를 분석하는 것이 일차적 작업입니다.

[테스트 7] 아래 그래프의 의미를 도출하시오.

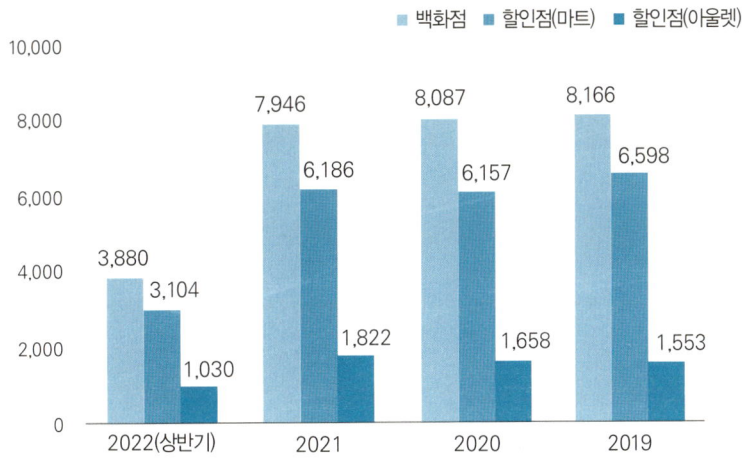

위의 그래프 내용은 혼란의 여지는 있으나 어렵지 않은 내용입니다. '백화점의 매출 규모는 가장 크나 매출이 소폭 하락하는 추세이고, 할인점(마트)의 매출 규모는 2위 수준이며 매출 흐름은 보합세이며, 할인점(아울렛)은 매출은 낮으나 매출 성장세가 높음'이라는 의미를 도출할 수 있습니다.

[테스트 8] 아래 표의 의미를 도출하시오.

		10대	20대	30대	40대	50대
백화점	고객 비율	12%	25%	27%	17%	19%
	매출액 비율	5%	23%	31%	30%	11%
마트	고객 비율	10%	17%	31%	27%	15%
	매출액 비율	4%	13%	35%	32%	16%
아울렛	고객 비율	8%	13%	25%	33%	21%
	매출액 비율	3%	8%	27%	38%	24%

위의 표는 '백화점의 고객 비율은 20대~30대가 높고, 매출액 비중은 30대~40대가 높음, 마트의 고객 비율과 매출 비율은 30대~40대가 높음, 아울렛의 고객 비율과 매출 비율은 30대~40대가 높음'으로 분석할 수 있습니다.

하지만 위의 내용은 단순 분석이고 3개의 점포 유형에 고객 비율이 효과적인지 매출 비율이 효과적인지 생각해볼 필요가 있습니다. 백화점 10대 고객의 경우 고객 비율은 높지만, 매출 비율은 낮음을 나타냅니다. 이 상황에서 고객의 수보다는 고객들이 올리는 매출이 중요하다는 생각을 하게 됩니다. 즉, 고객 비율보다는 매출 비율이 전체의 표를 판단하는 데 중심이 된다고 판단할 수 있습니다.

다시 의미를 정리하자면 '백화점, 마트, 아울렛 모두 30대~40대가 매출액 비중이 높은 주 고객층임'을 알 수 있습니다.

위의 사례에서 보듯 단순히 숫자가 지니는 의미만을 파악함에서 좀 더 나아가 축적된 본인의 경험과 학습을 기반으로 표가 지니고 있는 감춰진 의미까지 꿰뚫어 보는 것을 통찰(通察)이라고 말합니다. 통찰력이 있다면 주변의 상황까지 고려한 본질적인 의미를 파악할 수 있기에 문제해결이 쉬워지고, 이는 높은 수준의 역량을 지니고 있음을 말합니다.

[테스트 9] 아래 표의 의미를 도출하시오.

		2022년(상반기)	2021년	2020년	2019년
백화점	매출액	3,880	7,946	8,087	8,166
	영업이익	302	602	788	811
	영업이익률	7.7%	8.5%	9.7%	9.9%
마트	매출액	3,104	6,186	6,157	6,598
	영업이익	−22	57	58	59
	영업이익률	−0.7%	0.9%	0.9%	0.9%
아울렛	매출액	1,030	1,882	1,658	1,553
	영업이익	126	197	149	139
	영업이익률	12.2%	10.4%	8.9%	8.7%

위의 표는 '백화점의 매출액과 영업이익은 가장 크며 매출과 영업이익 흐름이 소폭 하락하는 추세이고, 할인점(마트)의 매출액은 2위 수준이고 매출 흐름은 보합세이며 영업이익률은 가장 낮고 2022년 상반기 적자를 기록하였으며, 할인점(아울렛)은 매출 규모는 낮으나 매출 성장세가 높고, 영업이익과 영업이익률의 성장률이 가장 높음'이라고 분석할 수 있습니다. '백화점의 매출과 영업이익은 떨어지나 사업의 핵심이며, 아울렛은 매출액과 영업이익의 성장세가 높아 향후 유망한 사업이나, 마트는 영업이익률이 적자로 전환되어 사업 매력도가 떨어지고 있음'이라고 판단됩니다. 한 걸음 더 들어가면 '백화점과 아울렛의 사업을 강화해야 함'이라는 의미를 도출할 수 있습니다.

독해는 지문과 표, 그래프를 분석하는 작업을 말하는데 위에서처럼 주어진 자료의 의미를 도출하는 것이 독해의 출발입니다. 의미 도출은 주어진 자료들을 분석하여 숨겨진 의미까지 파악하는 것이 핵심임을 잊지 마십시오. 파악된 의미들은 분류와 유목화의 단계를 거쳐 결론에 이르게 됩니다.

분류와 유목화는 비슷한 의미로 말하지만, 분류는 같은 색깔, 모양 등으로 구분하는 것을 말하고 유목화는 같은 범주를 의미하는데 장미, 백합, 개나리가 '꽃'이라는, 개, 고양이, 토끼가 '동물'이라는 표현을 하였을 때 이를 유목화라고 합니다. 그리고 이러한 분석과 결론에 이르는 과정을 인지과정(認識過程)이라고 합니다.

독해력을 키우기 위한 좋은 방법은 독서입니다. 하지만 책은 그래프와 표의 구성이 적기 때문에 역량평가를 준비하는 상황이라면 보고서를 자주 접하는 것이 가장 효과적입니다.

귀납적 사고는 구체적인 사실에서부터 일반적 사실로 접근한다고 말을 했습니다. 쉽게 말해서 수집된 의미들을 모아서 새로운 의미 즉, 결론을 만들어 내는 작업입니다.

이제는 위에서 제시된 [테스트 7], [테스트 8], [테스트 9]을 기반으로 "다음 자료를 바탕으로 아래 업체의 수익구조를 분석하시고 시사점을 도출하시기 바랍니다"라는 하나의 과제로 만들어 보겠습니다.

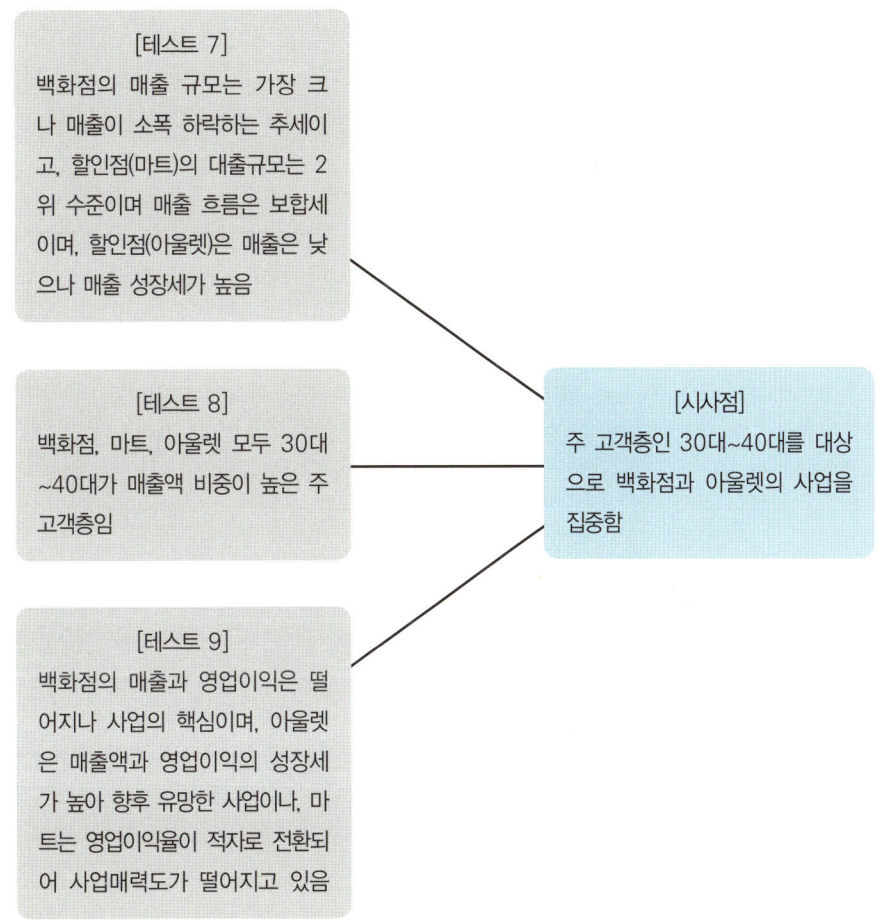

3개의 표와 그래프에 있는 의미들을 모아 하나의 결론을 도출하였습니다. 이렇듯 펼쳐져 있는 구체적인 의미들을 하나의 의미로 모으는(일반화) 방법이 귀납적 사고입니다.

이제는 지문을 중심으로 문단의 의미들을 분석하고 결론에 다다르는 작업을 해보겠습니다.

[테스트 10] 아래의 글을 분석하여 현황과 문제점 및 개선방안을 도출하시오.

> ### "진정한 전통시장 활성화를 위해서는 실질적인 지원이 필요"
>
> 지난 15년간 전통시장 활성화 일환으로 시설 현대화 사업이 대대적으로 추진됐습니다.
> 그런데, 재래시장 많이들 이용하시나요? 저조차도 장을 볼 때면 대형마트로 발길을 옮기고 있는 실정입니다. 이처럼 전통시장 활성화사업을 대대적으로 추진했음에도 불구하고 소비자들을 끌어들이는 데 한계를 드러내고 있습니다.
>
> 그러면 소비자들을 끌어들이려면 어떻게 해야 할까요? 전통시장 상인들의 서비스 개선 등의 의식변화와 소비자들의 눈높이에 맞는 다양한 콘텐츠 개발로 대형유통업체와 차별화된 경쟁력을 갖춰야 합니다.
>
> 24일 경상북도에 따르면 지난 2008년부터 지난해까지 도내 전통시장의 시설 현대화 사업에 총 2,500억여 원이 투입된 것으로 나타났습니다. 시설 현대화 사업은 아케이드 설치와 주차장·고객 편의시설 구축에 집중되고 있었습니다.
>
> 올해에도 도내 8개 시·군의 9개 시장에 59억여 원이 시설 현대화 사업비로 투입될 예정입니다. 그러나 지난 2008년부터 매년 190여억 원가량이 평균적으로 전통시장 활성화를 위한 시설 현대화 사업에 투입됐음에도 불구하고, 도내 전통시장 매출 향상 등의 실질적인 효과는 기대에 미치지 못하고 있습니다.
>
> 중소기업청에서 발췌한 자료에 따르면 지난 2001년 전국 전통시장 총매출은 40조 1,000억 원(1,438곳)에서 2013년 20조 7,000억 원(1,502곳)으로 48%나 급감한 것으로 나타났습니다. 전통시장 한 곳당 평균 매출도 2001년 279억 원에서 2013년 138억 원으로 50.5% 하락했습니다. 이러다간 추억이 담긴 전통시장을 보지 못하게 될 수도 있겠습니다.
>
> 대형마트 의무휴일제 등의 새로운 변수가 발생했음에도 전통시장 활성화가 요원한 실정입니다. 대체 왜 그럴까요? 이는 전통시장 활성화 정책의 초점이 상인과 상가에만 맞춰졌기 때문입니다. 소비자들을 위한 특화된 상품 개발과 서비스 질적 향상, 홍보마케팅 등 '소프트웨어'에 대한 투자가 빈약해 고객 유치 효과에는 한계가 있는 것입니다.
>
> 정부가 매년 실시한 '전통시장 육성사업 성과평가 보고서'에서도 전통시장의 시설 위주 환경 개선이 매출 증대로 이어진 것은 10% 미만인 것으로 나타났습니다. 전통시장 활성화를 위해서는 시설 현대화 사업도 중요하지만 홍보·고객 유치 지원 등의 소프트웨어적인 측면에 대한 정책 비중의 확대와 상인들의 적극적인 참여를 유도할 필요성이 강조됩니다.

[답지 작성] 위 글을 분석하여 현황과 문제점 및 개선방안을 도출하시오.

이제는 제시해드린 과제를 분석해보도록 하겠습니다. 이후에 여러분의 답지와 제가 작성한 답지를 비교하여 스스로 피드백하시길 바랍니다. 다음에 제시된 [과제 1차 분석답지]는 인과관계와 상관관계의 원칙을 활용하여 나열한 결과입니다. 일차적으로 본 사안을 추진하게 된 배경, 지금까지의 사업추진 결과(현황, 문제), 사업추진 결과를 만들어낸 원인(문제점), 본 사안을 해결하기 위한 제언들(개선방안)의 순으로 구분하여 작성한 결과입니다.

[과제 1차 분석답지] 도내 전통시장 활성화 방안

◎ 추진배경
지난 15년간 전통시장 활성화 일환으로 시설 현대화 사업이 대대적으로 추진됐으나, 소비자들을 끌어들이는 데 한계를 드러내 이에 대한 방안이 요구됨

◎ 현황
- 24일 경상북도에 따르면 지난 2008년부터 지난해까지 도내 전통시장의 시설 현대화 사업에 총 2,500억여 원 투입(매년 190억여 원 투입)
- 올해에도 도내 8개 시·군의 9개 시장에 59억여 원의 시설 현대화 사업비가 투입될 예정
- 이와 같은 투자에도 도내 전통시장 매출 향상 등의 실질적인 효과를 거두지 못하고 있음
- 2001년 전국 전통시장 총매출은 40조 1,000억 원(1,438곳)에서 2013년 20조 7,000억 원(1502곳)으로 48%나 급감(자료: 중소기업청)
- 전통시장 한 곳당 평균 매출도 2001년 279억 원에서 2013년 138억 원으로 50.5% 하락
- 정부가 매년 실시한 '전통시장 육성사업 성과평가 보고서'에서도 전통시장의 시설 위주 환경 개선이 매출 증대로 이어진 것은 10% 미만인 것으로 나타남

◎ 문제점
- 시설 현대화 사업은 아케이드 설치와 주차장·고객 편의시설 구축에 집중되고 있음
- 전통시장 활성화 정책의 초점이 상인과 상가에만 맞춰졌음. 대형마트 의무휴일제 등의 새로운 변수가 발생했음에도 전통시장 활성화가 요원한 실정
- 소비자들을 위한 특화된 상품 개발과 서비스 질적 향상, 홍보마케팅 등 '소프트웨어'에 대한 투자가 빈약해 고객 유치 효과에는 한계가 있음

◎ 개선방안
- 전통시장 상인들의 서비스 개선 등의 의식변화와 소비자들의 눈높이에 맞는 다양한 콘텐츠 개발로 대형유통업체와 차별화된 경쟁력을 갖춰야 한다는 지적
- 도내 전통시장 활성화를 위해서는 시설 현대화 사업도 중요하지만, 홍보·고객 유치 지원 등의 소프트웨어적인 측면에 대한 정책 비중을 확대와 상인들의 적극적인 참여를 유도할 필요성이 강조됨

이제는 위의 글을 유목화하고 새로운 개념과 언어로 정리하여 보겠습니다.

[과제 2차 분석 모범답지] 도내 전통시장 활성화 방안

◎ 추진배경
지난 15년간 전통시장 활성화 일환으로 시설 현대화 사업이 대대적으로 추진됐으나, 소비자들을 끌어들이는 데 한계를 드러내 이에 대한 개선방안이 요구됨

◎ 현황
- 전국 전통시장 매출 현황 및 결과
  - 2001년 전국 전통시장 총매출은 40조 1,000억 원(1,438곳)에서 2013년 20조 7,000억 원(1,502곳)으로 48%나 급감(자료: 중소기업청)
  - 전통시장 한 곳당 평균 매출도 2001년 279억 원에서 2013년 138억 원으로 50.5% 하락(자료: 중소기업청)
  - 전통시장의 시설 위주 환경 개선이 매출 증대로 이어진 것은 10% 미만인 것으로 나타남(자료: 정부 '전통시장 육성사업 성과평가 보고서')

- 경상북도 전통시장 투자 현황
  - 24일 경상북도에 따르면 지난 2008년부터 지난해까지 도내 전통시장의 시설 현대화 사업에 총 2,500억여 원 투입(매년 190여억 원 투입)
  - 올해에도 도내 8개 시·군의 9개 시장에 59억여 원의 시설 현대화 사업비가 투입될 예정

◎ 문제점
- 시설 위주의 환경개선
  - 시설 현대화 사업은 아케이드 설치와 주차장·고객 편의시설 구축에 집중되고 있음
  - 전통시장 활성화 정책의 초점이 상인과 상가에만 맞춰졌음.

◎ 정책 방향
소비자들을 위한 특화된 상품 개발과 서비스 질적 향상, 홍보마케팅 등 '소프트웨어'에 대한 투자 강화

◎ 개선방안
- 홍보, 마케팅 강화
  - 도내 전통시장 활성화를 위해서는 시설 현대화 사업도 중요하지만, 홍보·고객 유치 지원 등도 요구됨

- 콘텐츠 개발
  - 전통시장 상인들의 서비스 개선 등의 의식변화와 소비자들의 눈높이에 맞는 다양한 콘텐츠 개발
  - 소프트웨어적인 측면에 대한 정책 비중 확대와 상인들의 적극적인 참여를 유도할 필요성이 강조됨

분석 작업을 통해 현황과 문제점, 개선방안을 계층적으로 분리하였고, 유목화를 통해 사안들을 명확히 구분하고 유목화 문건의 의미인 제목을 도출하면서 전체 문건을 구조화한 예입니다.

분석 작업을 통해 결과를 이끌어 내는 귀납적 사고의 접근이었습니다. 이제부터는 결과를 도출하는 또 하나의 방법인 연역적 사고에 대해 학습하도록 하겠습니다.

② 연역적 사고

　연역적 사고(Deductive Thinking)는 귀납적 사고의 상대적 개념으로 일반적인 사실로부터 구체적인 사실로 도달하게 한다고 하여 확산형 사고로 불리기도 합니다. 귀납적 사고가 독해를 통해 의미들을 도출하고 결론에 이르렀다면 연역적 사고는 상황의 전체(현황, 문제점, 개선방안, 장애요인 등)를 여러분들의 경험에 기반을 두어 생각해보는 것을 말합니다.

　여러분들은 하루에도 수십 번의 판단과 의사결정을 합니다. 의사결정과정에서 분석하시나요? 아니면 경험에 기반을 두어 판단을 하시나요? 우리는 점심을 고르거나 친구의 생일선물을 살 때도 의사결정을 합니다. 이러한 의사결정에서는 분석보다는 경험에 기반을 두어 판단하는 것이 대부분입니다. 물론 이사를 하여 주변을 잘 모른다면 분석을 하는 작업이 필요하겠지요.

　업무과정에서는 어떠한가요? 고객이 접객 요원의 서비스에 문제가 있다고 불만을 제기했다면 처음 드는 생각은 무엇인가요? 조직 내 회의 문화에 문제가 있다는 의견이 있다면 어떻게 해결해야 할까요? 경험이 많은 분들이라면 이러한 문제상황에서 바로 현황과 문제점을 도출할 수 있습니다. 물론 경험이 없는 신입사원들은 문제를 분석하기 위해 문헌연구도 하고, 교육도 받고, 선배들의 조언을 듣기도 합니다만 경험이 많은 역량평가대상자 여러분들은 상황에 대한 가설(假說)을 세우고 해결을 위한 방안들을 도출합니다.

　일반적으로 아주 생소한 상황이 아니면 분석 단계 없이 전체 상황의 선후관계, 이해관계, 상관관계 등을 고려하여 의사결정을 합니다. 이때 우리는 추론(推論) 또는 추리(推理)라는 판단의 정당성을 확보하기 위한 단계를 거치는데 추론과 추리는 같은 의미로 '경험한 것을 통하여 경험하지 않은 것을 미루어 짐작해보는 것'을 말합니다.

　대표적인 방법이 3단 논법으로, 'A는 B이다, C는 A이다, 따라서 C는 B이다'라는 논리적 전개로 결론을 도출하는 방법입니다. '사람은 죽는다 → 소크라테스는 사람이다 → 그러므로 소크라테스는 죽는다'라는 표현을 예로 말씀드릴 수 있습니다. 연역적 사고는 귀납적 사고보다 접근이 쉬워서 문제해결에서 많이 쓰이는 일반적인 논리전개 유형입니다.

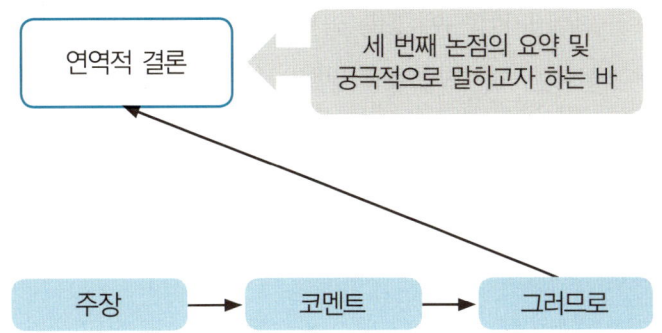

연역적 사고와 더불어 많이 활용되는 사고기법이 직관(直觀)입니다. 연역과 비슷하지만, 또 다른 직관은 상황의 결론과 본질을 짧은 시간에 도출할 수 있습니다. 연역은 특정한 과정 또는 연이은 절차가 요구되지만, 직관은 그렇지 않다는 점에서 연역과 구분됩니다. 쉽게 말씀드리면 연역은 경험에 기반을 두지만, 직관은 그렇지 않은 경우가 많습니다. 아리스토텔레스는 "본질은 직관으로만 파악할 수 있다", 데카르트는 "최고의 관념은 직관을 통해서만 경험할 수 있다"라고 했습니다. 그래서 많은 경영자가 혼란한 경영상황에서의 의사결정에 직관을 많이 사용한다고 합니다. 하지만 역량평가 장면에서 직관은 육감(六感)에 가까워 판단에 오류가 많으므로 사용치 않음이 타당합니다.

> "통찰에 빨리 도달하기 위해서는 경험을 기반으로 하는
> 연역적 추론을 활용하는 방법이 유용합니다."

여러분들은 하루에도 수없이 많은 '가설에 기반을 둔 판단'을 합니다. 즉, 현재 여러분들의 업무 장면에서의 문제해결은 거의 대다수가 연역적 사고에 기반을 두고 있고, 이를 기반으로 현재의 위치로 성장할 수 있었습니다. 하지만 역량평가 장면에서는 활용하지 않습니다. 이는 판단의 오류가 무서워서 여러분들이 가지고 계시는 매우 유용한, 핵심적인 역량을 사장(死藏)하고 있는 것입니다. 여러분들의 업무와 일상생활에서 연역적 접근을 통한 문제해결이 귀납적 접근보다 절대적으로 많습니다.

이제는 실제 사례를 가지고 말씀드려보겠습니다. 예를 들어 '출산율 제고를 위한 방안 수립'이라는 과제가 제시되었다면 전제는 출산율이 낮다는 것이고(결과, 현황) 문제점(원인)은 여러분들이 어렵지 않게 추론, 판단할 수 있으리라고 봅니다. 지금부터 2분의 시간을 드리겠습니다. 곰곰이 생각해보십시오.

> ▷ 과제명: 출산율 제고방안 수립
> • 전제(추진배경, 현황): 부모들이 아이들을 낳지 않아 인구수가 줄어들고 있음
> • 문제점(원인): 왜?

기본적으로 부모들이 아이들을 낳으려 하지 않는 이유는 육아비용이 너무 많이 들어서, 경력단절이 두

려워서, 즐기고 싶어서 등의 현실을 말할 수 있을 것이고, 좀 더 들어가 본다면 결혼을 하는 젊은이들이 적어서, 인구가 줄어 나타나는 자연적인 현상 등을 말할 수 있을 것입니다. 한 걸음 더 들어간 '결혼을 하는 젊은이들이 적어서, 인구가 줄어 나타나는 자연적인 현상'까지 제시한다면 본안에서 벗어나 범위가 너무 넓어지기에 '육아비용이 너무 많이 들어서, 경력단절이 두려워서, 즐기고 싶어서' 정도를 문제점(원인)으로 생각할 수 있을 것 같습니다. 위의 추론에 의한 결과는 경험과 상식이 있다면 누구나 도출 가능한 결과이기도 합니다.

과제명	출산율 제고방안 수립
전제	부모들이 아이들을 낳지 않음
문제점(원인)	• 육아비용이 너무 많이 들어서 • 경력단절이 두려워서 • 즐기고 싶어서

위의 추론 과정을 통해 과제의 핵심을 도출해내고 전체의 상황과 구조를 파악하였습니다. 추론을 활용하라고 하면 많은 분들이 잘못된 결과를 만들 거라는 두려움에 활용을 꺼리시는데, 기본적으로 과제를 만들어내는 과정과 범위를 생각하신다면 우려는 줄어들 것으로 판단됩니다.

인바스켓 과제의 개발은 과제의 사례를 수집하는 것부터 출발합니다. 사례의 선정 과정은 아래의 절차에 의해 개발됩니다.

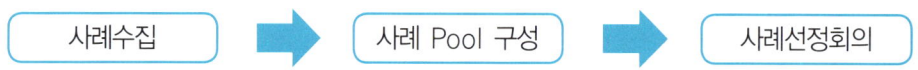

사례를 수집하기 위해 다양한 직무 관련 자료들을 분석합니다. 정책 사례집, 관련 논문 및 학술 자료, 최근 대내외 이슈, 직급별 직무 관련 자료 등을 분석하여 1차 선정하고 사례 Pool을 구성한 후 최종 선정의 흐름으로 과제 사례를 확정합니다.

위의 흐름을 보시면 여러분들에게 제공되는 과제들은 기본적으로 여러분들을 둘러싼 정부 정책 등의 외부적 이슈와 또는 여러분들이 속해 있는 조직 내의 문제들을 다룬다는 것을 알 수 있습니다. 이는 인바스켓 과제가 지극히 상식적이고 일반적인 내용이라는 것입니다.

[테스트 11] 아래의 과제 제목을 통해 문제점(원인)을 추론(유추)하여 보십시오.

▷ 과제명: 전통시장 활성화 방안을 수립하시오.

전통시장 활성화 방안을 수립하라는 것은 전통시장이 활성화되어 있지 않다는 것을 전제로 합니다. (여기에서의 전제는 추진배경이자 현황이기도 합니다.) 그리고 방안 수립이기에 본 과제는 보고서를 작성하면 됩니다. (보고서의 기본 요건은 〈기획력〉 편을 활용하여 주십시오. 전통시장이 활성화되지 않은 이유는 여러분들이 전통시장에 가지 않은 이유에서 찾아보면 쉽습니다.)

과제명	전통시장 활성화 방안 수립
전제	전통시장 활성화가 미진함
문제점(원인)	• 차량 접근성이 떨어진다(주차장이 없다). • 상품의 구색이 떨어진다(백화점처럼 찾고자 하는 모든 상품이 있지 않다). • 상품의 신뢰도가 떨어진다. • 가격의 신뢰도가 떨어진다(정찰제가 아니다). • 상품의 반품과 AS가 어렵다. • 직원들이 친절하지 않다. • 전체적으로 어둡다. • 쇼핑의 이동 동선이 좋지 않다. • 볼거리, 즐길 거리가 없다.

일단 제가 생각해본 문제점입니다. 1차적으로 위의 작업을 하였다면 한 걸음 더 들어가 위의 추론 이슈들을 유목화해보겠습니다. 종합적으로 본다면 인프라, 상품, 사람, 프로그램으로 그루핑(Grouping)이 가능합니다.

- 인프라 미비
  - 차량 접근성이 떨어진다(주차장이 없다).
  - 전체적으로 어둡다.
  - 쇼핑의 이동 동선이 좋지 않다.
- 상품의 신뢰도 미비
  - 상품의 구색이 떨어진다(백화점처럼 찾고자 하는 모든 상품이 있지 않다).
  - 상품의 신뢰도가 떨어진다.
  - 가격의 신뢰도가 떨어진다(정찰제가 아니다).
  - 상품의 반품과 AS가 어렵다.
- 직원들의 교육훈련 미비
  - 직원들이 친절하지 않다.
- 콘텐츠/프로그램 미비
  - 볼거리, 즐길 거리가 없다.

[테스트 12] 아래의 과제 제목을 통해 문제점(원인)을 추론하여 보십시오.

▷ 과제명: 사업의 우선순위를 수립하시오.

사업의 우선순위 선정은 '선택과 집중'이라는 전략적 판단의 중요한 사안입니다. 과제 내에서는 주어진 상황에 따라 많이 달라지기는 하지만 기본적인 원칙은 있습니다.

여러분들도 잘 아는 중요도와 긴급도, 효율성(용이성)에 비추어 판단을 해주면 됩니다. 긴급성은 시간만 따지면 되는 것이고 효율성은 본인이 잘하여, 빨리할 수 있는 일이면 되는 것입니다. 핵심은 중요성을 판단하는 기준입니다.

조직 내에서 업무를 추진할 때 업무 우선순위를 어떻게 판단하시나요?

업무란 것은 본인의 역할과 책임에 기반을 둔 본원적 업무들이 있고[7] 즉시로 상부에서 하달되는 업무 또는 타 부서의 협조 사안, 대민 조치 사안들이 있을 수 있습니다. 이를 긴급현안 업무라고 하는데 인바스켓에서 제시되는 과제들은 대다수 긴급 업무들로 거의 감각적으로 우선순위를 판단하게 됩니다.

모 기관에서 교육을 받으신 분께서 저에게 업무의 중요도를 판단하는 기준으로 업무 프로세스에 기반을 두어야 한다고 말씀을 하셨는데, 이는 조직 내의 업무의 흐름이 가장 중요하다는 의미로서 선행부서의 업무는 본인들의 부서로 오고 다음에는 후행부서로 옮겨지게 되는데 이러한 업무들이 가장 우선적으로 조치되어야 한다는 의미입니다. 물론 약간의 논리는 있지만 실제로 여러분들이 사무실에서 행하는 것과는 많은 차이가 있습니다.

업무 중요도의 기준에 가장 우선하는 것은 '지시자가 누구냐?'이지 않을까요? 팀장 지시사항과 본부장 지시사항 중 어디를 중요하게 다루어야 할까요? 타 부서의 협조 업무 사항과 본부장의 지시사항 중 무엇에 우선해야 할 것인가는 여러분들이 사무실에서 가장 많이 경험한 암묵적인 역량이고 원칙입니다. 그런데 이러한 역량들이 평가 장면에서는 어디론가 가버리고 없습니다.

업무의 중요도를 판단하는 기준은 아래와 같이 제시합니다.
- 프로젝트의 챔피언(지시자 또는 최종 의사결정권자)
- 프로젝트에 투여된 예산 및 인력의 규모
- 고객(국민) 또는 관련 이해관계자(언론, 관련단체, NGO 등)의 관심도(여론조사 결과 등)
- 정부 및 기관의 전략적 우선 사업(국정과제, 기관의 전략과제 등)

[테스트 13] 아래의 과제 제목을 통해 문제점(원인)을 추론하여 보십시오.

▷ 과제명: 부하직원을 동기부여하시오.

---

[7] 영업직군이라 하면 영업을 통해 매출을 올리는 것이고 생산직군이라 하면 생산을 하는 것이 본원적인 업무입니다.

부하직원 동기부여 과제는 조직관리 리더십을 판단하는 중요한 이슈로 거의 모든 기관에서 다루는 이슈입니다. 본 과제는 부하직원의 동기가 떨어져 있다는 것이 전제입니다. 평가대상자인 여러분들도 조직 내에 근무하면서 업무에 대한 의욕이 떨어졌던 경험이 있으실 것입니다. 그때를 생각하시면서 부하직원들이 왜 업무에 몰입하지 못하는지 생각하시면 문제점을 쉽게 도출할 수 있습니다. 원인은 다양하게 나올 수 있지만 좀 더 살펴보면 크게 직무적, 개인적 원인으로 귀결됩니다. 아래의 표를 참조하여 주십시오.

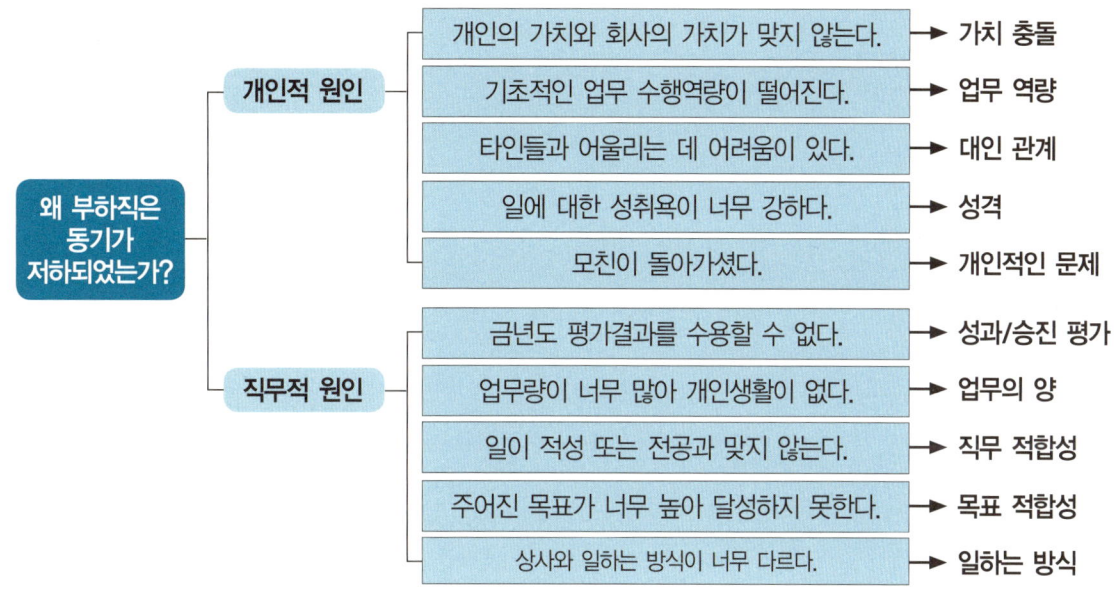

부하직원들의 동기부여를 위해서는 동기가 저하되는 원인을 파악하여야 하는데 그 원인은 지극히 상식적이며 여러분들도 이미 경험하여 다 아는 사안들임을 알 수 있습니다. 조금만 생각을 하면 효과적으로 과제의 문제점들을 파악할 수 있습니다.

나이가 들어가면서 분석력(독해)은 떨어지지만, 사고력(추론)은 높아집니다. 사고력의 정점은 40대 중반을 지나서인데 이는 경험이 많아서 상황에 대한 생각의 폭과 깊이가 달라짐을 의미합니다. 여러분들이 현재 직장에서 주로 사용하는 역량은 분석역량이 아닌 사고역량임을 말씀드리며 역량평가 장면에서도 꼭 활용하시기 바랍니다.

연역적 사고는 경험과 원칙으로부터 높은 수준(High Normal)의 결과를 만들어낼 수 있습니다. 추론적 사고는 문제점과 원인을 찾을 수 있을 뿐만 아니라 전체의 상황을 파악하고 구조화하는 데 탁월합니다. 즉, '전체 판세를 읽는', '숲을 볼 수 있는' 효과적인 방법으로 귀납적 사고와 더불어 적극적인 활용으로 권장해드립니다.

이제는 앞에서 제시한 10개의 주요 소과제를 중심으로 관련 지식을 학습하고 유사과제들을 풀어보도록 하겠습니다.

제3강

과제 유형별 이론과 조치 방안

① 전략적 사고(의사결정)
② 기획력(문제해결)
③ 성과관리(목표관리)
④ 갈등관리(이해관계 조정)
⑤ 부하 동기부여(리더십)
⑥ 고객만족(고객지향)
⑦ 변화관리(변화지향, 변화혁신)
⑧ 조직문화(조직개발)
⑨ 조직관리(자원효율화)
⑩ 대인관계 및 의사소통(논리적 설득, 감성소통)

제3강

과제 유형별 이론과 조치 방안

1 전략적 사고(의사결정)

> 전략적 사고와 기획력을 혼동하시는 분들이 많습니다. 사실 비슷하기도 합니다만 분명히 다릅니다. 전략적 사고는 상위 개념의 판단과 의사결정이고 기획력은 좀 더 구체적인 모습을 다룬다고 생각하시면 됩니다. 예를 들어 '○○지구에 인구 100만 명의 신도시를 건설하는 것'은 전략적 판단이고, '신도시 건설을 위해 효율적인 아이디어를 도출하고 실행계획을 수립하는 것'이 기획이라고 하는 것이 타당합니다.

(1) 전략적 사고

전략(戰略)이라는 단어는 전쟁용어로 '전쟁에서 이기기 위한 책략'이란 의미지만 근래에는 국정운영과 기업경영, 집단과 개인의 영역에서도 폭넓게 활용되고 있습니다.

전쟁에서 이기기 위해 세우는 것이 전략이라면 전투에서 이기기 위해 필요한 것은 전술(戰術)입니다. 전략과 전술, 기획의 의미가 혼용되는데 전략은 상위적 개념이고 전술과 기획은 하위의 실행적 개념에 가깝습니다. 예를 들어 새로운 정부가 들어서면 국정운영의 방향을 세우는데 '국정운영의 방향은 전략이고, 이를 실행하기 위한 정책들은 기획이다'라고 분리해서 생각하시면 명확할 것 같습니다.

인바스켓 평가도구는 전략적 사고를 가장 효과적으로 평가할 수 있는 기법입니다. 보통 3~4개의 과제가 주어지는데 통합적 관점에서 정보를 유기적으로 활용하여 판단하는지, 실행되었을 때 발생할 이면의 장애요인들까지 고려하여 의사결정을 하는지 평가합니다. 특히 중앙정부(인사혁신처)에서 실시하는 고위공무원단 평가와 산업부에서 실시하는 공기업 상임이사 후보 등 고위직 평가에서 반드시 수반되는 평가역량입니다.

인사혁신처 고위공무원단 전략적 사고 역량	
정의	장기적인 비전과 목표를 설정하고 이를 실행하기 위한 대안의 우선순위를 명확히 하여 추진방향을 확정함

산업부 산하 공기업 상임이사 후보 전략적 사고 역량	
정의	다양한 정보를 유기적으로 연계하고 종합적으로 분석하여 조직이 나아가야 할 방향 및 장단기적인 과제를 수립하는 역량

전략적 사고와 기획력 과제는 '인지/사고' 역량 즉, 지능의 범주에 해당하지만 전략적 사고와 기획력은 위에 언급한 바와 같이 관점이 다릅니다. 전략적 사고력은 앞서 다룬 연역적 사고와 깊은 관련성을 지니고 있습니다. 전략적 사고력이 높은 사람들은 주로 생각(사고)을 많이 하는 사람들로서 연역적 사고를 많이 사용합니다.

전략적 사고의 틀은 매우 넓습니다. 과거와 현재, 미래의 시공간적인 개념과 나를 명확히 알고 주위의 여러 이해관계자의 특성과 요구를 고려하는 지피지기(知彼知己)의 관점, 과학과 기술, 문화의 변화 등 다양한 관점에서 관련 사안들을 종합적으로 고려하여 판단하는 것을 전략적 사고라고 말할 수 있습니다.

1992년 중국과의 수교 이후 많은 한국 기업은 중국의 값싼 노동력과 거대 시장을 바라보며 중국 진출이라는 전략적 의사결정을 했습니다. 가장 먼저 생각했어야 하는 것이 미래의 모습이겠지요. 10년 후의, 30년 후의 그리고 퇴거(退去) 전략까지 고민을 한 다음 의사결정을 해야 합니다. 큰 그림을 그려보지 못하고 근시안적으로 값싼 노동력 등의 매력적인 모습만 바라보고 달려든 기업들은 큰 곤혹을 치를 수밖에 없었습니다.

중국이라는 시장이 지닌 기회(Opportunities)와 위협(Threats) 그리고 자사가 지니고 있는 중국 시장에의 강점(Strengths)과 약점(Weaknesses)을 종합적으로 고려한 다음 의사결정을 해야 합니다. 여기서 종합적으로 고려한다는 것은 사안의 본질에 접근해야 한다는 의미입니다.

〈전략적 사고가 높은 사람들의 의사결정〉[8]

	의사결정에 고려해야 할 사항 결정	앞에서 고려된 요소들의 인과 관계 분석	인과관계 분석을 토대로 문제 구조화	최종 결론 도출
평범한 사고를 추구하는 의사결정자	문제와 직결된 요소들만을 고려	두 요소들 간의 단선적인 인과관계를 파악하는 데 주력	전체 문제를 나누어 부분적으로 풀거나 순차적으로 해결	몇 가지 대안 중 최선의 방안이 나옴
전략적 사고를 추구하는 의사결정자	문제에 간접적 혹은 잠재적 영향력을 가진 요소들도 포함	관계가 명확하지 않은 다양한 요소들의 복잡한 인과 관계를 파악하기 위해 노력	문제를 전체적인 시각에서 바라보고 각 부분의 결정이 다른 부분에 어떤 영향을 미칠지 고려함	문제의 구조에서 존재하는 모순을 해결하거나, 기존의 사고에서 벗어난 대안을 발견

'하나를 보면 열을 안다'라는 옛말이 있습니다. 하나의 사안으로 아홉을 추론하여 전체를 구조화하는 것을 의미합니다. 또한 '머리 꼭대기에 있다'라는 말도 많이 씁니다. '시야가 넓다'라는 말과 의미가 비슷한데, 타인들보다 높은 곳에서 멀리 바라보며 상황 전체를 크게 바라보는 것을 뜻합니다. 부분적인 사안들만 바라보는 것이 아닌 전체를 구조화하여 판단한다는 것 즉, '숲을 본다'라는 표현과 일맥상통합니다. 위의 의미를 지닌 단어로는 통찰(通察, Insight)을 말할 수 있습니다. 사전적 의미로는 '전체(全體)를 환하게 내

---

[8] Roger Martin, 'How Successful Leaders Think', Harvard Business Revies, 2007.

다봄' 또는 '본질을 꿰뚫어 봄'으로 표현됩니다.

또한 전략적 사고는 미래를 바라보는 선견력(先見力, Foresight)을 요구합니다. 실행 이후의 미래에 나타날 수 있는 사안들까지 고려하는, 백년대계(百年大計)를 바라보는 선견력은 통찰력과 함께 전략적 사고의 핵심입니다.

전체를 통합적으로 바라보기 위한 방법으로 근래에 많이 대두되는 방법론이 메타인지(Meta-Cognition)이론입니다. 메타인지의 의미는 '인지 위의 인지', '초(超)인지'라고 하는데 어떠한 상황을 '한 단계 위에서 바라보는 생각 기법'을 말합니다. 교육 장면에서 본인이 무엇을 잘하고 있고 무엇을 못하고 있는지 '자기성찰(省察)'적 관점에서 본인을 바라보라는 이론으로 메타인지이론을 이용하면 효과적으로 전략적 사고 역량을 개발할 수 있습니다.

좀 더 들어가 보면 메타인지란 '자신을 객관화하여 볼 수 있는 사고 역량'입니다. 자기 객관화(Objectification)란 본인의 주체적인 원칙이나 경험을 벗어나 보편적이고 상식적인 관점에서 본인 또는 본인의 상황을 판단하는 것을 의미합니다. 장기나 바둑을 두는 사람들은 본인이 주체입니다. 즉, 주관적 상황에 있습니다. 그러기에 본인의 원칙이나 경험을 벗어날 수 없고 확신에 의해 상황을 판단합니다. 또한 경쟁적인 심리적 요인이 승부에 고도로 몰입하게 하여 주관화의 틀을 더욱 견고하게 만들어 버립니다. 이런 상황에서는 유연한 사고를 기대할 수 없고 상황을 바라보는 시야는 좁아져 버릴 수밖에 없습니다. 이럴 때 본인을 개입되어 있는 상황에서 분리하여 객관화, 제삼자화(第三者化)하여 보십시오. 그러면 상황을 바라보는 시야가 완연히 달라질 것입니다. 가령 여러분이 배우자와 언쟁을 벌이고 있는 상황에서 본인을 객관화하여 보십시오. 그럼 본인이 하는 언쟁이 얼마나 우스꽝스러운 행동인지, 5분 후면 후회할 행동은 아닌지 금방 알 수 있을 것입니다.

현업에서의 의사결정과정이든 인바스켓의 평가과정이든 여러분들은 상황을 크게 보는 훈련이 필요한데, 저는 '훈수꾼이 돼라'는 조언을 드립니다. 훈수꾼들은 객관화의 대표적인 예로 본인이 가지고 있는 이상의 통찰력을 보입니다. 바둑 9급인 분들이 7급들을 훈수하는 경우를 보았습니다. 실제 9급은 7급의 한 수 아래로 볼 수 있는데 훈수를 두는 상황에서는 동급 내지는 이상임을 알 수 있습니다.

삶과 업무 장면에서 제삼자적 관점에 상황을 조망하는 훈련을 시작하시길 바랍니다. 가정에서, 회의 장면에서, 보고 및 수명(受命)의 장면에서, 타인을 설득하는 장면에서, 친구들을 만나는 장면에서 등 맞닥뜨

---

9) 그림: 미켈란젤로 메리시 다 카라바조의 나르키소스

리는 모든 장면을 객관화하여 보십시오. 본인과 상대, 주변이 한눈에 보일 것입니다. 물론 역량평가 장면에서도 마찬가지입니다. 역량평가를 잘 보려면 역량평가가 무엇인지 알아야 합니다. 그리고 역량평가에 대비하는 본인의 수준(강약점)을 알아야 합니다.

지금부터라도 어떠한 상황에서 의사결정을 할 때 다양한 관점에서 현상을 바라보는 훈련을 시작하십시오. 아래 그림에 나오는 많은 이슈와 이해관계자들을 포괄하는, 그 이면에 발생할 수 있는 상황들을 모두 고려한, 백년대계(百年大計)의 관점에서의 자기상황 객관화 훈련은 전략적 사고의 함양에 큰 도움이 될 것입니다.

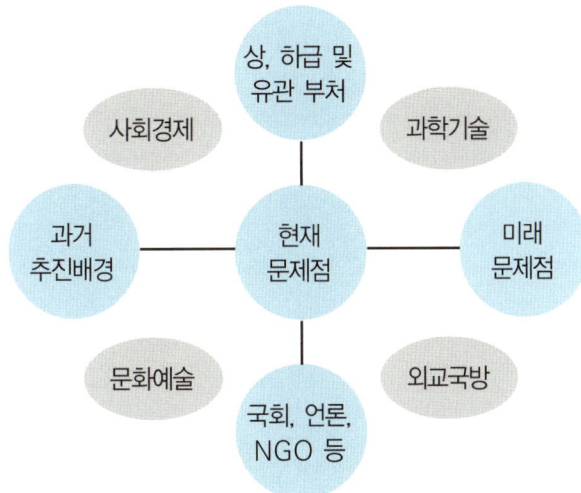

주변 상황을 잘 보는 또 하나는 주인과 머슴의 사례입니다. 주인과 머슴의 차이는 명확합니다. 80살이 넘은 주인의 눈에는 보이는데 20대 머슴의 눈에는 보이지 않는 이유는 무엇일까요? 이와 유사한 사례는 많이 있습니다. 직급이 올라갈수록 바라보는 시야가 다르다는 것입니다.

왜 대리와 임원의 시야가 다를까요? 그 다름은 헤드십(Headship)에서 나옵니다. 헤드십은 리더십과 비견되는 이론으로 현재의 위치(Position)에서 나오는 권위와 힘을 말합니다. 즉, 자리에 따라 보는 시야가 달라진다는 것인데 이는 곧 주인의식의 차이입니다. 주인의식이 높은 사람들이 보여주는 상황 파악 능력과 문제상황에 대처하는 방식이 주변만을 맴도는 사람들과는 완연히 다른 모습을 보입니다.

주인의식이 높은 사람은 주도성이 강한 사람으로 현상에 깊게 관여합니다. '나는 어차피 주인이 아니고 퇴직할 사람인데'라는 의식은 본인의 역량을 스스로 감춰버리는 우(愚)를 범하게 합니다. 구성원들이 업무에 몰입하는 주도성은 조직의 문화와 매우 밀접한 관계를 맺습니다만, 똑같은 조직문화의 상황에서도 긍정적으로 생각하고 몰입하는 경우와 남의 탓을 하며 주변을 맴도는 사람들이 있습니다. 이는 역량의 차이로 주인의식이 없고 주도성이 약한 사람은 절대 임원으로 승진할 수 없습니다.

인바스켓 과제를 해결할 때도 마찬가지입니다. 여러분들에게 과제를 받게 되면 철저하게 가상상황(Simulation)의 담당자로 빙의(憑依)하라고 당부합니다. 평가대상자의 관점에서 과제를 바라보는 것이 아닌 과제 내의 담당자로 변신을 하여 주어진 과제들을 주도적으로 바라보고 해결을 하라는 것입니다. 예를 들어 담당자의 이름이 '홍길동 과장'이라면 본인을 홍길동 과장이라고 생각하고 과장의 관점에서 주어진 현안 사항들을 바라볼 때 주변이 훨씬 잘 보임을 느낄 수 있을 것입니다.

또한 여러분들에게 제공되는 과제는 여러분들이 역량평가를 통과한 이후의 위치에서 과제를 해결하게 합니다. 즉, 현재 중앙부처 과장이라면 승진 후의 모습인 국장의 역할을 하게 한다는 것을 잊으면 안 됩니다. 본인의 위치를 현재 직책인 과장으로 착각하고 과제를 해결하는 분들이 있는데 과제 내에서 제시한 역할과 위치(Position)를 명확하게 인지하고 접근하여야 합니다.

(2) 인바스켓 전략적 사고 과제

다음의 내용은 인바스켓 전략적 사고 과제의 예제입니다. 같이 풀어보면서 계속 설명을 이어나가겠습니다.

● 전략적 사고(의사결정) 예시과제

피평가자
이보나 사회정책관

- 당신은 한라국 신임 국무조정실 사회정책관으로 부임한 이보나 정책관입니다.
- 지금은 2022년 8월 25일 오후 14시 20분입니다.
- 전임정책관은 갑작스러운 건강의 문제로 병가 중이며 귀하는 전임정책관의 추진업무 중 하나인 '2025년 에너지 엑스포 개최도시 선정'과 관련한 의견을 오늘 중으로 보고해야 합니다.
- '2025년 에너지 엑스포'는 국가적 사업으로 정부는 2022년까지 사업을 확정하기로 하였습니다. 본 사업은 지역사회 개발에 매우 효과적일 것으로 평가되어 많은 지자체에서 유치에 관심을 표명하였으며 '경상남도 창의시'와 '전라남도 도전시'가 각축을 벌이고 있는 상황에서 '충청남도의 혁신시'가 유치경쟁에 뛰어듦으로 지역 간의 경쟁으로 치닫고 있는 상황입니다.
- 담당 차관은 오늘 오후 15시까지 개최도시 선정방안 보고를 요구하였고, 이에 귀하는 에너지 엑스포 도시선정 총괄담당자로서 의견을 보고해야 하나 바쁜 업무들이 많아 차관보고까지 20분의 시간밖에 없습니다. 20분 동안 제시된 자료를 분석하여 간략하게 보고서를 작성해주시기 바랍니다.

● **자료#1 관련기사**

에너지 엑스포 유치를 위한 광역 및 지자체들의 지역갈등

'뒤늦게 충청남도 혁신시 유치경쟁합류로 정부의 입지 결정 지연, 지역갈등 부채질'

2025년 개최될 에너지 엑스포 유치를 두고 해당 지방단체 간 유치경쟁이 치열하다. 경상남도 창의시와 전라남도 도전시가 각축을 벌였으나 충청남도의 혁신시가 경쟁 구도에 뒤늦게 합류하면서 에너지 엑스포 유치가 과열 경쟁으로 번지고 있다는 주장이 일어나고 있다.

이처럼 에너지 엑스포 입지를 놓고 지역 간 유치경쟁이 조율되지 않고 있는 것은 정부와 정치권의 정치적 부담 때문이다. 각 광역단체 및 지자체장들이 선거 공약으로 에너지 엑스포 유치를 내세우는 바람에 정치적으로도 매우 민감한 사항이 되어 있다.

이 때문에 지난 8월 12일 국회에 제출된 특별법 개정안이 9월 정기 국회를 통해 논의된다고 해도 지역 간 갈등 때문에 특별법 통과가 불투명해 당초 예정된 10월 입지 발표가 12월로 2개월간 연기될 가능성이 높다.

자료#2 오피니언

오피니언 [사설] 에너지 엑스포 유치경쟁 줄이려면…

정부가 주관하는 에너지 엑스포 유치 도시 결정이 지연되면서 이제야말로 에너지 엑스포 사업을 차질 없이 추진함과 동시에 지역 간 과열 경쟁을 잠재우는 특단의 대책 마련이 필요한 시점이라고 본다. 가장 우려되는 부분은 치열한 유치경쟁에 따른 부작용이다.

이미 유치 의사를 밝힌 도시들과 광역단체에서는 유치경쟁에 뛰어들어 홍보전을 방불케 하고 있다. 세미나 개최나 서명운동 전개는 기본이고 창의시, 도전시, 혁신시에서는 에너지 엑스포 유치 추진 기구까지 구성해 가동할 정도다. 경쟁이 과열되다 보니 지역 간 갈등 조짐마저 나타나고 있다.

이런 와중에 땅값만 잔뜩 부풀려져 또 다른 후유증이 예고된다. 후보지로 물망에 오른 지역은 한차례 부동산 투기 광풍이 휩쓸고 지나갔으나 복병은 여전히 도사리고 있다. 국회를 통한 특별법 개정에서 유치도시 선정의 기준이 정해지게 되면 부동산 투기 바람은 다시 고개를 들 것이 분명하다.

우리는 대규모 국책 사업들이 지가 인상으로 차질을 빚는 경우를 누차 봐왔다. 행여 부동산 투기가 차세대 산업의 걸림돌이 되지 않도록 완벽한 투기 차단책을 수립해주기 바란다.

지방선거가 채 1년도 남지 않은 상황에서 일부 광역단체장들과 자치단체장들이 에너지 엑스포 문제를 정치적으로 악용할 개연성은 얼마든지 있다. 에너지 엑스포 유치를 빙자해 유권자와 접촉 횟수를 늘리고 세 몰이용 이슈로 삼아서는 절대 안 될 일이다.

에너지 엑스포 유치만큼 지역발전을 앞당길 만한 호재도 없지만, 도를 넘어선 지나친 유치경쟁은 자제해야 할 줄 안다. 에너지 엑스포 후보지가 공정하게 선정되게끔 확실한 규칙을 정하고 투명하게 결정함으로써 부작용을 최소화해야 할 것이다.

그러려면 이번 문제의 조율기관인 정부부터 객관성을 유지해야 마땅하다. 누구나 공감하는 최적의 안 마련을 위한 정부의 의지와 노력 그리고 올바른 판단을 기대해본다.

● 자료#3 부하직원의 내부보고 이메일

| 답장 | 모두 답장 | 전달 | 삭제 | 목록 보기 | 헤더 보기 | 인쇄 | 완전 삭제 |

제목	에너지 엑스포 개최도시 선정을 위한 조사자료
보낸 사람	김조정 국민갈등조정과 과장 **작성 일자** 2022.08.25. 13:50
받는 사람	이보나 국무조정실 사회정책관
내용	정책관님 안녕하십니까? 국무조정실 국민갈등조정과 김조정 과장입니다. 전임정책관님이 지시하신 개최 도시별 비교자료를 첨부하여 보고드립니다. 전임정책관은 '인구수', '주민 찬성률', '도시 접근성', '도시 숙박 인프라', '산업 연계성', '학교연계성', '관광연계성', '재정자립도', '예산확보의 용이성'을 기반으로 조사하라는 지시에 의해 작성하였습니다. 위의 조사기준의 원안에는 '개최도시 시장의 리더십'과 '시청 직원들의 개최 수용도', '도시 기반인프라'도 포함되어 있으나 무슨 이유이신지 위 사안은 지우라고 말씀하셨습니다. 어찌 되었든 전임 정책관님이 지시하신 내용을 조사하여 첨부하오니 참조하여 주시길 바랍니다. 국민정책갈등과 과장 올림
첨부	3개 도시 비교 조사자료.hwp

● 자료#4 **3개 도시 비교 조사자료**

구분	경상남도 창의시	전라남도 도전시	충청남도 혁신시
인구수	42만	38만	35만
주민 찬성률	98%	95%	94%
도시 접근성	기차가 없고 수도권에서 버스로 4시간 20분, 부산에서는 버스로 1시간	기차 및 KTX가 운행하며 수도권에서 버스로 3시간 30분	수도권에서 버스로 2시간
도시 숙박인프라	호텔, 모텔 약 3,000실	호텔, 모텔 약 2,500실	호텔, 모텔 약 1,000실
에너지 관련 산업연계성	조선 산업 중심의 도시로 대규모 조선사 2개가 있으며 관련 산업이 발달되어 있음	대형조선사가 1개 있으며 한전 등 에너지 관련 대규모 기업들이 30분 거리에 위치하고 있음	대규모 화력발전소가 위치하고 있음
에너지 관련 학교연계성	에너지 관련 학과 및 연구단지는 없음	에너지 관련 국립대학 학과 2개, 사립대학 학과 4개가 있음	에너지 관련 사립대학 학과 2개가 있음
주변 관광연계성	섬으로 관광인프라가 풍부하며 국립공원을 접하고 있음	바다를 접하고 있으며 주변에 오랜 유적지 및 먹거리가 풍부하고 국립공원을 접하고 있음	서해안의 절경들을 접하고 있음
재정자립도	44.98%	21%	27.75%
예산확보의 용이성	경상남도로부터 적극적인 지원을 확보한 상황임	전라남도로부터 적극적인 지원을 확보한 상황이며 관련 기업들에서도 지원을 약속함	충청남도로부터 적극적인 지원을 확보하였음

아래에 제시된 답지양식에 국무조정실 사회정책관으로서 귀하의 의견을 제시해주십시오. 답지의 목차는 귀하께서 판단하여 구성해주시고, 답지의 기술은 개조식으로 해주십시오. 제시된 정보만을 기반으로 작성해주시길 바랍니다.

● **이보나 사회정책관의 에너지 엑스포 도시선정 의견 보고**

답지 작성에 수고가 많았습니다. 역량평가에서 시간제한을 두는 것은 평가대상자들을 압박하여 '무의식 심상'을 평가하기 위함입니다. 여러분들은 20분의 시간이 매우 적은 시간이었다고 판단할 수 있지만, 실제 고위공무원단의 평가에서는 3개의 소과제를 50분 안에 해결하게 합니다. 이러한 현실을 본다면 제시된 20분의 시간은 여러분들이 극복해야 하는 시간입니다.

아래는 제가 작성한 답지입니다.

● 이보나 사회정책관의 에너지 엑스포 도시선정 의견 보고 답지

◎ 상황 개요
2025년 개최되는 에너지 엑스포 운영과 관련하여 경상남도 창의시와 전라남도 도전시, 충청남도의 혁신시가 엑스포 유치에 나서면서 경쟁이 가열되고 있음. 오늘 중으로 개최 도시선정과 관련의견을 제시해야 함

◎ 선정 도시
전라남도 도전시

◎ 선정 근거

구분	의견	창의시	도전시	혁신시
인구 및 주민 찬성률	대동소이하여 비교하기 힘듦	-	-	-
도시접근성	엑스포 성공에 매우 중요한 요소임	1	2	3
숙박인프라	엑스포 성공에 중요 요소임	3	2	1
산업연계성	엑스포 성공에 매우 중요한 요소임	1	3	2
학교연계성	엑스포 성공에 매우 중요한 요소임	1	3	2
관광연계성	엑스포 성공에 매우 중요한 요소임	2	3	1
예산확보	엑스포 성공에 매우 중요한 요소임	3	2	1
합 계		11	15	10

위와 같은 과제 유형에서 필요한 것은 평가대상자의 의견(의도)입니다. 대다수 평가대상자들이 검토를 거쳐 추후 확정을 하겠다는 답지를 작성하는 경우를 자주 보게 되는데 역량평가 장면에서는 추후라는 것은 없다고 생각하시는 것이 좋습니다. 추후에 검토하여 판단해야 할 사안을 과제로 주지는 않습니다. 짧은 시간이지만 평가대상자들의 의견 즉 의도를 보고 싶다는 것입니다. 여러분은 반드시 도시선정과 관련하여 어느 도시가 타당한지와 그 배경을 기술하여야 합니다.

위의 답지는 간략하게 평가요소들을 숫자로 표현하여 근거의 배경을 명확히 해줌으로써 논리적인 접근을 했다고 판단됩니다. 어느 도시로 의견을 제시하든지 정답은 없습니다. 선정된 도시가 왜 선정이 되었는

지 배경과 논리가 타당하면 되는 것입니다. 저는 제 나름의 평가 기준으로 중요도를 판단하였고 중요도에 따라 점수를 더해 '전라남도 도전시'라는 의견을 제시했습니다.

위의 답지라면 평가사들은 '전라남도 도전시'에 대한 선정배경을 물어볼 것이고, 이어서 '매우 중요'와 '중요'의 차이를 물어볼 것입니다.

Q: "귀하께서는 '도시 접근성'은 '매우 중요한 요소'로 '숙박인프라'는 '중요한 요소'로 판단하셨는데 판단의 배경은 무엇인가요?"

위의 질문에 어떻게 대응을 해야 타당할까요?

A: "'도시접근성'은 엑스포가 시작되는 4년 후까지 기획하여 완공하기가 어렵지만 '숙박인프라'는 조금 부족하더라도 엑스포가 운영되는 기간의 수요를 예측하여 공사를 시작한다면 엑스포 시작 전까지 완공이 가능하다고 판단하였습니다. 다른 기준들도 시간적인 요소를 반영하여 중요도를 판단하였습니다."

라는 답을 제시한다면 평가사들은 아마도 고개를 끄덕일 것입니다.

그리고 다음과 같은 질문에 어떻게 답을 하실 건가요?

Q: "탈락한 2개의 도시에 대한 반발은 어떻게 무마할 것인가요?"

대다수의 평가대상자들이 선정해야 할 도시를 찾는 데 열중하여 선정 이후에 발생될 수 있는 사안들을 놓치기 일쑤입니다. 귀하라면 위의 질문에 어떻게 대응하실 건가요? 궁색하게 아래와 같이 답을 하는 경우를 자주 보았습니다.

A: "다른 보상책을 고민하여 달래보겠습니다."

만약 이러한 답을 제시한다면 집중 포화를 당하게 됩니다.

Q: "어떤 보상책을 말하는 것인가요? 그러한 보상책의 예산은 어떻게 확충하실 생각인가요? 또한 12월까지 도시를 확정하여야 하는데 그 기간까지 타 도시들을 설득할 수 있는가요?"

이쯤 되면 평가사들의 질문 공세에 여러분들은 녹다운이 되고 말 것입니다.
위의 과제에 제시하는 답안은 의사결정과정에서 미래에 발생될 수 있는 잠재적인 문제들과 장애요인들까지 고려된 의견이어야 합니다. 그래서 '불을 보듯 뻔히' 탈락한 2개 도시의 반발을 무마할 수 있는 의견이어야 한다는 것입니다. 즉, 미래에 발생될 수 있는 사안들까지 고려한 의견, 전략적 사고의 관점이 요구되는 과제인 것이지요.

이제는 전략적 사고를 고려한 답지를 다시 한번 작성해보도록 하겠습니다. 여러분이 실제로 국무조정실 사회정책관의 위치에 있다는 생각으로 떨어진 두 개 도시의 반발까지 고려한 정책 의견인지를 고민하여 답지를 작성하시길 바랍니다.

● 이보나 사회정책관의 에너지 엑스포 도시선정 의견 보고 II

답지 작성에 수고 많았습니다. 제가 앞서 언급한 바와 같이 본 의견 보고에는 여러분의 의견이 반드시 들어가야 합니다. 그래서 저는 정책관으로서의 의견과 떨어진 두 개 도시의 반발까지 고려한 정책 의견을 아래와 같이 작성하여 보았습니다.

이보나 사회정책관의 에너지 엑스포 도시선정 의견 보고 답지 II

◎ 상황 개요

2025년 개최되는 에너지 엑스포 운영과 관련하여 경상남도 창의시와 전라남도 도전시, 충청남도의 혁신시가 엑스포 유치에 나서면서 경쟁이 가열되고 있음. 오늘 중으로 개최 도시선정과 관련 의견을 제시해야 함

◎ 선정 도시

전라남도 도전시

◎ 선정 근거

구분	의견	창의시	도전시	혁신시
인구 및 주민 찬성률	대동소이하여 비교하기 힘듦	-	-	-
도시접근성	엑스포 성공에 매우 중요한 요소임	1	2	3
숙박인프라	엑스포 성공에 중요 요소임	3	2	1
산업연계성	엑스포 성공에 매우 중요한 요소임	1	3	2
학교연계성	엑스포 성공에 매우 중요한 요소임	1	3	2
관광연계성	엑스포 성공에 매우 중요한 요소임	2	3	1
예산확보	엑스포 성공에 매우 중요한 요소임	3	2	1
합 계		11	15	10

◎ 도시 선정의 절차
- 에너지 엑스포 도시 선정 위원회(TFT) 운영
  - 창의시, 도전시, 혁신시, 정부의 관계자, 전문가 집단이 참여하는 선정위원회를 구성하여 2개월간의 선정 작업을 공동으로 수행하여 10월 말까지 최종확정
- 선정 기준의 추가
  - 기존의 9개의 선정기준에 '개최도시 시장의 리더십'과 '시청 직원들의 수용도', '도시 기반 인프라' 등을 추가함

위의 답지를 보면 선정도시의 의견은 제시하지만, 확정안은 아님을 볼 수 있습니다. 사회정책관으로서 선정도시의 의견은 제시하지 않을 수 없습니다. 이를 기반으로 3개 도시와 중앙정부, 전문가 집단이 참여하는 TFT를 운영하여 최종선정도시의 적절성을 확인하여 선정한다면 이후에 발생할 수 있는 반발을 사전에 차단할 수 있을 것입니다. 또한 정부에서는 10월 말까지 선정을 완료하려고 합니다. 위의 안은 정부의 원안의 일정을 충실히 이행하려는 의사(성과관리)도 포함되어 있고, 선정의 타당도를 높일 수 있는 선정기준의 내용도 포함시킴으로 인해 효과적인 정책 의견 제시가 이루어졌다고 판단됩니다.

2 기획력(문제해결)

전략적 사고와 유사하게 생각될 수 있는 기획 역량은 문제해결 역량과 성과관리 역량을 포괄합니다. 기획이란 문제해결을 위한 아이디어를 통해 대안을 도출하고 성과를 내기 위해 실행하는 모든 과정을 말하기 때문입니다. 본 편에서는 문제해결을 중심으로 설명을 하고 성과관리는 별도의 목차에서 다루도록 하겠습니다.

(1) 기획력

기획(企劃)의 사전적 의미는 '일을 꾀하여 계획함'입니다. 인적자원개발(HRD) 분야에서는 기획을 '어떤 대상에 대해 그 대상의 변화 목적을 확인하고, 그 목적을 성취하는 데에 가장 적합한 행동을 설계하는 것을 의미한다'라고 정의하고 혹자에 의하면 기획이란 '문제발견-문제형성-행동화에 이르는 일련의 시스템을 만들어 가는 과정이다'라고 말하고 있습니다. 어렵지요? 저는 기획의 의미를 '목적달성을 위해 현상을 분석하고 변화 또는 개선의 대안과 계획을 수립하고 실행하는 과정'이라고 말하고 싶습니다.

인사혁신처 과장급 역량평가 정책기획 역량	
정의	다양한 분석을 통해 현안을 파악하고, 개발하고자 하는 정책의 타당성을 검토하여 최적의 대안을 제시하는 역량으로 주로 정책형성 과정 중 정책분석 단계에서 발휘되는 역량임

기획이란 단어 앞에 정책이란 단어를 붙여 '정책기획 보고서'라고 칭하는데 국내 공공부분의 보고서는 크게 정책기획보고서, 상황정보보고서, 회의보고서, 행사보고서 유형으로 나누고 있습니다. 중앙정부에서는 정책기획보고의 정의를 아래와 같이 설명하고 있습니다.

> "수요자가 정책과 관련한 상황과 문제점을 정확하게 인식하고
> 의사결정을 할 수 있도록 관련 사실과 대책 또는 참고 사항을 제시한 보고서" [10]

국내의 인바스켓 평가 장면에서 나오는 기획보고서는 케이스스터디(Case Study)라고 불리는 기획보고서 작성 및 발표(Analysis & Presentation)기법과 같은 맥락이며 주 내용은 조직 내외에 발생하는 문제들의 해결(Problem Solving)을 기반으로 합니다.

기획보고서 작성을 통해서는 '인지/사고'와 '성과관리' 역량을 기본으로 평가합니다. 인지/사고 역량은 문제인지, 기획력, 전략적 사고, 분석적 사고, 개념적 사고, 문제해결 등이고, 성과관리는 성과지향, 목표관리 등을 말할 수 있습니다.

---

[10] 행정자치부, 칭찬받는 보고서 작성법, 2007.

인바스켓 과제 중에 기획보고서 작성 소과제는 과제 전체를 좌우할 만큼 핵심적인 요소입니다. 어떤 이들은 "부하 동기가 가장 쉽기에 3번 문제를 먼저 조치한다"라고 하는 분들이 있는데 이는 인바스켓의 구조를 잘 모르는 분들의 이야기로 조심해야 합니다. 앞서 언급하였듯이 인바스켓에서의 기획보고서는 전체의 맥락을 잡는 데 핵심적인 부분이고 또한 가장 많은 정보를 가지고 있다는 것을 잊지 말아야 합니다.

"출제되는 기획보고서 소과제는 기본적으로
발생된(Past Tense) 문제해결(Problem Solving)에 초점이 맞춰져 있습니다."

문제를 해결하기 위해서 선결해야 할 요소들은 무엇일까요? 정책기획보고의 정의에서도 '문제점을 정확하게 인식하고'라는 문장이 나옵니다만 기본적으로 문제점(원인)을 파악하는 것이 우선입니다. 문제점을 찾지 못하면 문제를 해결할 수 없다는 것은 아주 기본적인 이치(理致)이겠지요. 여러분들은 분석 작업을 통해 반드시 문제점을 먼저 찾아야 하고, 문제점을 해결할 수 있는 대안들을 구조화해야 하며 대안을 성과로 연결하기 위해서 세부실행계획을 세워야 합니다.

국내의 공공 부분의 정책기획보고서의 기본적인 틀은 다음과 같습니다.

| 1. 추진배경
2. 현황과 문제점
3. 정책방향
4. 전략목표
5. 개선방안
6. 세부실행계획
7. 점검계획
8. 기대효과
9. 장애요인 및 극복방안 |

시간이 된다면 9개 목차 내용을 모두 작성하면 매우 좋은 점수로 연결될 수 있지만 시간관계상 이는 불가능합니다. 인바스켓 과제 내의 기획보고서는 위에서 언급한 것처럼 문제점, 개선방안, 세부실행계획을 명확히 하는 것이 우선입니다. 현황이나 기대효과 등도 중요합니다만 문제점을 해결함에 방점을 두고 나머지들은 시간이 나면 진행해야 합니다. 주어진 짧은 시간 안에 문제점(원인)을 찾는다는 것은 결코 쉬운 일이 아닙니다. 하지만 위에 제시한 귀납적, 연역적 사고를 기반으로 과제의 결과와 원인을 찾는 훈련을 반복한다면 좋은 결과가 있을 것입니다.

1) 기획보고서 과제 구조 이해하기

인바스켓 평가를 효과적으로 통과하기 위해서는 과제의 구조를 제대로 이해하는 것이 중요합니다. 인바스켓은 3~4개의 소과제로 이루어져 있고, 과제 중 하나로 제시되는 기획보고서 작성은 약 4~8페이지 정도의 내용을 제시하여 페이지 비중이 가장 큽니다. 내용은 지문과 표와 그래프로 이루어져 있고 이 중에는 추진배경(사업목적), 현황, 문제점, 개선방안이 들어 있습니다만 세부실행계획은 들어 있지 않습니다. 세부실행계획은 성과관리의 핵심으로 반드시 분석된 내용을 기반으로 작성하여야 합니다. 세부실행계획 작성에 부담을 느끼는 분들이 많은데 그리 어렵지 않으니 걱정하지 않으셔도 됩니다.

> **"소과제 내에는 분명 추진배경과 현황, 문제점, 개선방안이 담겨 있다."**

또한 분명히 기억해야 할 사항은 과제 간의 관련성입니다. 앞서 언급을 하였지만, 소과제 간의 관련성을 생각하면서 과제를 해결해야 합니다. 제공되는 소과제의 문제점은 찾았는데 개선방안을 찾지 못하였다면 당황하지 마시고 일단 다른 소과제로 넘어가십시오. 다른 과제들의 현황과 개선방안들을 찾는 와중에도 앞서 본 다른 소과제들의 개선방안을 찾는 노력을 게을리하지 마시고 접근하다 보면 어느 순간에 관련 개선방안이 보이면서 인바스켓 과제의 전체를 파악할 수 있습니다. 쉽지 않은 사안이니만큼 여러분들의 큰 노력이 요구되는 대목입니다.

2) 현황파악과 문제점 찾기

현황 파악과 문제점을 찾기 위한 방법으로는 위에서 제시한 귀납적, 연역적 사고 기법에서 언급하였지만 많은 분이 현황과 문제점의 기준에 대해 궁금해하셔서 이에 대한 명확한 기준을 제시합니다.

> **'부부가 싸워서 화가 난 아내가 처가로 가버렸다.'**

위의 문장에서 현황과 문제점을 분리하여 보십시오. 제가 만나본 많은 분이 현황과 문제점을 명확히 설명하지 못하였는데, 과연 무엇이 현황이고 무엇이 문제점일까요?

국내 많은 부처와 공공기관의 보고서를 보면 대다수가 '현황과 문제점'으로 기술합니다. 문제점이 명확하지 않은 것입니다. 그러면서 문제해결을 위한 개선방안은 나오는데, 이는 문제해결의 올바른 접근이 아니라고 판단되고, 시급히 해결되어야 할 사안이라고 생각합니다.

위에서는 '부부가 싸웠다'가 문제점이고 '아내가 집을 나갔다'가 현황입니다. 현황과 문제점의 판단은 인과관계(因果關係)로 판단하는 것이 타당합니다. 때문에 문제점은 '원인'이고 현황은 '결과'입니다. 인과관계는 시간적으로도 차이를 보이는데 원인은 최소한 결과보다는 미리 발생합니다. '부부가 싸웠다'가 먼저 발생한 것과 같은 이치입니다.

맥락을 본다면 현황 → 문제점 → 원인을 추적하는 것이 타당하나 국내의 역량평가에서는 문제점과 원인을 분리하지 않은 경우가 대다수입니다(물론 사안에 따라 문제점과 원인을 분리하여 제시하는 경우도 있습니다). 국내의 공공 부분의 보고서들을 보면 대다수가 '현황과 문제점'이라는 목차로 '원인과 결과'를 한데 묶어버리는 우를 범하는데 이러면 문제해결이 힘들어집니다. 문제점(원인)이 명확히 도출되었을 때 문제해결이 가능하겠지요.

3) 개선방안의 수립

개선방안은 문제점을 해결하기 위한 대안입니다. 문제점과 개선방안은 1:1 매치(Match)가 되어야 합니다. 문제점이 3가지이면 개선방안도 3가지로 구조화하는 것이 좋습니다. 물론 과제의 상황에 따라 하나의 개선방안으로 두 개의 문제점을 해결할 수도 있습니다.

개선방안을 미리 도출하고 역으로 문제점을 도출하는 분들도 있습니다. 분석과 구조화의 최종 과정에서 문제점과 개선방안의 1:1 매칭이 이루어지지 않은 경우 개선방안을 중심으로 문제점을 구조화할 수 있습니다. 개선방안과 문제점을 역으로 파악할 수 있다는 것은 상당한 수준에 와 있음을 의미합니다.

문제점의 개선 방향은 크게 5가지입니다. 문제점에 대해 '낮추고', '높이고', '없애고', '만들고', '맞추고'입니다. 각각의 유형을 살펴보겠습니다.

- 낮추고: 과제의 제목이 '조직 간 불협업 개선방안 수립'이라면 불협업의 상황이 높다는 것을 의미합니다. 불협업의 원인은 '소통 부재'가 주요인으로 나타나는데 이럴 때는 소통 지수가 낮다는 통계 결과가 나올 것입니다. 개선방안은 불협업의 요인들을 낮추는 데 초점을 맞추어야 합니다.
- 높이고: 과제의 제목이 '전통시장 활성화 방안 수립'이라면 현재 활성화가 낮은 수준임을 알 수 있습니다. 이럴 때는 전통시장의 활성화 지수를 높여주어야 합니다.
- 없애고: 과제의 제목이 '쌀 직불금 부당수령 근절대책 수립'이라면 부당수령이 만연하고 있다는 것으로 현재 수준이 높다는 의미입니다. 이럴 때는 부당수령을 근절 즉, 없애주어야 합니다.
- 만들고: 과제의 제목이 '안전사고 방안 수립'이라면 현재 안전사고가 일어난 상황이고, 안전사고가 일어나는 요인으로는 '설비부족'이나 '관리 시스템 부재'를 이야기할 수 있습니다. 개선방안은 안전사고 재발방지를 위한 설비나 시스템을 만들어주어야 합니다.
- 맞추고: 과제의 제목이 '미래 에너지 산업 인력 육성방안 수립'이라면 현재의 에너지 산업 인력육성이 미래의 요구를 수용하지 못하고 있다는 문제 즉, '인력 수요예측의 부적합'이 문제점입니다. 이럴 때는 미래의 수요예측을 명확히 하고 이에 정책을 맞추어주는 것이 중요합니다. 고객만족과 관련한 과제들도 고객의 요구를 제대로 파악하지 못해 일어나는 문제들입니다. 고객의 요구를 맞추어주어야 합니다.

최근의 평가과제의 유형을 보면 대부분의 과제들이 연역적 추론에 의해 문제점을 파악할 수 있는 주제들입니다. 그러기에 문제점을 추론하였다면 개선방안도 추론이 가능합니다. 다음은 제가 판단한 국내 보고서 작성에서의 문제점들입니다. 꼭 숙지하시길 바랍니다.

- 제도 미비: 제도 미비는 대부분의 과제에서 나타나는 문제점입니다. 예를 들어 위에서 언급한 '쌀 직불금 부당수령 근절대책 수립'이라는 과제라면 전제는 부당수령이 만연하고 있는 상황입니다. 문제점은 무엇일까요? 일차적으로 '단속 미비'가 떠오르는 데 동의하시나요? 단속 미비 문제점의 개선방안은 '단속강화'입니다. 단속강화를 위해서는 관련 법규의 개정이 필요합니다. 그러기에 단속 미비라는 문제점을 일반화한다면 제도 미비라는 문제점이 됩니다.
- 홍보/계도 미비: 홍보 및 계도 미비라는 문제점은 제도 미비와 함께 대부분의 과제에 출현하는 문제점입니다. 위의 '쌀 직불금 부당수령 근절대책 수립'이라는 과제의 또 다른 문제점은 무엇일까요? 곰곰이 생각해 봅시다. 쌀 직불금 부당수령과 관련된 대상은 농민들입니다. 농민들이 왜 부당수령을 할까요? 위에서 말한 단속 미비 외 문제점은 무엇일까요? 본 사안의 이차적인 문제점으로는 '홍보/계도 미비'가 떠오르는 데 동의하시나요? 농민들이 부당하게 수령한 쌀 직불금이 불법이라는 홍보 및 계도 활동이 효과적이지 못했다는 결론이 나옵니다.
- 설비/인프라 미비: 과제의 제목이 '전통시장 활성화 방안 수립'이라 하면 문제점으로 나오는 첫 번째가 '접근성'의 문제입니다. 주차장이나 대중교통 수단이 부족하다는 의미이겠지요. 이는 주차장이라는 인프라가 부족한 상황을 의미합니다.
- 콘텐츠/프로그램 미비: 과제의 제목이 'OO 지역 축제 활성화 방안 수립'이라면 문제점은 접근성의 문제와 더불어 '볼 것이 없다'라는 문제점이 도출됩니다. 이는 '콘텐츠나 프로그램의 미비'로 귀결됩니다.
- 교육 훈련 미비: 과제의 제목이 '정보 보안문제 재발 방지 방안수립'이라면 문제점은 '제도 미비'와 더불어 '직원들의 교육 훈련 미비'일 것입니다. '제도 미비'는 '상벌 규정'이나 '대응 매뉴얼' 불비를 의미하고 '직원들의 교육 훈련 미비' 문제점은 직원들에게 보안 문제의 경각심을 일깨우는 교육 훈련의 부족함을 의미합니다.
- 자원(인력 및 예산) 미비: 과제의 제목이 '흡연자 단속 강화방안 수립'이라면 '단속인력 부족'이라는 문제점에 봉착합니다. 인력이 확보되기 위해서는 필연적으로 예산 문제가 함께 수반됩니다.

학습자들이 저에게 자주 하는 질문 중 하나가 '시스템 부재'라는 문제점을 어느 영역에 넣어야 하는 것이냐는 것이었습니다. 시스템은 그 의미가 넓어서 제도 부분에도 들어갈 수 있습니다. '성과관리 제도 수립'이라면 시스템으로 볼 수 있습니다. 그러나 '내부 보안 점검 시스템 구축'이라면 인프라 구축이라는 사안이겠지요. 또한 시스템 구축은 프로그램의 강화라는 영역에도 들어갈 수 있습니다. 사안에 따라 판단하여 대응하여 주십시오.

4) 논리적 구조 만들기

효과적인 보고서는 '논리적인 구조가 명료한가?'의 차이에서 좌우되는데 먼저 논리에 대한 정의를 정리할 필요가 있습니다.

'논(論)'이라는 글자는 '말씀 언(言)'과 '묶을 륜(侖)'으로 구성되어 있습니다. '논(論)'의 의미는 말 묶음을 의미합니다. 그리고 '리(理)'는 다스릴 리로 이치, 법칙, 규칙을 말합니다. 결국 논리는 '말 묶음의 이치'라고 해석됩니다. 현실적으로 논리라는 말은 자주 쓰기는 하지만 표현을 하라고 하면 무척 어려운 단어입니다. 논리란 단어를 쉽게 설명해보려고 고민을 했는데, 논리는 '말이 되는 말'이라고 정의하고 싶습니다. 우리는 가끔 '와! 말 되는데!'라는 표현을 씁니다. 이 의미는 타인의 말이 수용된다는 의미입니다.

타인들에게 수용이 되는 말이 '논리'입니다. '말도 안 되는 소리 하지 마!'라는 표현은 논리가 부족하다는 의미이고 '말이 좀 되는 것 같은데?'라는 표현은 논리가 조금은 있다는 뜻입니다. 이 외에 '귀하의 의견에 일리가 있다'라는 표현들도 모두 '논리가 있다'는 의미입니다. 결론은 '논리'의 의미는 타인이 수용 가능한 말 또는 문장, 표현 등이라고 말할 수 있습니다. 그렇다면 타인에게 수용 가능한 논리적인 표현이라는 것은 구체적으로 무엇일까요?

타인들에게 수용 가능한 말은 주장과 주장을 뒷받침하는 근거가 명확해야 합니다. 그랬을 때 논리적인 타당성을 확보합니다. 예를 들어 '우리 선생님은 국어 선생님인데도 불구하고 영어를 잘하나 봐'라는 주장은 그에 따른 근거와 이유가 따라야 합니다. '왜냐하면 선생님의 서재에는 영어 원서로 된 책들이 많이 꽂혀 있거든'이라는 근거는 '영어를 잘할 것 같다'는 주장의 근거가 되는 것입니다. 위의 표현처럼 주장과 주장을 뒷받침하는 근거와 이유가 명확하게 제시되는 것을 논리적인 표현이라고 말합니다.

문제점과 개선방안을 제시할 때에 단순히 한 줄 표현으로 문제점과 개선방안을 제시한다면 논리성이 떨어진다고 말할 수 있습니다. '여성 인력 활용방안 수립'이라는 과제라면 문제점으로 '육아 부담'이 나올 것입니다. 단순한 육아 부담이라는 표현보다는 육아 부담이라는 주장을 뒷받침하는 구체적인 논거들을 기술하여야 합니다.

▷ 문제점
- 육아 부담
  - 비용 부담이 큰 민간 보육원의 비율이 전체 보육원의 90%를 차지하고 있음
  - 사교육비의 증가로 초등학교 평균 사교육비가 월 40만 원이 지출되고 있음

현업에서 보고서를 작성하더라도 앞서 설명해드린 논증적 표현에 유념하여 작성하여야 합니다.

대안의 설계 시에도 논거가 명확해야 합니다. 다음은 층간소음과 관련한 정책기획보고의 대안 제시와 논거입니다.

> ▷ 층간소음 유발에 대한 규제 및 제재 신설
> • 소음 민원 발생자에 대한 벌금제 신설
>   ※ 미국, 호주, 독일, 일본에서는 소음 발생 시 벌금 또는 구류형을 부과하고 있음
> • 가전제품의 소음 등급제 신설
>   ※ 유럽, 호주, 일본, 중국에서는 가전제품에 대해 소음등급제를 실시하고 있음

위의 대안은 해외의 사례를 기반으로 명확한 근거를 제시하고 있습니다. 해외 사례들은 매우 효과적인 논거가 될 수 있습니다. 물론 과제내용에 기반을 둔, 추론을 통한 창의적인 대안도 있다면 더 좋은 평가를 받을 수 있습니다.

아래는 국내의 모 평가기관에서 제시한 정책기획 작성 시 논증력을 평가하기 위한 지표입니다.

> ▷ 제시한 대안에 대해 분명한 논거를 제시하고 논거 간 일관성을 유지한다.
> • 대안을 제시하는 데 있어 분명하고 타당한 근거(자료 분석 결과) 제시
> • 전체적인 기획 방향 아래 각 대안 서로 간에 논리적 연계성 확보
> • 초기에 도출한 문제요소와 최종적인 대안, 기대효과 간 연계성 검토

5) 세부실행계획의 수립

세부실행계획은 기획보고의 매우 중요한 요소입니다만 상당수의 평가대상자들이 이를 놓치는 경우가 많습니다. 대안을 설계하면 다 된 것으로 아는데 이는 기획의 개념을 잘 모르는 것입니다. 앞서 말씀드린 바와 같이 기획은 실행하여 성과를 담보로 하여야 합니다. 그러므로 실행계획이 꼭 담겨야 합니다. 실행계획은 기본적으로 성과관리(Performance Management)의 개념을 명확히 알아야 합니다. 성과관리는 Plan → Do → See의 개념으로 출발합니다.

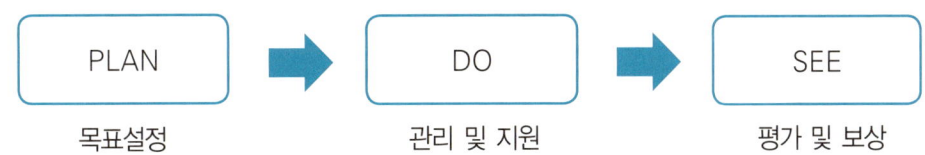

컨설팅기관에 따라 약간은 다릅니다만 기본 뼈대는 위와 같습니다.

성과관리라고 하면 매우 어렵게 생각하시는데 여러분들이 소속된 기관에서는 이미 성과관리를 하고 있습니다. 가장 일반적인 예가 MBO(Management By Object)와 BSC(Balance Score Card) 제도입니다. 여러분들은 연초에 성과목표를 수립합니다. 개인 목표, 부서 목표, KPI(Key Performance Indicator)라는

이름 아래 목표가 수립됩니다. 그 후 부서장을 중심으로, 목표를 기반으로 관리를 합니다. 여러분들은 성과점검 회의를 하게 되고 성과점검 회의에서 성과달성 여부에 따라 혼나기도 하고 칭찬을 받기도 합니다. 그러면서 성과목표를 높이거나 낮추는 등의 조정을 합니다. 연중 성과관리 과정은 연속되고 연말이 되면 목표 달성의 결과에 대해 성과평가를 받습니다. 이러한 과정이 목표에 의한 관리(MBO)입니다.

대다수의 조직 구성원들이 수용하지 않습니다만 평가는 이루어지고 평가를 기반으로 S-A-B-C-D의 평가 결과를 받고, 평가 결과에 의해 부서 또는 개인의 인센티브가 달라집니다.

세부실행계획을 어렵게 생각하시는 분들이 많은데 실은 여러분들이 일상적으로 하는 활동입니다.

실행계획에서의 세부목표는 개선방안이 그대로 내려옵니다. 실행계획에서의 목표를 별도로 잡아야 한다는 생각을 하시는 분들이 계시는데 개선방안이 실행의 세부목표가 됨을 잊지 마십시오. 개선방안을 목표화(化)하였다면 목표를 수행할 일정을 구체화해야 합니다. 일정을 수립할 때 구체적인 일정을 넣는 분들도 있고 장/단기 일정으로 대략 수립하는 분들도 있습니다. 물론 구체적으로 일정을 넣어주면 좋습니다만 시간 관계상 일정을 구체화하기 힘든 분들은 '장/단기'라도 구분하여 꼭 설정해주셔야 합니다. 일정을 수립할 때 아래의 기준을 참조하시되 여러분들의 아이디어를 넣어서 논리적으로 구성하여 주십시오.

- 제도개선: 국회 비준이 필요한 제도개선 사항은 2년 정도의 기간이 필요합니다. 장기계획에 속합니다. 대응 매뉴얼 수립 등 내부적인 제도 수립은 1년 정도면 가능합니다. 중기계획에 속합니다.
- 홍보강화: 홍보 및 광고는 자체 예산으로 가능하므로 즉시 시행이 가능합니다. 단기계획에 속합니다.
- 설비/인프라 구축: 규모에 따라 다르지만 1년이면 가능합니다. 중기계획에 속합니다.
- 콘텐츠/프로그램 강화: 3개월 내 강화가 가능합니다. 단기계획에 속합니다.
- 교육훈련강화: 본 방안은 자체 예산으로 가능하므로 즉시 시행이 가능합니다. 단기 계획에 속합니다.
- 자원(인력 및 예산) 확충: 본 개선방안은 규모에 따라 추경예산의 확보 등의 장기적인 과제가 될 수 있고, 자체 예비비 운용으로 가능한 수준이면 즉시 시행이 가능한 사안입니다. 보편적으로 추경 편성을 요구하는 사안이 많으므로 중기계획에 속합니다.

실행 일정은 여러분들이 판단하시어 논리적으로 타당하게 작성하여 주시고, 작성하게 된 근거를 생각하고 계셔야 합니다. 평가사들이 질문할 때 근거가 없다면 곤경에 빠질 수 있음을 늘 상기하십시오.

일정 수립을 마친 후 성과목표를 관리할 수 있는 점검 계획과 피드백 구조를 넣어주십시오. 개선방안들을 실행할 때 실행이 잘 되고 있는지에 대한 확인 작업입니다. 개선방안의 실행 성과점검은 주로 TF(Task Force) 팀을 구성하여 분기별 점검을 진행하는 경우가 많습니다만 점검계획은 사안에 따라 달라지므로 여러분들이 판단하여 계획을 수립하여 주십시오.

세부실행의 자세한 사항은 〈성과관리〉편에서 자세히 다룹니다. 〈성과관리〉편을 참조하여 성과로 연계되는 실행계획을 수립하여 주십시오.

6) 기대효과

기대효과는 정성적으로 구성을 하다 보면 추진배경 또는 전략 방향 등과 겹치는 경우가 많고 정량적으로 구성을 하다 보면 목표와 일치하는 경우가 많습니다. 기대효과는 본 정책이 실시된 후 나타나게 되는 이해관계자들의 효익을 생각하시면 됩니다. 예를 들어 '고객 정보 유출 재발 방지방안 수립'이라 하면 이해관계자들은 '기관', '고객', '구성원'입니다.

> ▷ 기대효과
> - 기관: 기관의 이미지 제고
> - 고객: 고객 정보보안에 대한 신뢰강화
> - 구성원: 고객 정보보안에 대한 경각심 고양

위의 사례처럼 이해관계자를 중심으로 효과를 정리하시는 것이 편안합니다.

7) 장애요인 및 극복방안

장애요인 극복방안은 실행 시 발생될 수 있는 문제 또는 잠재적인 문제들을 말합니다. 주로 관련 부처 및 이해관계자들의 반발 또는 예산과 인력의 부족 등을 이야기할 수 있는데 사안에 따라 달라질 수 있습니다.

평가자의 관점의 핵심은 개선방안을 실행할 때 나타날 수 있는 문제들을 얼마나 인지하고 있는가입니다. 이는 개선방안 수립 시에 향후 나타날 수 있는 문제들까지 고려한 의사결정이었는가를 판단하는 사안이므로 절대 간과하시면 안 됩니다.

향후에 발생될 문제들이 떠오르지 않을 때는 연관되어 있는 이해관계자들을 생각해보십시오. 사업 진행 시 반발이 예상되는 이해관계자들을 생각한다면 장애요인을 좀 더 쉽게 생각할 수 있습니다. 예를 들어 '층간소음 문제 해결방안 수립'의 과제라면, 문제점은 공동주택의 층간을 두껍게 할 수 있는 법령 개정이 개선방안으로 될 수 있습니다. 본 개선방안에는 다양한 이해관계자들이 얽혀 있지만 가장 먼저 떠오르는 대상은 공동주택 시행자입니다. 시공사들의 관점에서 층간의 두께가 두꺼워진다는 것은 주택의 건설 시에 비용이 많이 든다는 것입니다. 또한, 이러한 문제는 궁극적으로 주택을 구매하는 국민들에게 전가된다는 것도 고려해야 합니다.

다음의 내용은 인바스켓 기획력 과제의 예제입니다. 같이 풀어보면서 계속 설명을 이어나가겠습니다.

(2) 인바스켓 기획력 과제

기획력(문제해결) 예시과제

피평가자
나인석 과장

- 당신은 한라국 여성가족부 청소년 매체과 나인석 과장입니다.
- 오늘은 2022년 9월 16일 오후 13시 20분입니다.
- 귀하는 청소년 스마트폰 중독 예방 및 해결을 위한 업무를 총괄하고 있습니다.
- 각 자료에 따르면 현재 청소년의 스마트폰 중독은 계속해서 증가하고 있으며, 이에 의존, 불안, 대인관계 문제 등 다양한 심리적 고통을 받는 청소년들의 비율이 증가하고 있는 상황입니다.
- 이에 귀하의 상관인 담당 국장은 귀하에게 '청소년 스마트폰 중독 예방 및 해소 대책'을 마련해 보고하라고 지시하였습니다.
- 담당 국장은 오늘 오후 14시에 있을 차관회의 전까지 해소대책을 요구하였고, 귀하는 40분 뒤에 출장을 가야 하므로 보고서를 작성할 시간은 20분밖에 남아 있지 않습니다. 20분 동안 제시된 자료를 분석하여 간략하게 보고서를 작성해주시기 바랍니다.

● 자료#1 신문기사

청소년 스마트폰 중독 해결 위해서는 삶의 균형 회복 필요

보나일보 이수진 기자

정신건강의학과 진료 시간. 중학생이 고개를 숙인 채 손에 든 스마트폰에서 눈을 떼지 못하고 진료실에 들어온다. 어머니 손에 이끌려 겨우 의자를 찾아서 앉는다. 잘 지냈느냐는 인사에 고개만 까딱하더니, 여전히 핸드폰에 집중하면서 손가락을 바쁘게 움직이고 있다. 옆의 어머니가 말려서 겨우 게임을 중단시킨다.

어둑한 저녁 무렵 아파트 입구. 초등학생 서너 명이 머리를 맞대고 옹기종기 모여 있다. 학원 가방을 멘 채 휴대폰의 동영상을 돌려 보느라 넋을 잃고 있다.

최근에 나의 주변에서 흔히 보게 되는 모습들이다. 스마트폰이 보급된 후 우리나라의 청소년들에게 어떤 일이 생기고 있는 것일까? 별로 걱정하지 않는 부모도 있지만 많은 부모가 스마트폰을 사줄 때 꽤 고민하게 된다.

아동기와 청소년기에는 욕구를 조절하는 능력이 매우 부족하다. 한국정보화진흥원에서 2018년에 시행한 인터넷 중독 실태조사에 의하면 스마트폰 사용자 중에서 스마트폰 중독 위험군의 비율은 청소년에서 25.5%로서 성인의 8.9%보다 약 3배에 달했다. 청소년기를 다시 학령별로 비교해보면 중학생에서 29.3%로 제일 높았다.

물론, 아직 스마트폰 중독의 진단기준에 대해서는 논란이 있으므로 이 숫자를 액면 그대로 받아들이기는 어렵지만, 성인보다는 청소년에서 훨씬 더 큰 문제가 되는 것을 알 수 있다.

연령뿐만 아니라 사회문화적인 영향도 중요하다. 청소년의 인터넷 중독은 서양보다 한국과 중국 등에서 먼저 사회문제로 부각되고 학계에도 자주 보고되었다. 한국의 청소년들은 학교와 사교육에 장시간 내몰리느라 자신의 여유나 즐거움을 찾기가 어렵다. 피곤하고 별다른 낙이 없는 청소년에게 스마트폰은 현실에서 잠시 벗어날 수 있는 손쉬운 탈출구가 되는 것이다. 지금 우리 사회는 스마트폰 중독의 불길이 번지기 쉬운 마른 장작과 같다.

그러므로 사회 관습과 분위기의 변화 없이 개인들이 각자 요령껏 스마트폰 중독의 위험에서 벗어나도록 하는 것은 한계가 있다. 스마트폰을 본래의 편리하고 안전한 도구로 돌려놓기 위해서는, 그동안 잃어버린 여유와 감성을 되찾아서 이 마른 장작을 다시 적시고 삶의 균형을 회복하려는 노력이 중요하다.

자료#2 중독 예방 캠페인

매체 사용, 제대로 안 배우면 쉽게 중독됩니다

성인이 돼서 인터넷을 접하고 미디어의 편의성을 알게 된 저희 세대와 달리 자녀들, 지금 태어나는 아이들은 처음부터 스마트폰이 당연한 시대에 살고 있습니다. 성인조차 인터넷 혹은 게임 등에 중독되기 쉬운데 자기 조절력이 부족한 아이들의 경우 처음부터 제대로 된 매체의 사용에 대해 배우지 않으면 쉽게 중독될 수 있습니다.

부모가 가르쳐야 합니다. 가정에서 미디어의 사용을 제대로 통제하지 않을 때, 아이 스스로 그것을 배우고 익히기는 무척 어렵습니다. 학교에서는 점점 더 다양한 미디어를 활용해 학습을 하며, 향후 종이 교과서가 아닌 디지털 매체를 사용할 계획도 세우고 있죠. 학교에서 디지털 매체의 사용이 늘어난다고 집에서까지 매체를 사용해야 하는 것은 아닙니다.

올바른 길을 만들어 주는 것이 부모의 역할입니다

과도한 제재와 자유 사이에서 부모는 늘 고민합니다. 대개는 제약보다 자유를 허용하는 것이 더 좋다고 합니다. 하지만 사용법을 배우도록 자유를 주는 것과 방임은 분명 다릅니다. 디지털 매체의 유해성에 대해 아무것도 모르는 아이에게 "네가 알아서 해라"라고 해서는 안 됩니다. 아이가 바르게 TV, 스마트폰을 사용하도록 길을 만들어 주어야 합니다. 물론 처음에는 많은 규칙과 제재가 필요할 테죠.

아이마다 혼자서 할 수 있는 시기가 다릅니다. 아직 어리다면 스마트폰으로 아이를 통제하기보다 아이를 돌볼 수 있는 어른을 옆에 붙이는 것이 더 낫습니다. 남이 어떻게 하든지 비교할 필요가 없습니다. 내 아이의 속도에 맞춰, 아이가 스스로 통제할 수 있는 상태가 되었을 때 미디어를 제대로 활용할 수 있도록 도와야 합니다. TV에서 PC, 스마트폰 등으로 매체의 활용 범위를 넓혀나가도록 도와야 합니다. 올바른 길을 만들어주고 범위를 넓혀나가는 것이 부모의 역할이 아닐까요?

자료#3 설문자료

초등학교 고학년 아동 스마트폰 사용 현황

01. 스마트폰 사용 현황

성별 스마트폰 보유 현황
90.4%   83.0%

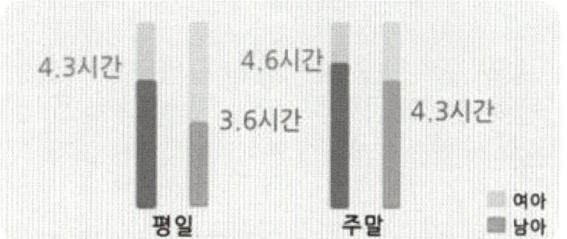
성별 평일/주말 스마트폰 하루 사용시간 현황
평일: 4.3시간 / 3.6시간, 주말: 4.6시간 / 4.3시간
여아 / 남아

→ 초등학교 고학년 아동의 86.5%가 스마트폰을 가지고 있고, 평일 평균 4시간, 주말에는 평균 4.4시간 스마트폰을 사용하고 있으며, 남자 아동보다 여자 아동이 스마트폰을 더 많이 가지고 있고, 스마트폰을 더 많은 시간 사용하는 것으로 나타났다.

스마트폰 주 활용 컨텐츠

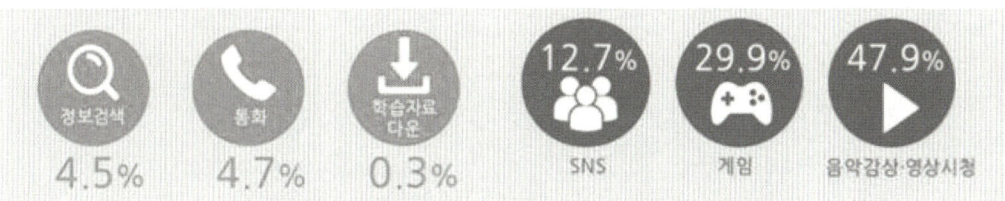

정보검색 4.5%   통화 4.7%   학습자료다운 0.3%   SNS 12.7%   게임 29.9%   음악감상·영상시청 47.9%

자료: 초등학교 고학년 스마트폰 사용 실태 연구조사(굿네이버스 제공)

국제구호개발 NGO 굿네이버스는 지난해 10월부터 12월까지 전국 초등학교 고학년(4학년~6학년) 1579명을 대상으로 벌인 조사에서 초등학교 고학년 스마트폰 보유율이 87%에 달하는 것으로 나타났다고 27일 밝혔다. 이는 한국 스마트폰 보급률(83%)을 웃도는 수치다. 또 스마트폰을 가진 초등학생 중 11%는 치료나 상담이 필요한 '스마트폰 중독 위험군'에 해당한다고 덧붙였다.

굿네이버스가 실시한 '초등학교 고학년 스마트폰 사용 실태 연구조사'에 따르면 지역별 초등학생 스마트폰 보유율은 △영남 90% △호남 88.5%로 전체 지역 중 가장 높았고 △서울·인천 84.8% △경기 82.9% △충청 79.7%가 뒤를 이었다.

초등학생들의 하루 평균 스마트폰 사용시간도 일반 성인의 평균 스마트폰 이용 시간(4.3시간)과 비슷한 평일 4시간, 주말 4.4시간으로 나타났다. 특히 초등학생 중 7%는 하루 평균 10시간 이상 스마트폰을 이용하는 것으로 조사됐다.

연구 대상 아동들에게 스마트폰 과몰입 진단 검사를 실시한 결과 스마트폰 중독 위험이 있어 예방에 대한 관리가 필요한 잠재적위험이용자군이 9.3%, 스마트폰에 중독돼 이에 대한 치료나 상담이 필요한 고위험이용자군이 1.7%인 것으로 나타났다. 즉, 초등학교 고학년의 10명 중 1명이 스마트폰 중독 위험군인 것이다.

자료#4 연구자료

과도한 스마트폰 사용으로 인해 유발되는 증상

◎ 의존
의존은 중독과 같은 개념으로 사용되거나 중독의 하위개념으로 이해되어 왔다. 정보화 사회에서 미디어의 역할은 중요한 커뮤니케이션의 수단으로, 사람들은 세상을 이해하고, 의미 있고 효과적으로 살아가기 위해 미디어에 의존한다.

이는 미디어를 이용하고 충족된 욕구에 의존하면 할수록 미디어의 역할은 더욱 중요해지고, 이에 따라 미디어의 영향력은 더욱 커진다는 것이다. 스마트폰 이용자는 자신이 속한 사회에서 일어나고 있는 것들에 대한 지식을 얻기 위해 스마트폰을 이용하고, 다시 사회에 적응해 나가기 위해 스마트폰에 의존하며, 이러한 행동들은 불확실성을 감소시키기 위한 행동으로 가정될 수 있다.

◎ 불안
휴대폰 중독이나 인터넷 중독이 정신병리와 관련이 있다고 한 연구에서 보듯이, 스마트폰을 사용하는 대상자의 62.6%가 불안 증상을 호소하였다. 스마트폰이 손에 없으면, 배터리가 방전됐을 때, 수시로 오는 SNS와 메신저를 확인하지 못하는 경우 불안이 증가한다고 하였다.

◎ 대인관계
스마트폰은 사람들 간의 의사소통을 연결하는 일차적인 기능과 편리한 기능을 제공하는 등의 이차적인 기능을 한다. 사람들은 스마트폰을 통해 자기를 표현하거나 대인관계를 맺는다. 이를 통해 외로움이나 소외감을 해소하는 데 중요한 매개체가 되고 있다고 보고하고 있다.

그러나 스마트폰을 이용하게 되면서 SNS를 통한 관계는 시공간을 뛰어넘어 점차 넓어지는 반면 주위 사람에게는 소홀하게 되는 경우가 발생하는데 같이 앉아 있어도 얼굴을 보고 대화하는 것이 아니라 스마트폰을 보면서 문자로 대화하는 진풍경이 연출되고 있다.

● 자료#5 블로그 글

요즘 카페나 식당에 가면 아주 어린 아이들부터 큰 아이들까지 스마트폰을 놓지 않고 있는 모습을 흔히 볼 수 있습니다. 아이들이 얌전하게 있다는 이유로 스마트폰을 쥐어주면서도 중독을 걱정하시는 분들이 많을 텐데요, 오늘은 가정에서의 스마트폰 중독 해결방안과 국가적으로 실시하는 중독 예방 프로그램에 대해서 알아보도록 하겠습니다.

가정에서는, 첫째로 사용 실태를 스스로 자각하게 해야 합니다. 자녀들의 인터넷, 스마트폰 건강을 지키려면 아이들 스스로가 문제가 있다는 점을 인식하는 것이 무엇보다 중요한 출발점입니다. 얼마나 스마트폰과 인터넷에 빠져 사는지를 확인할 수 있도록 해주세요.

둘째로, 부모가 함께 노력해야 합니다. 서울 인터넷중독예방 상담센터의 권유에 의하면 "집에 들어오면 스마트폰을 놓을 수 있는 거치대 같은 걸 두고, 이런 것들에 대해 아이들과 미리 이야기를 나누는 것이 중요하다"라고 하십니다. 또한 많은 전문가들은 부모는 스마트폰에 매달려 살면서 아이들에게만 사용을 제한하는 일은 효과가 없다는 의견입니다. 아이들은 부모의 거울이라는 말이 있습니다. 그만큼 부모가 반면교사가 되어서 아이들과 함께 새로운 습관과 환경을 만들어 나가는 것이 중요하다는 것입니다.

다음으로 국가에서 실시하고 있는 스마트폰 예방 방안의 활용입니다. 스마트폰과 인터넷 중독을 예방하기 위해 어린이집과 유치원에서 관련 교육을 전면적으로 시행한다고 합니다. 특히 어린이집 원아 대상 과의존예방 의무교육, 전문강사 방문교육, 문화체험교육 등을 통해 긍정적 디지털 미디어 이용 습관의 조기 형성을 지원하는데 계획의 효과적인 추진을 위해 민관협력네트워크 '스마트쉼 문화운동본부'를 활성화하고 지방자치단체와 지역과제 발굴 및 예산확보 노력을 강화하는 등 정부와 시민 사회가 긴밀히 협력하는 정책 추진 거버넌스를 강화해 나갈 예정이라고 합니다.

또한 스마트폰을 통해 아이들이 SNS에 쉽게 접근하는 만큼 관련 내용들을 SNS와 TV 매체 등을 통해 홍보할 계획이라고 합니다.

이상으로 우리 자녀들이 스마트폰 중독에 빠지지 않기 위해 어떤 노력을 해야 하는지, 또 정부는 어떤 노력을 실시하고 있는지 알아보았습니다. 위에 제시된 가정에서의 노력이 힘들다면 '스마트쉼 문화운동본부'와 같은 정부의 도움을 받으셔도 좋겠습니다. 그럼 걱정이 좀 덜어지셨길 바라며, 이만 글을 줄이겠습니다.

아래 제시된 답지에 청소년매체과의 과장으로서 '청소년 스마트폰 중독 예방 및 해소 대책'에 대한 보고서를 작성하여 주시길 바랍니다.

청소년 스마트폰 중독 예방 및 해소 대책

아래 제시된 답지에 청소년매체과의 과장으로서 '청소년 스마트폰 중독 예방 및 해소 대책'에 대한 보고 아래의 답지는 제가 작성한 답지입니다. 여러분들이 작성한 답지와 비교하여 과제안의 내용으로 문제점과 개선방안이 제대로 적시되었는지 확인하여 주십시오.

● 청소년 스마트폰 중독 예방 및 해소 대책 답지

◎ 추진배경
스마트폰 중독으로 의존, 불안, 대인관계 문제 등 다양한 심리적 고통을 받는 청소년들의 비율이 증가하고 있는 상황을 해결하기 위한 '청소년 스마트폰 중독 예방 및 해소 대책'이 요구됨

◎ 현황
- 청소년기의 스마트폰 중독이 심각함
  - 초등학생 11% 스마트폰 중독 위험군에 있음
  - 청소년의 중독 위험군이 성인의 3배임(청소년 25.5% : 성인 8.9%)
  - 청소년기의 스마트폰 보유현황(남자 83% : 여자 90.4%)
- 스마트폰 중독으로 나타나는 현상
  - 의존: 의존은 중독과 같은 개념이거나 하위 개념으로 이해됨
  - 불안: 스마트폰이 없을 경우 62.6% 불안증상 호소
  - 대인관계 문제: 면대면 대화가 아닌 SNS를 통한 대화 확산

◎ 문제점
- 가정에서의 교육 미비
  - 영유아 시절부터 스마트폰, 인터넷, TV 매체 등의 통제 미비

◎ 개선방안 및 실행계획
- 올바른 스마트기기 사용습관을 위한 가정교육 지침서 제작 및 배포(즉시 시행)
  - 자녀들이 스스로 깨달을 수 있도록 도움을 줌
  - 부모들이 과다하게 휴대폰을 사용하는 모습을 자제함
- 교육 지원 및 홍보/계도 강화(즉시 시행)
  - 영·유아 스마트폰 과의존 예방교육 강화 및 교육 프로그램 확대
  - 스마트폰, SNS, TV 매체 등을 통한 홍보
  - 정규사이트 구축 및 '스마트쉼 문화운동본부' 중심의 예방교육 편성

위의 해소방안은 기본적으로 과제에 제시된 내용들을 기반으로 하였습니다. 앞서 설명해드린 목표, 기대효과, 장애요인 등은 빠져 있는데, 이는 인바스켓 소과제라는 특성을 반영하여 작성하였음을 말씀드리며 참조하시길 바랍니다.

3 성과관리(목표관리)

> 국내에서 시행되고 있는 역량평가 장면에서의 성과관리는 목표관리, 성과지향 등으로 다양하게 표현되고 있지만 그 뿌리는 하나이며 같은 의미입니다. 성관관리는 모든 역량평가에서 빠지지 않고 꼭 포함되는 기본적인 역량입니다. 이는 여러분들이 승진 이후에도 꼭 필요한 역량임을 확인하는 것입니다. 이번 학습을 통해 여러분들이 성과관리 역량을 함양하시길 기대합니다.

(1) 성과관리

성과(Performance)는 일의 실행을 통해 나타나는 결과물입니다. 즉 일의 목적이고 목표입니다.

여러분들과 같은 조직에 소속된 구성원들은 아침이면 회사에 출근하여 많은 일을 수행합니다. 일을 하긴 하지만 본인이 무슨 성과를 올려야 하는지에 대해 명확히 아는 분들은 많지 않습니다.

> "귀하는 소속된 조직을 위해 어떤 성과를 창출하고 계신가요?"

제가 만나본 대다수의 조직 구성원들은 일을 통해 어떤 성과를 창출해야 하는지 모르고 있었습니다. 이는 급여를 받기 위해 수행하는 일의 목적을 모르는 것과 같은 이치입니다.

성과에 대해 자세히 살펴보도록 하겠습니다. 여러분들은 자주 회식에 참석하십니다. 회식에 참석하는 것이 성과일까요? 아니면 그냥 관행적으로 해온 자리이기에 참석하여 저녁을 먹는 자리일까요?

대다수의 직장인은 저녁 회식 자리를 성과로 인정하지 않습니다. 성과로 인정되지 않는다면 왜 정부의 고용 관련 부처에서는 회식 자리에서 일어난 사항에 사측의 책임을 물을까요? 이는 회식 자리가 업무의 연장선상으로 회사에서 수행하는 업무의 일환이기 때문입니다. 회식 자리를 통해 구성원들의 특성을 이해하고, 일하는 방식에 대해 소통이 이루어지며 이런 과정을 통해 조직 내의 문제해결 등의 일하는 방식이 만들어집니다. 회식의 자리는 조직의 일하는 방식과 공유된 가치를 만들고 궁극적으로는 조직의 문화를 만드는 매우 중요한 자리입니다.

조직 내에서의 성과는 다음과 같이 정의할 수 있습니다.

> "성과는 조직의 성장, 발전에 기여하는 그 모든 것"

언뜻 보기에는 이해가 되는 것 같은데 알고 보면 쉽지 않은 문장임을 알 수 있습니다. 성과를 '재무적 이익 또는 계량화된 결과물'로만 인식하는 경우가 있는데 이는 잘못된 인식입니다. 여러분들도 많이 경험하셨을 BSC(Balanced Score Card)는 '재무, 고객, 내부 프로세스, 학습과 성장 관점'의 성과지표를 도출하여 관리하는 시스템입니다. 기존의 관점으로만 생각한다면 '재무와 고객 관점'만을 성과로 판단할 수 있는데 이는 성과에 대한 심각한 인식의 오류입니다. 조직 내에는 재무적 관점의 이익, 고객 관점의 매출 및 이익계수 외에도 이러한 결과를 만들어내기 위한 조직 내의 업무 프로세스, 학습과 혁신 또한 성과의 중요한 요소입니다.

회사에서 제공하는 교육 훈련 또는 회사의 체육대회에 참가하는 것을 성과로 생각하지 않은 분들이 있다면 이는 큰 오산입니다. 회사에서 이루어지는 다양한 이벤트 활동은 조직의 문화를 만드는 중요한 요소입니다. 성과는 출근에서 퇴근까지의 모든 과정 즉, '조직발전에 기여하는 그 모든 것'입니다.

성과관리(Performance Management)는 일의 바른 방향을 세우고 구체적인 목표를 수립하며 목표에 다가갈 수 있도록 관리하고 평가하여 보상하는 일련의 과정을 말합니다. 성과관리는 아래의 4개의 사이클로 구성되어 있습니다.

(자료: 헤이그룹의 성과관리 체계도)

성과관리의 기본 프레임은 Plan-Do-See입니다. 성과관리 흐름을 Plan-Do-Check-Action으로 말하는 컨설팅 기관이 있는데 이는 표현의 차이일 뿐 큰 의미는 같습니다. Plan은 계획, 즉 목표설정(Goal Setting)을 말합니다. Do는 실행(Implementation)과 관리(Management)를 말합니다. 관리자들의 관점에서 구성원들의 성과를 점검하고 달성을 위해 코치하고 도움을 준다는 의미입니다. See의 의미는 평가 보상(Evaluation& Reward)을 말합니다.

위의 그림은 제가 몸담았던 미국계 컨설팅회사 헤이그룹의 성과관리 체계도입니다. 위의 성과관리 구조를 기반으로 국내에서 유수의 프로젝트를 수행하였던바 위 체계를 기반으로 성과관리를 설명하겠습니다.

성과관리를 목표를 수립하는 것으로부터 시작한다고 생각하는데 이는 잘못된 생각입니다. 바른 목표를 수립하기 위해서는 성과의 목적 즉, 창출해야 하는 성과에 대한 책임(Accountability), 일의 목적을 찾는 데서부터 시작합니다. 이를 역할과 책임(R&R, Role&Responsibility)이라고 칭하기도 하는데 이 둘은 궁극적으로 같은 의미로 컨설팅 회사에 따라 용어를 달리 사용하고 있습니다.

제가 만나본 대다수의 조직 구성원들은 본인들이 어떠한 성과를 내야 하는지 모르는 분들이었습니다. 예를 들어 콜센터의 직원이 내야 하는 성과가 무엇이냐고 물어보면 "회사의 고객만족도를 높이는 것이다"라고 말을 하는데, 이는 잘못된 성과 인식입니다. 콜센터 직원은 전화를 잘 받고 고객의 요구점을 풀어주도록 본인이 직접 조치하거나 관련 부서에 연결하는 것이 주된 성과입니다. 회사의 고객만족도를 높이는 성과는 대표이사 또는 마케팅본부장의 책임입니다. 회사의 고객만족도가 떨어지면 대표이사의 책임이지 콜센터 직원의 책임은 아닙니다.

기획실에 배속된 신입사원의 성과책임은 상사들이 작성하는 기획보고서를 위한 다양한 자료를 조사, 분석하여 보고하는 것입니다. 그런데 본인의 성과가 무엇이냐고 물어보면 기획보고서를 쓴다고 이야기합니다. 기획서가 잘못되는 것은 본인의 책임이 아닙니다. 이렇듯 국내의 대다수 조직 구성원들의 성과에 대한 인식이 잘못되어 있는데 이는 바뀌어야 합니다.

본인이 창출해야 하는 성과책임 즉, 목적을 달성하기 위해 당해 연도의 목표를 수립하는 것입니다. 그래야만 바른 목표가 나올 수 있습니다.

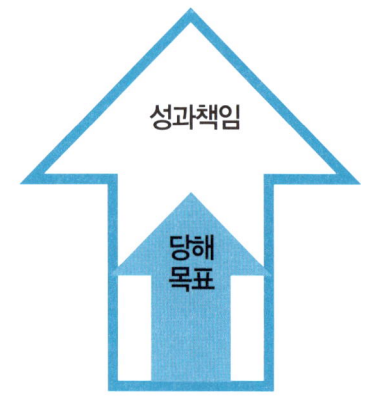

'성과관리는 목표를 수립하는 것부터이다'라는 말은 절대 틀린 말이 아니지만, 목표가 타당하였는가에 대한 의문은 있습니다. 바른 목표가 수립되기 위해서는 성과책임의 명확화가 우선입니다. 이러한 개인들의 성과책임 완수는 조직의 비전달성이라고 말할 수 있습니다. 개인들에게 하달된 성과책임은 조직의 비전과 연결되어 있으며 성과목표의 달성은 조직의 비전달성을 위한 활동과 연계되어 있습니다. 올바른 조직의 목표는 아래와 같이 표기됩니다.

> 예) ○○본부장
> - 성과책임(Accountability): 「외국인 투자기업을 신규로 발굴한다」
> - 목표: 「잠재 외국인 투자기업 리스트를 사용하여, 가능성이 높은 외국인 회사 약 50개를 추출한 후, 각 사별로 대응책 및 담당자를 정하고, 필요에 따라 지원 또는 동행 방문하여 신규 외국인 투자기업 10개사를 11월 말까지 확보한다」

보통 개인별 성과 책임은 5~6개 정도로 구성되고 성과목표의 개수는 이보다는 많게 만들어집니다. 이렇게 만들어진 목표는 '목표에 의한 관리(Management By Objective)' 기법에 의해 실행, 관리됩니다.

MBO 제도는 1950년, 미국의 경영학자인 피터 드러커$^{Peter\ Drucker}$에 의해 제창되었습니다. 이후 경영학의 화두인 성과관리의 이론이 심리학에 영향을 주어 미국의 심리학자인 로크$^{Edwin\ A.\ Locke}$ 교수에 의해 목표설정이론(Goal Setting Theory)으로 정립이 되었습니다. 목표설정이론은 개인이 의식적으로 설정한 목표가 동기와 행동에 영향을 미친다는 이론입니다. 목표는 '개인이 의식적으로 얻고자 하는 사물이나 혹은 상태를 말하며, 장래 어떤 시점에 달성하려고 시도하는 것'으로 이러한 의식적인 생각이 사람의 행동을 조절하기 때문에, 목표를 설정하는 것은 동기와 수행 모두에서 효과적이라는 연구 결과가 있습니다. 로크 교수가 발표한 목표가 설정되었을 때 나타나는 인간행동의 변화는 아래와 같습니다.

- 목표를 설정하게 되면 주의해야 할 대상과 활동의 방향을 결정짓게 된다.
- 목표를 설정하게 되면 에너지를 쓰도록 하거나 노력을 동원하게 된다.
- 목표를 설정하게 되면 시간적으로 오랫동안 노력을 계속 투입하게 된다.
- 목표를 설정하게 되면 목표를 설정한 사람으로 하여금 목표달성을 위해서 사용할 수 있는 적절한 인지전략을 강구하도록 동기를 유발한다.

[11]하버드 대학이 1979년에 하버드 경영대학원 졸업생들을 상대로 한 설문조사도 이와 비슷한 결과를 보여줍니다. 하버드는 졸업생들에게 세 가지 질문을 던졌습니다.

A. 장래에 대한 명확한 목표를 설정했는가?
B. 그렇다면 그 목표를 기록해 두었는가?
C. 그 목표를 달성하기 위한 구체적인 행동계획이 있는가?

특별한 목표가 없다는 A 그룹은 84%, 목표는 있지만 그것을 종이에 적어 두지는 않았다는 B 그룹은 13%, 목표를 구체적으로 설정하고 기록해두었다는 C 그룹은 3%에 불과했습니다. 하버드의 연구진이 10년 후인 1989년, 그 졸업생들을 추적해 어떻게 살고 있는지 확인해 본 결과, B 그룹이 A 그룹에 비해 소득이 평균 2배 이상 높았고, C 그룹은 B 그룹에 비해 소득이 10배 이상 높았습니다.

이처럼 목표는 성과를 달성하는 데 매우 유용한 수단으로 많은 연구 결과가 이를 증명하고 있습니다. 개인의 성취(Achievement)와 조직의 성과 달성을 위해 '비전과 목표'는 필수적인 요소임이 분명합니다.

미국 아이다호 대학의 데이먼 버튼$^{Damon\ Burton}$ 박사의 연구는 효과적인 목표 설정이 조직 구성원들에게 미치는 효과를 다음과 같이 설명하고 있습니다.

---

11) 황석연, '성공하고 싶다면 명문화된 목표를 가져라', 한국독서교육신문, 2013.08.28.

- 성과가 향상된다.
- 스트레스를 덜 받고, 걱정도 덜하게 된다.
- 집중력이 향상된다.
- 더 큰 자신감을 보인다.
- 만족도가 높아진다.

비전을 가지고 있지 않은 조직은 없습니다. 비전을 세우는 목적은 비전 달성이고 이는 조직의 성과관리입니다.

피터 드러커가 만든 '목표에 의한 관리(MBO)' 기법은 많은 기업의 성과개선에 기여하는 전기를 마련하였습니다. 지금도 위 기법은 성과관리의 기본으로 국내외 대부분의 조직에서 사용하는 경영기법입니다.

평가대상자인 여러분들도 연말에 당해 연도 평가를 위해 고민하고, 신년도의 사업계획 수립을 위해 밤을 새우는 분들입니다. 평가 준비를 하시는 지금도 목표에 의한 관리의 대상이실 것입니다. 그런 모든 과정이 성과관리 제도로서, 성과관리는 멀리 있는 이야기가 아닙니다. 성과관리 제도가 부처에 도입되면서 많은 교육을 받으셨을 겁니다. 지금도 연말이 되면 관리자들을 대상으로 성과평가와 목표설정을 위한 교육과정을 실시하고 있고 진급자 교육에서 빠지지 않는 과목이 성과관리입니다.

최근 모든 부처와 기관, 기업은 성과관리 제도에 기반을 둔 보상제도를 실시하고 있습니다. 상대적 개념으로 언급되는 이론이 '연공서열제'로 시간이 지나면 능력이 향상돼 높은 성과를 낼 것이라는 가정에 기반을 둔 제도입니다. 이런 제도 아래에서는 연차가 쌓이면 보상이 커집니다. 연공서열 제도는 경쟁적인 현대사회 특성상 합리적이라고 말할 수는 없겠지만 각 제도에는 일장일단(一長一短)이 있습니다.

'목표관리'와 '목표에 의한 관리'를 혼동하시는 분들이 많습니다. 역량평가를 준비하는 여러분은 목표에 의한 관리 대상이지 목표관리 대상이 아닙니다. 여러분이 속한 조직의 목표관리 대상은 한 명입니다. 조직의 대표이자 최고의사결정권자인 CEO(Chief Executive Officer)입니다. 조직의 최고 의사결정권자는 연초에 목표를 받습니다. 그리고 연말에 평가합니다. 평가 결과를 기반으로 유임 여부를 판단합니다. 실행의 중간에 점검, 관리의 절차가 없습니다. 하지만 여러분은 연초에 목표를 설정하고 실행하는 단계에서 목표를 기반으로 분기별, 월별 성과점검을 합니다. 성과점검 회의에서는 일정별 성과달성 여부를 확인하고 지원이 필요하면 지원을 해주고, 목표의 조정이 필요하면 조정을 해줍니다. 즉, 목표를 기반으로 관리를 하는 것입니다. 이 상황에서의 구성원이 목표달성을 위해 능동적으로 업무를 추진할 수 있도록 도와주고 지원해주는 것이 리더의 역할, 리더십입니다.

저는 목표에 의한 관리를 농부에 빗대어 표현합니다. 농부는 모를 심고 모가 잘 자라는지 점검하며 피를 뽑고, 농약을 주고, 물을 댑니다. 이와 같은 과정을 거치기 때문에 가을에 풍성한 벼를 수확할 수 있습니다. 모를 심고 수확만을 확인하는 것이 목표관리이고, 모를 심고 중간에 관리 하는 것이 목표에 의한 관리입니다. 두 관점의 결과 차이는 명약관화(明若觀火)겠지요.

효과적인 성과관리를 위해서는 목표를 수립하는 것, 목표를 관리하는 것 그리고 성과에 대한 평가를 공정하게 해야 합니다. 이제는 목표수립과 관리, 평가보상에 대해 자세히 설명을 드리겠습니다.

1) 목표설정

바른 목표는 조직의 비전과 연계된 성과책임에 기반을 두어야 한다고 소개하였습니다. 이와 더불어서 목표의 기술(Goal Description)이 성과에 많은 영향을 미친다는 많은 연구결과들이 있습니다. 구성원들의 가슴을 울리는, 명료한 목표는 성과에 많은 차이를 가져옵니다.

[12]헬리겔과 슬로컴 Hellriegel & Slocum, 1978 은 조직 및 개인이 달성해야 할 목표가 적합하게 설정되어야 하고, 개인의 수행 목표는 다음과 같은 기준을 충족해야 한다고 주장했습니다.

1. 수행 목표는 분명하고 세밀하며 모호하지 않아야 한다.
2. 수행 목표는 필요조건을 정확하게 기술해야 한다.
3. 수행 목표는 조직의 정책과 절차에 일치해야 한다.
4. 수행 목표는 경쟁성을 지녀야 한다.
5. 수행 목표는 기대, 동기부여, 도전감을 유발할 수 있어야 한다.

위의 연구들을 뒷받침하여 나온 목표기술의 이론이 SMART 기법입니다. 여러분들도 한번쯤은 들어보셨을 단어인데, 최근 목표기술의 가장 효과적인 방법론으로 일반화되어 있는 기법입니다.

> **SMART 기법**
> - Specific: 구체적으로
> - Measurable: 측정가능하게
> - Achievable: 달성가능하게
> - Result Based: 결과 지향적으로
> - Time Bound: 기간을 정해서

목표를 기술하라고 하면 목적과 목표가 혼돈된 추상적 기술이 대다수입니다. '건강을 회복하겠다', '좋은 아빠가 되겠다' 등은 목표가 아니고 목적입니다.

---
12) 한국심리학회, '목표 설정 이론(Goal Setting Theory)' 심리학용어사전, 2014.4.

목적	건강을 회복하겠다.
목표	일주일에 1회씩 북한산에 올라 3개월 내에 몸무게를 현재보다 30% 낮추겠다.

목적	좋은 아빠가 되겠다.
목표	아들이 초등학교 입학 전까지 매일 동화를 30분씩 읽어주어 책 읽는 습관을 가지도록 해주겠다.

'영어를 잘하겠다'는 목표보다는 '영어 실력 향상을 위해 3개월 내에 토익 점수를 750점으로 올리겠다'라는 목표가 영어실력 향상에 도움이 되는 것은 당연하겠지요. 이렇듯 바른 목표의 기술은 목표달성을 위한 절대적 요소입니다. 국내외 대부분의 기업과 기관에서 비전을 수립합니다. 그리고 비전 달성을 위한 전략을 수립하는 데 비전은 큰 범위의 목표, 전략은 비전을 달성하기 위해 실행해야 할 작은 단위의 목표라고 말할 수 있습니다.

(출처: 국민연금공단)

위의 그림은 국민연금공단의 미션 및 비전[13]입니다. 비전에 '행복 + 2025'로 표시되어 있는데 SMART의 개념이 활용되어 2025년까지라는 기간이 정해져 있음을 알 수 있습니다.

역량평가 장면에서 부하직원의 계획서를 피드백해 달라는 과제들이 나올 때, 이때에 목표기술과 관련된 과제가 자주 나옵니다. 목표기술의 기본원칙을 모르는 분들에게는 매우 당황스러운 문제입니다. 목표기술의 원칙, SMART를 꼭 기억하시길 바랍니다.

바른 목표의 설정은 구성원들과의 합의하에 설정되어야 한다는 것이 원칙입니다. 목표를 기술하는 것과 구성원들과 함께 고민하고 합의하여 설정한다는 것은 다른 의미인데 목표는 반드시 구성원들과 소통과 합의에 의해 도출되어야 합니다. 그래야 구성원들의 목표몰입을 유도할 수 있습니다. 팀의 목표가 팀장의 독

---

13) 미션(Mission)은 '조직 탄생의 이유'입니다. 즉, '무엇을 위해 태어났느냐?'입니다. 비전(Vision)은 기관의 달성해야 할 바람직한 모습(To Be)입니다.

단적인 의사결정에 의해 수립된다면 구성원들의 내적동기를 끌어내기에는 역부족입니다. 집단의 목표는 구성원들이 스스로 참여하여 자발적으로 수립된 목표가 가장 이상적입니다.

2) 목표에 의한 관리 및 점검

수립된 목표는 점검과 피드백, 지원, 조정을 하는 관리체계 기반에서 실행되어야 합니다. 구성원들과 함께 SMART에 의해 수립된 팀의 목표는 각 구성원들에게 하달됩니다. 개인들의 목표에는 월별 달성 수준이 제시되어 있고 관리자는 월별, 분기별 성과점검회의를 주재합니다. 이러한 회의를 통해 관리자는 구성원들의 목표실행 수준을 점검하고 수준에 대해 피드백을 진행하며, 지원이 필요한 사안이 있다면 지원하고, 목표수준을 초과달성하거나 목표달성이 힘들어 보이는 구성원들에 대해서는 목표를 조정하여 줍니다. 이런 일련의 과정은 여러분들이 속해 있는 모든 조직에서 시행되고 있는 제도로서 이미 여러분들이 알고 계시는 사안입니다. 여러분들도 이미 성과관리의 실행자입니다.

3) 성과평가

성과는 해당 성과의 결과이미지라고 말하는 '지표'와 '달성수준'에 의해 평가됩니다. 성과의 지표와 수준은 목표를 수립할 때 작성을 하게 되는데 지표와 수준의 예는 다음과 같습니다.

지표	매출 1,000억 원
수준	S: 1,200억 원, A: 1,000억 원, B: 900억 원, C: 800억 원, D: 700억 원

지표	정책기획서의 작성과 실행
수준	S: 정책의 실행, A: 장관승인, B: 차관승인, C: 국장승인, D: 정책의 기획

영업 직군이나 생산직군들처럼 명확하게 정량화할 수 있는 직무들은 지표수립이 용이합니다만 기획직군이나 프로젝트에 참가하는 분들의 지표와 수준은 정성적이어서 구체화하기 쉽지 않습니다. 어려운 지표를 설계할 때는 결과이미지를 그려보십시오. 그리면서 작성하는 것이 가장 이상적입니다.

성과를 평가할 때 구성원들과 합의는 매우 중요한 과정입니다. 합의는 국내의 성과관리가 실패하는 여러 요인들 중 하나로, 구성원들이 평가결과를 수용하지 못한다면 성과관리가 구성원들에게 동기를 부여하지 못했다고 봐야 합니다. '평가의 괴리(乖離)'라고 표현을 하는데, 평가를 통해 구성원들은 성취에 대한 내적 만족감과 외적 인센티브를 기대합니다. 따라서 이러한 기대가 허물어졌을 때 많은 실망과 분노를 표출합니다. 평가시즌에 헤드헌팅업체가 바쁘다는 것은 공공연한 비밀입니다.

이런 평가의 괴리를 줄이려면 목표에 의한 관리가 철저히 진행되어야 합니다. 목표를 기반으로 구성원들과 관리자들이 지속적으로 소통을 한다면 구성원들은 본인들의 평가수준을 다 알고 있을 것입니다. 점검하고 피드백하는 과정에서 구성원들은 본인들이 무엇을 잘하고 있고 무엇을 잘 못하고 있는지 충분히 인지할 수 있습니다. 관리자들과 구성원들 간에 목표와 관련한 소통이 없이 평가시즌에 "자네의 달성수준은 C이네"와 같은 통보는 구성원들에게 좌절감을 안겨줍니다. 성과관리가 성공하기 위해서는 목표에 의한 관리가 필요하다는 것을 명확히 하는 대목입니다.

성과관리 역량은 리더들이 반드시 알아야 하는 요소입니다. 그러기에 국내의 모든 기관과 기업에서 요구하는 역량입니다. 목표관리, 성과지향, 실행력 등으로 이름만 달리할 뿐 꼭 출제된다는 것을 잊지 마십시오.

인바스켓 평가 장면에서의 성과관리는 다양한 유형으로 제시됩니다.

- **정책기획서 작성**: 정책기획서를 작성하라는 과제에서 성과관리 역량은 세부실행계획의 질(Quality)로 판단합니다. 세부실행계획의 원칙은 위의 성과관리와 마찬가지로 Plan-Do-See입니다.

  기획은 대안을 도출하고 실행을 위한 계획을 수립하는 과정을 칭합니다. 성과가 나오기 위해서는 대안의 실행이 이루어져야 하는데 문제해결중심의 대안만을 구조화하고 세부실행계획을 놓친다면 성과관리 역량뿐만 아니라 정책기획의 점수가 낮게 나올 수밖에 없습니다.

  대다수의 과제에서는 추진배경, 현황, 문제점, 개선방안의 내용들은 제시되나 세부실행계획의 내용은 제시되지 않습니다. 여러분은 도출된 개선방안 또는 대응방안, 해결방안들을 세부실행계획의 목표로 수립하시면 됩니다. 개선방안이 '제도개선'이라 하면 제도개선이 목표가 되고 이를 추진하기 위한 구체적인 일정과 성과점검 또는 모니터링 계획을 만들고 결과이미지인 성과지표를 만들어내면 됩니다. Plan-Do-See의 기본 틀에 기반을 두고 실행계획을 구조화한다고 생각하시면 됩니다. 당연히 목표는 SMART에 기반을 두고 작성하셔야 합니다.

- **부서의 성과관리 개선**: '부서의 성과관리를 개선하라'보다는 '청렴도를 개선하라' 또는 '조직문화를 개선하라' 등의 주제로 성과관리 개선 과제들이 제시됩니다. Plan-Do-See를 먼저 생각하십시오. 주어진 과제에 목표와 관리 및 평가체계가 있는지를 살펴보는 것이 우선입니다. 제시된 자료들은 목표가 허술하거나 관리체계가 없는 경우가 대다수입니다. '목표가 구체적이지 못하다', '목표 점검 및 관리체계가 없다', '성과평가 제도가 불공정하여 구성원들이 신뢰하지 못한다' 등의 문제점들이 도출될 수 있습니다. 이에 개선방안을 구체적으로 기술하시면 됩니다. 목표가 허술하면 SMART에 의해 재구성하여 주시고, 점검 및 관리체계가 없다면 새롭게 만들어주시면 됩니다.

- **부하직원들이 작성한 계획서 피드백**: 성과계획서의 피드백은 자주 출제되는 유형으로 주로 부하직원이 작성한 계획서를 피드백하는 과정입니다. 피드백의 의미는 조언을 한다는 의미와 일맥상통합니다. 잘한 점과 못한 점을 파악하고 보완사항을 제시해주어야 합니다. 그러기 위해 제시된 자료를 언급한 것처럼 Plan-Do-See의 관점에서 바라보아야 합니다. 그리고 목표는 SMART에 의해 제시되어 있는지 확인하고 없다면 구체적으로 제시해주셔야 합니다.

지금부터 인바스켓 성과관리 예제를 같이 풀어보도록 하겠습니다.

(2) 인바스켓 성과관리 과제

● 성과관리(목표관리) 예시과제

피평가자
인사교육총괄팀 장인서 팀장

- 당신은 한라보험공단의 신임 인사교육총괄팀장으로 부임한 장인서 팀장입니다.

- 오늘은 2022년 12월 20일 오후 13시 30분입니다.

- 한라보험공단은 올해부터 구성원들의 역량을 향상하기 위해 '구성원들의 역량 진단 결과와 인사정보를 종합'한 개인 맞춤형 역량개발계획을 수립하였습니다.

- 이에 본 업무를 주관하는 인사교육총괄팀은 공단의 전 구성원들을 대상으로 역량 다면 진단을 실시하여 진단 결과를 개인별로 통보하였고 이를 기반으로 역량개발 계획서를 작성/수립하여 제출하도록 요청한 상황입니다.

- 귀하는 인사교육총괄팀장으로서 구성원들이 작성한 역량개발 계획서를 검토하고 피드백하여 실현가능하고 효과성 있는 역량개발 계획서를 작성할 수 있도록 도와야 합니다.

- 현재 건강심사팀 이진호 과장의 역량개발 계획서를 부하직원인 이예슬 대리가 귀하에게 피드백을 요청한 상황입니다. 그러나 귀하는 14시에 경영지원본부장님을 모시고 지방출장을 가야 하기 때문에 업무를 처리할 시간이 20분밖에 없습니다.

- 아래의 자료를 검토하고 20분 이내에 이진호 과장의 자기계발 계획서를 검토하고 이에 대한 피드백을 작성해주시길 바랍니다.

● 자료#1 부하직원의 이메일

| 답장 | 모두 답장 | 전달 | 삭제 | 목록 보기 | 헤더 보기 | 인쇄 | 완전 삭제 |

제목	역량개발계획서 피드백 요청		
보낸 사람	이예슬 교육담당 대리	**작성 일자**	2022.12.20. 09:50
받는 사람	장인서 인사교육총괄팀장		
내용	팀장님 안녕하십니까? 교육담당 이예슬 대리입니다. 팀장님의 부임을 축하드립니다. 아시다시피 올해부터 당 공단에서는 직원들의 역량개발 효율성을 높이기 위해 역량다면평가 결과 기반의 맞춤형 역량개발을 위한 사업을 진행하고 있습니다. 구성원들에게 진단 결과를 보내고 자기 개발계획서의 작성을 요청한 바 계획서들이 들어오고 있는데 아직 관련 업무를 해본 경험이 없어 계획서의 '내용과 형식'이 적절한지 판단하기 힘들어 조언을 구하고자 합니다. 먼저 도착한 이진호 과장의 계획서를 첨부합니다. 교육 담당 이예슬 대리 올림		
첨부	이진호 과장 다면평가 결과.ppt 이진호 과장 자기개발계획서.hwp		

● 자료#2 역량 다면평가 결과

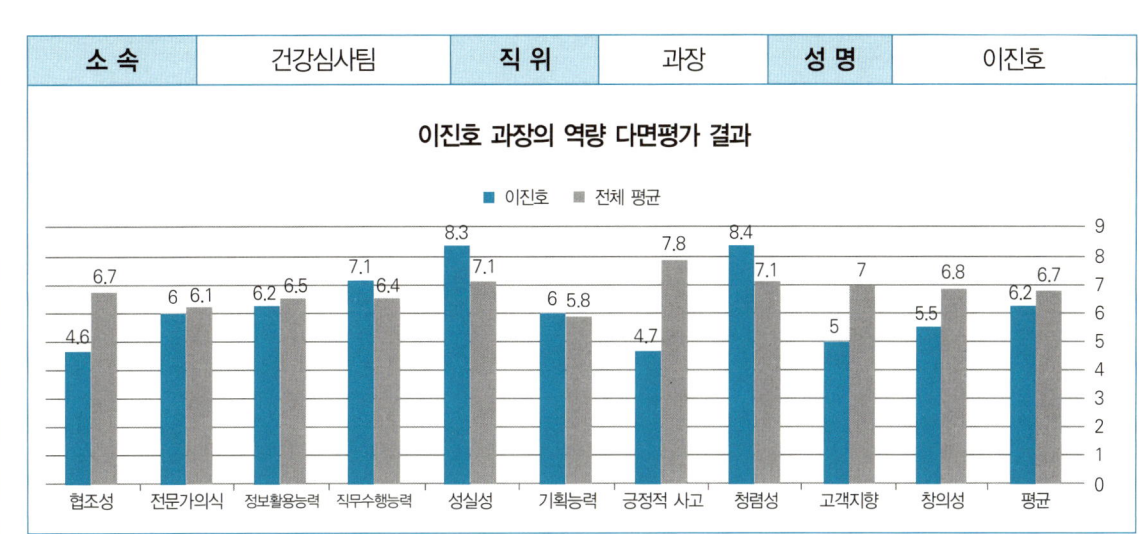

● 자료#3 이진호 과장의 자기개발계획서

소 속	건강심사팀	직 위	과장	성 명	이진호

1. 자기개발 배경
본인은 건강심사팀의 과장으로 업무 수행의 효율적 추진을 위해 자기 개발의 필요성을 느껴 신청하는 바입니다.

2. 자기개발 목표
성실하고 지식이 넘치는 건강심사팀의 핵심인재

3. 자기개발 영역
- 리더십 개발
- 문제해결능력 개발
- 직무수행능력 개발

4. 영역별 개발계획과 지원요청사항

개발영역	학습방법	지원요청사항
리더십 개발	집합교육 및 도서학습	비용지원
문제해결능력 개발	도서학습 및 전문가 커뮤니티 활동 참여	비용지원 및 커뮤니티 정보제공
직무수행능력 개발	집합교육 참여	비용지원

아래에 제시된 답지에 인사교육총괄팀장으로서 부하직원이 요청한 이진호 과장의 자기개발계획서에 대한 피드백을 작성하여 주시길 바랍니다.

● 장인서 팀장의 자기개발계획서 피드백

과제 작성에 수고하셨습니다. 본 과제는 매우 난이도가 높은 과제로써 성과관리에 대한 개념을 정확히 알고 있지 못하면 풀지 못하는 과제입니다.

또한 본 과제는 목표수립과 배경과 적정성을 물어보는 과제로서 제가 작성한 답지는 아래와 같습니다.

● 장인서 팀장의 자기개발계획서 피드백 답지

◎ 상황 개요
인사교육총괄팀의 교육담당 직원으로부터 이진호 과장의 자기개발계획서의 적절성에 대한 요청을 받고 피드백을 해주어야 하는 상황

◎ 자기개발 계획서 적정성 분석
이진호 과장의 자기개발계획서는 여러 가지 보완사항이 요구됨

◎ 보완사항
○ 형식적 측면의 보완사항
　– 계획서의 목차가 계획서로서 적절하지 못함
　– 개발의 필요점 → 개발 목표 → 개발영역 → 세부실행계획 → 점검방안의 흐름을 유지해야 함
○ 내용적 측면의 보완사항
- 다면평가 결과에 기반을 두지 못한 목표설정
　– 다면평가 결과는 협조성, 긍정적 사고, 고객지향, 창의성의 역량이 부족함이 나타나 있으나 수립된 목표는 위의 결과들을 반영하지 못하고 있음
- 수립된 목표가 추상적으로 기술되어 목표기술로서 적절치 않음
　– 위의 목표는 목적을 기술한 상황으로 SMART 기법에 기반을 두고 목표를 다시 기술하여 주길 바람
　　(예시: 다면평가에서 나타난 부족한 역량을 개발하여 차년도 평가에서 평균 7점 획득)
- 개발영역에서의 보완사항
　– 리더십 개발이나 직무능력 개발은 너무 광범위한 바 구체적인 영역수립이 필요하고, 구체적인 수강 교육과정 및 추진일정, 예상비용, 개발활동 이후의 결과이미지 등을 명확하게 하여 기술하여 주길 바람
- 개발점검 방안의 미비
　– 개발활동의 실행 시에 중간 성과점검 방안이 없어 이에 대한 보완이 요구됨

과제들의 요구상황 중 피드백을 해달라는 과제들이 종종 있습니다. 위의 과제 또한 같은 유형의 과제로서 대다수의 평가대상자들은 답지구성에 애를 먹는데, 위의 내용처럼 추진의 개요, 장단점 분석, 단점 보완을 위한 구체적인 내용 기술 등의 순으로 작성을 하시면 됩니다.

4 갈등관리(이해관계 조정)

> 국내에서 시행되고 있는 역량평가 장면에서는 '갈등관리'와 '이해관계 조정', '협의조정' 등으로 표현되고 있지만 그 본원적 의미는 갈등관리이며, 갈등관리의 유형으로서 '이해관계 조정'을 말합니다. 본서에서는 표제는 갈등관리라고 하지만 이해관계 조정을 포함하는 의미라는 것을 말씀드립니다. 또한 인간관계에서 개인적 갈등도 갈등의 범주입니다만 본 〈갈등관리〉 편에서는 사회적 갈등과 집단 간의 갈등만을 다루도록 하겠습니다. 개인적 갈등은 〈대인관계〉 편에서 다루어집니다.

(1) 갈등관리

갈등의 개념에 대한 이해는 동양과 서양의 어원을 통해 살펴볼 수 있습니다. 동양 문화권에서의 갈등(葛藤)은 칡(葛)과 등나무(藤)의 합성어로 칡과 등나무가 서로 뒤얽혀 있는 것을 형상화하는 말입니다. 그런 의미에서 갈등은 '일이나 인간관계에서 복잡하게 뒤얽혀 풀기 어려운 상태 혹은 인간 내면의 상충되는 생각 때문에 고민하는 심리적 상태'[14]를 말합니다.

서양문화권에서의 갈등(Conflict)은 'Confligere(콘플리게레)'라는 라틴어에서 유래하는데, 이는 'Com(Together: 함께)'과 'Fligere(Tostrike: 충돌, 부딪침, 다툼)'이라는 용어의 합성어로 서로 때리거나 부딪치는 상황을 형상화한 말입니다. 그런 의미에서 Conflict는 밖으로 드러난 갈등 상황으로, 싸움이나 전쟁과 같은 물리적 충돌과는 다른, 개인이나 집단 간의 대립을 나타냅니다.

일반적으로 갈등이란 '둘 이상의 개인이나 집단 또는 조직 사이에서 일어나는 현상으로 이들 간의 심리적 대립감과 적대적 행동을 내포하는 동태적인 과정'[15]으로 다차원적이고 역동적인 현상으로 설명됩니다.

갈등은 '경쟁'이라는 단어와 혼용해서 사용할 수 있으나 그 의미는 다릅니다. '경쟁'은 양자 간 목표가 하나로서 상호 간에 양립할 수 없는 상황에서 발생합니다. 즉, 전쟁을 하게 되면 양자의 목표는 하나입니다. 전쟁에서 이겨야 하는 목표는 양립될 수 없습니다. 하지만 갈등은 목표가 하나일 때도 발생하고, 각자의 목표가 있는 상황에서도 발생합니다. 예를 들어 접하고 있는 두 개의 지자체는 지역의 발전이라는 목표를 수행함에 있어 관할구역의 불명확으로 인해 갈등을 겪을 수 있습니다.

갈등의 유형을 대분류하였을 때는 '개인갈등'[16], '집단갈등', '사회갈등'으로 분류할 수 있고 소분류로는 다음과 같이[17] 구분할 수 있습니다.

---

14) 천대윤, '갈등관리전략론: 기업, 공공기관, 정부의 성공적 갈등관리 지침서' 2001: 15-16.
15) 삼성경제연구소, '갈등 및 갈등관리' 1997: 5-6.
16) 개인갈등은 기본적으로 개인의 내면적인 욕구의 충돌로서 심리적인 목표를 달성하지 못했을 때 발생됩니다. 개인갈등은 〈인간관계〉 편에서 다루는 것이 적절하다고 판단되어 본 편에서는 집단 및 조직 갈등을 기반으로 설명해 드리겠습니다.
17) 제주특별자치도, 갈등관리 핸드북 56.

구분	주요 내용
사실관계 갈등	사건 자료 언행에 대한 사실해석의 차이에서 오는 갈등
이해관계 갈등	한정된 자원이나 지위 자원을 분배하는 과정에서 생기는 갈등
구조적 갈등	사회, 정치, 경제 구조와 왜곡된 제도, 관행, 관습 등으로 인해 발생한 갈등
관계상의 갈등	불신, 오해, 편견 등 상호관계의 이상으로 생기는 갈등
가치 갈등	가치관, 신념 대 정치관 종교 문화의 차에서 오는 갈등

국내의 갈등양상은 지역 간의 갈등(지역감정, 지자체 간의 갈등 등), 사회적인 갈등(남녀갈등, 계층갈등, 세대갈등 등), 노사갈등, 조직 내의 부서 간 갈등 등 집단이기주의가 심화되고 있습니다. 국민들이 인식하는 평균 사회갈등 수준은 10점 만점 중 6.87점으로 나타났고 갈등이 심각하지 않다고 생각하는 사람들은 3.9%에 불과한 반면, 심각하다고 생각하는 사람들은 75.1%에 달하였습니다.[18]

이러한 갈등은 급격한 산업화와 정치적인 후진성으로 사회적 자원을 배분하는 데 있어 공정성과 합리성의 결여에 기인한다는 것이 공통된 의견입니다. 자기 편의주의, 이기주의 등과 결합하여 책임전가 및 흑백논리의 이분법적 사고방식으로 고착화되는 경향을 보이고 있고 때로는 자신이 속한 집단을 이성적으로 비판하지 못하고 집단이기주의로 발전하여 집단시위, 폭력 등으로 표현되기도 합니다.

지역갈등은 정치적인 후진성으로 발생했고 지역 간 경제력과 사회 인프라의 불균형을 초래하여 심각한 사회문제를 만들었습니다. 지역 간 갈등의 대표적인 사례로는 영호남의 갈등으로 국가적으로 많은 분들에게 큰 상처를 입혔는데 최근의 사례로는 '영남 지역 신공항' 부지 선정과 관련한 갈등이 있습니다.

신공항 건설 관련 지역갈등

최근 영남권에서 신공항 건설과 관련해서 갈등이 불거지고 있다. 이러한 과정에서 신공항 건설 관련해 "지역갈등을 촉발하는 국회의장은 물러가라"는 주장이 제기됐다. 남부권 신공항 범 시·도민 추진위원회는 국회의장이 상공인들과의 간담회에서 "신공항은 공항 확장에 유리한 바다가 적합하다"며 "관광산업 활성화를 위해 남해안을 개발해야 하고 국제공항은 필수다"라며 특정지역을 지지했다고 28일 밝혔다.
이어 "대구나 진주, 밀양 등 내륙도시는 공항으로 갈 수 있는 직선 도로를 만들면 된다"는 발언도 했다며 규탄했다. 신공항 추진위는 "○○○의 발언이 엄정 중립을 지켜야 할 국회의장의 직분을 망각한 부적절한 언행으로 강력히 규탄한다"며 비판했다.

광역단체 간의 갈등 외에도 기초단체 간의 산업시설이나 환경시설에 대한 갈등이 심화되고 있습니다.

---

18) 윤인진, '공공갈등 관리현황분석 유항재', 2016, 14쪽.

> **밀양 폐기물소각장 증설 갈등 확산**
>
> 밀양시의 폐기물소각장 증설 계획과 관련해 주민공동비상대책위가 반발하면서 양측 간 갈등이 커지고 있다. 비상대책위는 증설 반대 및 이전 선거공약 이행을 주장하면서 주민반대 서명운동에 들어갔다. 반면 시는 주민협의체와 성실하게 편익시설 설치 등을 협의하고 있고 거주에 불편이 없도록 환경관리에 만전을 다하겠다며 증설 불가피성을 역설했다. 주민공동비상대책위원회는 소각장 이전 선거공약 즉각 이행을 촉구했다.

위와 같은 님비(NIMBY: Not In My Back Yard), 핌피(PIMFY: Please In My Front Yard)라고 불리는 소지역주의는 지역 간의 갈등을 더욱더 부추기고 있습니다. 님비는 "우리 뒷마당은 안 돼"라는 지역이기주의를 나타내는 말로 영문 앞 글자를 따서 만들어진 용어입니다. 즉, 자기들이 사는 마을에 핵폐기물이나 산업폐기물 처리장, 쓰레기 소각장, 하수종말처리장, 화장장 같은 위험 혐오 시설을 세우지 말라고 반대하는 것을 말합니다. 이러한 시설의 필요성은 인정하지만 내가 사는 동네에는 절대 안 되고 다른 곳에 세워야 한다고 주장하는 것을 말합니다. 님비현상은 자신의 불이익은 적극적으로 방어하면서 사회의 불이익에는 무관심한 것이 특징입니다. 님비현상의 반대 개념으로 핌피현상이 있습니다. 핌피는 공원이나 백화점, 종합병원, 지하철처럼 지역발전에 도움이 되는 시설을 서로 차지하려는 현상입니다. "우리 앞마당에 해주세요"라는 말의 영문 앞 글자를 따서 만든 글자입니다.

위에서 언급한 지역 및 소지역 간의 갈등 외에도 국내에서 많이 보이는 갈등의 양상은 세대 간 또는 계층 간의 갈등입니다.

작금의 국내 상황은 유례없는 급속한 고령화 현상으로 세대갈등의 첨예화가 사회적 이슈로 부각되고 있는 상황입니다만 사회적 준비 체제의 부족으로 인해 세대갈등을 완화시킬 수 있는 방안이 미흡하며, 세대 간의 공감과 이해에 대한 인식이 전반적으로 저조한 게 현실입니다.

덧붙여 저출산과 고령화가 맞물린 우리 사회는 인구구조 변화를 비롯하여 교육체제, 노동시장, 정보시스템 등 사회 전반에 걸쳐 급속한 변화를 맞이하고 있으나 사회적 시스템은 변화 속도에 부응하지 못하고 있어 세대 간 및 계층 간의 갈등이 더욱 증폭될 개연성이 큽니다. 실업, 고용 불안정, 빈곤, 복지 정책 등에 보다 민감하게 반응하는 집단은 청년층 중에서도 경제적으로 취약한 계층일 가능성이 큰데, 이들은 자신들이 처한 경제적 위기로 인해 노년층에 대한 부양 부담에 예민하게 반응할 가능성이 높습니다. 최근 이에 대한 대표적인 사례가 '갑질 논란'에 대한 사회적인 반응입니다.

도 넘은 '직장 갑질'

사회적 강자가 우월한 지위를 악용해 약자에게 부리는 횡포인 '갑질'이 직장에도 만연합니다.
최근 출범한 '직장갑질119'에 의하면 상담실 오픈 일주일 만에 689건의 직장 내 갑질 관련 상담이 접수됐습니다.
직장갑질119의 오픈 채팅방과 이메일에는 갑질을 당한 직장인들의 고민과 고발 사례가 계속 이어지고 있습니다.
접수된 직장인들의 상담 사례를 분석한 결과 '임금을 떼였다'는 사례가 112건으로 가장 많았습니다. 상사 또는 동료로부터 '괴롭힘·따돌림을 당했다'는 상담이 108건으로 그 뒤를 이었습니다.
야근을 강요하거나 휴일에 업무를 시키는 등 '노동시간을 지키지 않았다', '출산·육아 휴직을 통제했다'는 고충도 높은 비중을 차지했습니다.

또한 저출산과 여성의 권리 신장은 남녀 갈등으로 표출되고 있습니다.

대한민국 '유리천장' 여전

양성평등에 대한 관심이 높아지면서 '유리천장'을 깨부수어야 한다는 사회적 분위기와는 다르게 대한민국 '유리천장' 지수가 4년 연속 세계 최하위를 기록했습니다.

최근 영국 경제 주간 〈이코노미스트〉가 발표한 유리천장 지수에서 한국은 OECD 국가 중 최하위를 기록했습니다. '유리천장'이란 현대 사회에서 여성이 능력과 자격이 충분함에도 불구하고 성차별 등의 이유로 직장에서 고위직을 맡지 못하고 보이지 않는 장벽에 부딪히게 되는 현상입니다.
영국 경제 주간 〈이코노미스트〉가 발표한 국가별 유리천장 지수는 각 나라별 고등교육 격차, 경제활동 참여 비율, 임금 격차, 보육비용, 고위직 여성 비율, 의회 내 여성 비율, 남녀 육아휴직 비율 등 10개의 지표를 통해 산출되었으며, 우리나라는 100점 만점에 25점으로 29개국 중 '꼴찌'를 기록했습니다.

지표에 따르면 한국은 25세에서 64세 인구 중에서 고등교육을 받은 비율이 남성보다 여성이 7.6% 적었고, 경제활동 참여 비율도 21.6% 적었습니다. 여성 고위직은 전체 고위직 가운데 11%에 불과했고, 사내 이사진 내 여성 비율도 2.1%에 불과한 것으로 나타났습니다.
하지만, OECD 평균을 보면, 25살~64살 인구 중에서 고등교육을 받은 비율은 여성이 남성보다 되레 3.7% 많고, 경제활동 참여 비율은 여성이 남성보다 16.9% 적었으며, 여성 고위직은 30.8%에 달하는 수치를 기록했습니다.

세계적인 잠재력을 지니는 한국 여성의 경쟁력은 국가적인 자산으로 꼭 활용되어야 하고 여성의 적극적인 사회활동은 '여성의 삶의 질 확보'라는 중요한 의미를 지닙니다.

또 다른 갈등의 양상은 1987년 6월 항쟁 이후 봇물처럼 터져 나온 노사갈등입니다. 노사갈등은 노동자의 사회적 욕구가 증대하고 그 기대에 비해 욕구충족이 미달할수록 커집니다. 이러한 욕구는 보다 사람답게 살며 자아실현의 가치로 대접받기를 원하는 인간의 기본적인 욕구로 산업화와 고도성장이 진전될수록 높아집니다. 반면 영리를 목적으로 하는 기업들은 이윤극대화가 존재의 목적입니다. 그러기에 노동자의 요구를 모두 포용하기에는 역부족입니다. 여기에서 갈등이 발생하는데 국민의 73.3%가 노사갈등이 심각하다고 인식[19]하고 있을 정도로 상황은 좋지 않습니다.

---

19) 이병량, 〈한국공공학보〉 제22권 제4호, 2008, 55쪽.

갈등의 양상은 사회적 전반 외에도 공공 및 민간기업 내부에서도 발생되고 있습니다.

'부서갈등'… MS조차도 감당할 수 없어…

MS 부사장으로 재직했던 딕 브라스는 뉴욕타임스의 칼럼을 통해 MS가 태블릿 PC에 오피스를 연동시키지 못했던 배경을 밝혔다. 당시 오피스를 담당하고 있던 부사장이 태블릿 PC의 성공 가능성을 낮게 봐 오피스 연동에 협조적이지 않았다는 것이다. 결국 MS는 태블릿 PC 개발에 힘을 쏟았지만 시장을 선점할 수 없었다.

부서 내 소통불화와 이기주의는 비단 MS만의 문제는 아니다. 직장인 827명을 대상으로 실시한 설문조사 결과에 따르면 '타 부서에 업무협조를 요청하면서 어려움을 겪은 적이 있냐'는 질문에 '항상 겪거나 자주 겪는다'는 답변이 27.6%(228명), '가끔 겪는다'는 답변은 40.3%(332명)로 나타났다. 응답자의 20.8%(172명)는 업무협조 때문에 받는 스트레스가 심각한 수준이라고 밝혔다. 또한 '재직 중인 회사에서 부서 간 업무협조가 잘 되느냐'는 질문엔 48.9%(404명)가 '그렇지 않다'고 응답했다. 업무협조 문제로 사업에 차질이 생긴 경우를 '자주' 또는 '매번 봤다'는 응답도 43.8%(362명)에 이르렀다.

위의 사례는 영리기업에서 갈등이 발생한 상황입니다만 영리기업이 아닌 공익기관에서도 위와 같은 부서 이기주의는 기관 성장의 발목을 잡습니다. 이러한 문제들을 해결하기 위해 방안으로 정부에서는 '정부 3.0'을 발표하여 부처 간의 갈등을 최소화하는 데 노력했음을 상기할 수 있습니다.

이렇듯 국내 사회와 조직 내의 갈등은 다양한 방면으로 넓어지며 강도도 세지고 있습니다. 삼성경제연구소는 한 해에 우리나라가 부담하는 사회적 갈등의 비용이 246조 원이라는 연구결과를 내놓았고 2010년 기준으로 OECD 국가 중 터키에 이어 2위를 기록하고 있다는 불명예스러운 결과를 발표하였습니다. 그리고 현대경제연구원은 2016년 연구에서 공공갈등으로 인해 잠재경제성장률의 0.3%p 손해를 보고 있는 것으로 발표하였습니다.

여전히 심각한 사회갈등… 어떻게 할 것인가?

한국의 사회갈등 수준이 경제협력개발기구(OECD) 27개국 중 두 번째로 심각하며 이로 인한 경제적 손실이 연간 최대 246조 원에 이른다는 연구결과가 나왔다.

한국 사회갈등의 현주소와 관리방안을 주제로 개최한 '제2차 국민대통합 심포지엄'에서 주제발표를 한 수석연구원은 "2010년 한국의 사회갈등 수준은 OECD 국가 중 종교분쟁을 겪고 있는 터키에 이어 두 번째로 심각하다"고 밝혔다.

이는 OECD 27개국 중 네 번째로 심각했던 2009년 연구결과보다도 더 악화된 것이다.

각국의 민주주의 지수, 정부효과성 지수, 지니계수 변수로 측정한 사회갈등 지수는 한국은 0.72로 터키(1.27)를 제외하면 가장 높았다. 덴마크가 0.25로 가장 낮았고 독일 0.35, 영국·일본 0.41, 프랑스 0.43, 미국 0.47, 이탈리아 0.58 등이었다.

연구원은 "한국은 지역 간, 노사 간, 이념 간, 공공정책 목표 간 갈등이 원만히 관리되지 못하고 물리적으로 표출되며 갈등의 목표도 비현실적인 경우가 많다"고 지적했다.

이 같은 사회갈등으로 발생한 경제적 비용은 연간 82~246조 원으로 추산됐다.

연구원은 "한국의 사회갈등 지수가 10%만 낮아지더라도 1인당 GDP가 1.8~5.4% 높아지고, OECD 평균수준(0.44)으로만 개선되더라도 7~21% 증가하는 효과를 가져올 수 있다"고 주장했다.

갈등은 사회적 비용을 발생시켜 국력을 약화시키고 개인들과 집단들에게는 큰 상처를 주어 구성원들의 의욕이 소진(Burn out)되고, 결국 국가 경쟁력을 떨어뜨리는 결과를 만들어냅니다. 앞서 언급하였듯이 국내의 이러한 갈등 상황은 다양한 이유들이 만들어낸 결과입니다만 근본적인 원인을 보면 국내 리더들이 갈등에 대한 관점이 결여되어 있고 갈등을 관리할 역량도 갖추지 못했다고 말할 수 있습니다.

갈등이라 하면 고전적 관점에서는 '바람직하지 못한 것이며, 갈등은 제거되거나 해결되어야 할 사안'으로 바라보며 갈등이 부정적, 병리학적 상태로 협동부족, 적대감, 투쟁, 붕괴, 파괴 등의 특성을 갖는다고 설명하고 있습니다.[20] 갈등의 원인을 개인이나 집단의 특성 탓으로 돌리고 모든 반대 세력을 제거하는 것이야말로 갈등해결을 위한 리더의 역할이라는 것이 전통적 견해이며 전체의 상황을 종합적으로 판단하여 구조적인 요인을 찾기보다는 표출된 갈등의 원인을 제거하여 개선할 수 있는 합리적인 수단을 찾는 것에 초점을 맞추고 있습니다. 이와 같은 부정적인 시각은 국내 여러 분야의 리더들도 같은 견해를 갖고 있으리라고 생각됩니다만 곰곰이 생각해보십시오. 갈등이 없는 사회나 집단, 또는 개인이 있다면 마냥 좋은 모습일까요? 저항이 없는 사춘기의 학생, 갈등이 전혀 없이 조용하고 순진한 조직, 비판이 없는 사회의 모습을 그려보십시오. 바람직하다고 판단되나요?

근대적 관점에서 갈등은 아주 자연스러운 현상으로 보고 있고 순기능을 수행하기도 함으로써 일정 한계 내에서는 장려되어야 한다는 입장입니다. 이러한 긍정의 시각으로 바라보는 학자들은 갈등은 상호견제의 수단으로 의사결정과정에서 견제를 통해 정책의 오차를 줄일 수 있고 정책 추진에 있어서도 참여와 지지를 끌어낼 수 있다는 견해를 보입니다.

이처럼 사회적 갈등은 사회변화를 촉진하는 계기가 되기도 합니다. 사회적 갈등의 순기능을 더 살펴보면,
- 사회가 안고 있는 문제에 대해 관심을 갖게 함(감추어진 문제를 드러냄으로써 근본적인 해결 방법과 새로운 대안을 모색할 수 있다)
- 토론의 활성화로 사회가 생동감을 지니게 됨
- 갈등을 극복하려고 노력하는 가운데 개인 및 사회의 발전이 가능함

흑백 간의 갈등은 궁극적으로 흑인과 백인이 동등하다는 인식을 만들어냅니다. 또한 프랑스 사회에서는 사회적 갈등의 산물로 '관용'이라고 해석되는 똘레랑스(Tolerance)문화가 만들어졌습니다.

집단 내에서의 갈등은 많은 문제를 만들어내지만 갈등이 해결이 되고 나면 아래와 같은 순기능을 만들어냅니다.

---

[20] Buntz&Radin, Managing intergovernmental conflict, 1983.

- 갈등은 조직이나 개인의 문제점에 대해서 관계자들의 관심을 갖게 하는 계기가 되어 변화를 초래할 수 있다.
- 갈등이 합리적으로 해결되면 쇄신이나 변화 및 발전과 재통합의 계기가 될 수 있다.
- 갈등은 조직이나 개인에게 창의성, 진취성, 적응성, 융통성을 향상시킬 수 있다.
- 갈등은 침체된 조직을 성장하게 하는 계기가 될 수 있다.
- 갈등은 구성원들의 다양한 심리적 요구를 충족시키는 계기가 될 수 있다.
- 갈등은 조직 내의 갈등을 관리하고 방지할 수 있는 방법을 학습할 수 있는 기회를 제공한다.

'비 온 뒤에 땅이 굳어진다'는 우리의 속담이 있습니다. 부서 내의 개인 간의 갈등이 해결되고 난 후 갈등을 겪었던 분과 관계가 원만해짐을 경험하였을 것입니다. 또한 갈등이 해결되고 난 이후의 조직 간의 협력은 갈등 이전보다 매우 적극적으로 변화됩니다.

위의 내용에서 보듯 갈등은 자연스러운 현상으로 순기능도 포함하고 있어 구조적인 관점에서 갈등의 원인을 바라보는 갈등관의 확립은 갈등의 합리적 관리를 위해 리더들이 꼭 함양해야 하는 역량임을 확인할 수 있습니다.

정부에서도 공공갈등의 순기능에 주목하여 갈등 비용을 최소화하고 순기능을 최대한 끌어낼 수 있는 효과적인 '갈등관리'의 필요성에 초점을 두어 2007년 대통령령으로 「공공기관의 갈등 예방과 해결에 관한 규정」을 제정하였고 공공갈등해결을 위해 '국민권익위원회', '환경분쟁조정위원회', '국무조정실 공공갈등관리지원관실' 등의 기관이 아래의 법령에 기반을 두어 운영되고 있습니다.

- 국토의 계획 및 이용에 관한 법률
- 환경영향평가법
- 폐기물처리시설 설치촉진 및 주변지역지원 등에 관한 법률
- 중·저준위 방사성폐기물 처분시설의 유치지역지원에 관한 특별법
- 방사성폐기물 관리법

최근 정부의 공공갈등해결의 초점은 '협력적 거버넌스의 구축과 대안적 분쟁해결(ADR: Alternative Dispute Resolution)'입니다. 협력적 거버넌스는 중요한 공공 정책이나 공적 프로그램 등을 수립·집행하기 위해서 공공부문과 비국가주체(Non-State Stockholders)들이 공적이고 합의지향적이며 숙의적인 집합적 의사결정과정에 참여하는 과정으로 정의됩니다.[21] 공공갈등에 있어서의 협력적 거버넌스는 정부를 포함한 이해관계자들이 복잡한 갈등 쟁점에 대한 지속적인 대화와 협상을 통한 합의를 형성하여 공공갈등의 해결을 도모하는 과정이고 대안적 분쟁해결은 소송을 통한 사법적인 분쟁해결 방법이 지니는 한계를 극복하기 위한 대안으로 제시되는 비사법적 분쟁해결 방법의 총칭입니다.[22]

---

21) 안혁근, '중앙-지방 간 협력적 거버넌스의 구축방안', 한국행정연구원, 2015.
22) 심준섭·김광구·김지수, '공공갈등에 대한 대안적 분쟁해결(ADR) 프로세스의 장기화 요인 분석', 「분쟁해결연구」 제13권 제1호, 단국대학교 분쟁해결연구센터, 2015.

사법적 판결에 의한 공공갈등 해결은 장기간의 쟁송으로 막대한 시간과 비용을 지불하면서도 갈등당사자의 의사와 관계없이 제3자인 법원의 사법적 판단에 근거하여 갈등을 강제로 종결시켜 갈등요인이 실질적으로 해소되지 못하는 경우가 많다는 점이 한계로 지적되어 왔습니다. 이에 따라 대안적 분쟁해결은 소송 이외의 방법인 당사자 간의 협상, 제3자에 의한 조정 및 중재 등의 방법을 활용하여 당사자들의 내면적 이해관계를 충족시키기 위한 해결방안을 모색하게 합니다. 이를 통해 소송에 비해 갈등해결 과정에서 거래비용을 절감하고, 갈등해결 결과에 대한 당사자들의 만족도를 높이는 결과를 만들어냅니다. 대안적 분쟁해결의 유형은 아래[23]와 같습니다.

협상	• 이해당사자 간 이해 차원 분쟁에 대한 해소 방법 • 이해당사자 수가 소수일 경우 • 이슈가 현 제도하에서 해결 가능한 범위로 가치/이념문제와 결합이 안 되는 사안 • 대부분 외부의 도움 없이 이해당사자 스스로가 참여
조정	• 객관적이고 중립적인 제3자를 통한 문제해결 방식 • 이해당사자 간 입장 차가 분명하여 대립되고 있는 경우 • 직접 협상에 어려움이 있을 경우에도 조정 활용가능 • 조정자는 합의 도출에 도움을 주지만 최종 의사결정권을 갖고 있지는 못함
중재	• 객관적이고 중립적인 제3자를 통한 문제해결 방식 • 중재자는 이해당사자의 의견을 청취하고 판단하여 최종결론을 내릴 수 있음 • 법이 정하는 바에 따라 법적 구속력도 가짐

갈등 해결을 위해서는 '갈등의 상황이 무엇인지 명확히 하는 것'이 첫걸음입니다. 갈등의 상황을 명확히 정의하지 못한다면 첫 단추를 잘못 끼우는 격이 됩니다.

여러분들도 잘 아시는 '밀양송전탑 사건'은 경남 밀양시에서 발생한 사건으로 송전탑 건립과 관련하여 한국전력공사와 지역주민 간의 분쟁이었습니다. 위 상황은 정부와 지역주민 간의 갈등이 아니었습니다. 만약 정부와 지역주민의 갈등으로 판단했다면 이는 매우 큰 오류입니다. 분쟁 해결의 전개가 아주 다른 방향으로 흐를 수 있습니다.

두 번째는 '주요이해관계자 분석'입니다. 공공부분 갈등상황의 주요 이해관계자들은 다음과 같습니다.

- 추진 주체
- 중앙정부
- 지자체(광역/기초)
- 주민(단체)
- 시민환경단체 등의 NGO
- 종교단체, 한유총 등의 압력 및 이익단체
- 관련 전문가 등

---
23) 제주특별자치도, 갈등관리 핸드북 70.

갈등의 해결은 이해관계자들의 요구들을 풀어가는 과정이기에 이해관계자들의 분석은 핵심적인 사안입니다.

'밀양송전탑 사건'의 주요 이해관계자들은 누구일까요? 상식적인 수준에서 생각하신다면 '지역주민'과 '한전'을 떠올릴 수 있겠습니다. 하지만 지역주민 간의 요구가 다양해지면서 지역주민이 찬반으로 나뉘게 되면 상황은 완전히 달라집니다. 지역주민이라는 단수 이해관계자가 복수의 이해관계자로 늘어나게 되는 것입니다. 갈등상황을 빨리 해결되려면 이해관계자의 수가 적어야 함은 당연한 이치이겠지요.

세 번째는 '이해관계자의 요구분석'입니다. 이해관계자들의 요구는 각양각색으로 표현됩니다만 조금만 깊게 들어가면 상식적인 수준에서 도출이 가능합니다. '밀양송전탑 사건'에서의 갈등을 증폭시킨 주민들의 요구는 무엇일까요? 요구는 명분이라고 포장을 하지만 결국은 '보상'의 문제로 귀결됩니다. 또 다른 예로 지자체 간의 갈등이라고 한다면 그들의 요구는 무엇일까요? 일단 그들은 '절대 손해를 보지 않겠다'와 '명분이 없다' 정도이지 않을까요? 손해를 보지 않겠다는 것 또한 궁극적으로는 예산 문제인 경우가 대부분입니다.

부처 간의 갈등으로 인한 이해관계들의 요구분석은 주로 정책과 관련된 사안입니다. 시행하려는 정책의 모순과 관점의 차이 그리고 실행시기와 관련된 사항들이 많습니다. 예를 들어 '불법체류 외국인 노동자들의 취업'과 관련된 사안이 있습니다. 이는 당연히 불법이기에 법무부는 적발을 하여 추방을 해야 한다고 요구할 것이고, 중소기업청은 중소기업은 인력난이 가중되는 현실에서 무조건적인 적발과 추방은 비현실적이라고 강변할 수 있습니다. 법이라는 원칙을 지켜야 하느냐? 아니면 현실의 상황을 반영하여 탄력적으로 단속을 유연화할 것이냐?라는 관점의 차이라고 생각됩니다.

'선행학습 금지법' 시행과 관련한 이해관계자는 '중앙정부'와 '학원연합회' 등을 말할 수 있습니다. 중앙정부에서는 국민들의 어려움을 고려하여 즉시시행을 요구할 것이고, 학원연합회에서는 시기적인 문제를 언급하며 시행의 시기를 늦추어 줄 것을 요구할 것입니다. 이때 주요 쟁점 중 하나는 시행시기의 문제입니다.

네 번째로 이해관계자들의 요구가 명확히 되었다면 그들의 요구들을 충족할 수 있는 '대안의 설계'가 이루어져야 합니다. 대안의 설계는 각 이해관계자들의 요구를 채워주거나, 양보를 얻어내거나, 대체안을 제공하여야 합니다.

지역주민들의 '보상 문제'라면 주민들의 요구가 항상 제한범위를 넘음을 알 수 있습니다. 보상액수가 제한범위 내에 있었다면 갈등은 발생하지 않았을 것입니다. 보상범위의 합의를 위해서는 지역주민들을 설득할 수 있는 명분이 있어야 합니다. 해당 사업 보상금의 한계, 다른 지역과의 형평의 문제, 사업을 통한 지역주민들의 직·간접 효익(Benefit) 등에 기반을 두어 명분을 도출해야 합니다. 최종적으로 명분과 보상금, 두 가지의 대안으로 설득과 협상을 통해 적정합의를 끌어내야 합니다.

정책 부서 간 또는 NGO들과의 갈등이라면 이해관계자들의 특성이라는 것도 깔려 있겠지만 결국은 논리싸움이 됩니다. 트레이드오프(Trade Off)[24]의 관점에서 상호 간의 소통과 협의를 통한다면 합의를 무난히 이끌어낼 수 있습니다. 트레이드오프는 '두 개의 정책목표 가운데 하나를 달성하려고 하면 다른 목표의 달성이 늦어지거나 희생되는 경우의 양자 간의 관계'를 말하는데 예를 들어 완전고용의 실현과 물가의 안정이라는 두 목표는, 실업률을 저하시키면 물가가 상승하고 물가를 안정시키려 하면 실업이 증가하는 이율배반의 관계를 형성합니다. 따라서 두 목표가 양립할 수 없다는 주장이 나오는데, 이 경우 어느 한쪽을 위해 다른 쪽을 희생시키는 것이 트레이드오프입니다.

갈등의 합의를 위한 조정과 협상을 위해서 요구되는 또 하나의 관점은 베트나(BATNA, Best Alternative to a Negotiated Agreement)입니다. 베트나는 협상에 의한 합의가 불가능할 경우 협상당사자가 취하게 될 다른 대안을 의미하는데 여기에는 협상중단, 다른 협상 상대방으로의 전환, 법원의 판결에 호소, 파업의 감행, 다른 형태의 연합 또는 제휴 형성 등이 포함될 수 있습니다.

베트나(BATNA · 차선책) 사례

협상에서 베트나의 힘이 얼마나 강력한지를 보여주는 대표적 예는 청계천 협상이다. 서울시가 청계천 복원 공사를 선언했을 때 대다수는 불가능하다고 전망했다. 상인들의 반발이 너무 컸기 때문이다. 이때 서울시는 그 나름의 당근책을 제시했다. "부지를 마련해줄 테니 거기서 장사할 수 있도록 지원하겠습니다." 하지만 상인들은 꿈쩍도 하지 않았다. 결국 서울시는 전임 시장 때 청계고가가 너무 낡아서 안전에 문제가 있다는 조사 결과가 나왔다며 청계천 고가도로를 3년에 걸쳐 전면 보수하겠다고 했다.

만약 이렇게 협상이 결렬되고 3년간 청계고가 보수공사에 들어간다면 교통은 통제되고 상인들은 장사하기 힘들어진다. 공사는 시민들의 안전을 위한 공사이기 때문에 상인들 입장에선 딱히 반대할 명목도 없었다. 상인들은 3년간 생업에 지장을 받으니 차라리 서울시 지원을 받는 것이 낫겠다고 판단했고, 결국 협상은 타결됐다.

위의 사례에서 보듯이 대안의 설계는 창조적이어야 합니다. 창조적인 대안을 만들어내기 위해서는 전체의 사안을 보는 통찰력이 요구됨은 당연합니다.

조직 내부에서 일어나는 갈등은 조직 내에 긴장감을 조성하여 조직효과성에 기여하는 순기능이 있음을 위에서 언급한 바가 있습니다. 조직 내부의 갈등해결 또한 위에서 제시한 갈등상황의 명확화, 주요 이해관계자 파악, 이해관계자들의 요구분석, 대안개발의 흐름으로 진행되어야 함은 일치합니다.

---

24) 트레이드오프(Trade Off), 두산백과.

조직 내부 갈등의 양상은 주로 '성과경쟁', '역할과 책임', '일하는 방식의 차이', '자원배분'이라는 4가지의 사안으로 발생합니다.

- 부서 간의 성과경쟁: 성과 달성을 위해 나타나는 현상으로 비슷한 사업을 추진하는 상황입니다. 예를 들어 조직 내의 모든 부서에서 고객만족은 필수적인 성과입니다. 이러한 성과달성을 위해 각 본부별로 고객만족을 위한 콜센터 운영을 한다면 결국은 고객들만 혼란을 겪게 될 것입니다.
- 역할과 책임의 모호함: 이웃 부서 간 많이 일어나는 상황으로 업무의 경계가 없이 상호 간 '네 일이다, 내 일이다' 따지는 상황을 말합니다. 업무는 연구개발에서 생산, 마케팅/영업, 사후관리의 흐름으로 진행되는데 이런 상황에서 업무의 불명확으로 인해 갈등이 발생되게 됩니다.
- 일하는 방식의 차이: 이웃한 부서 간의 갈등은 역할과 책임의 모호함 외에도 일하는 방식의 차이로도 많이 발생합니다. 일하는 방식은 조직 내에 공유된 가치(Shared Value)에서 출발하는 사안으로 각 부서는 회의, 보고, 수명, 소통 등의 일하는 방식이 다름으로 인해 '재네들은 이상해'라는 표현과 함께 상대를 무시하게 됩니다. '부서 이기주의'는 바로 일하는 방식의 차이 즉, 가치관의 차이가 매우 중요한 요소입니다.
- 자원배분: 조직 내부의 자원배분 문제 또한 자주 발생하는 양상입니다. 전체 회사 차원에서 TFT를 운영하는데 부서별 참여하는 인원배분과 관련한 갈등들은 자주 발생합니다. 예산 문제 또한 주요한 갈등요인 중 하나입니다.

위의 네 가지 사안을 기반으로 조직 내의 갈등을 크게 다섯 개의 유형[25]으로 분류합니다. 경쟁(Competition), 협력(Collaboration), 타협(Compromise), 회피(Avoidance), 순응(Accommodation)입니다.

- 경쟁: 경쟁은[26] 상대방의 입장은 전혀 고려하지 않고, 자신의 관심사를 위해서 공식적인 권위를 사용하여 상대방을 지배하고 복종을 강요하는 방식입니다. 상하관계가 있는 조직 내의 갈등상황으로 한 쪽에게 일방적인 승리(Win-Lose)를 가져다줍니다.
- 협력: 협력은 협조적인 방식으로서 서로의 관심사를 모두 만족시키기 위해서 문제의 본질을 정확하게 파악하여 문제해결의 통합적 대안을 도출해 내는 방식으로 갈등 당사자가 모두 이익을 보게 되는 윈윈(Win-Win)의 접근입니다.
- 타협: 타협은 조직의 욕구와 개인의 욕구 간에 균형을 지키려는 유형으로 자신과 상대방이 서로 관심사를 양보하는 방식입니다. 갈등 당사자들이 다른 목표를 갖고 있거나 비슷한 힘을 갖고 있을 때 가능하며 협상, 표결 또는 제3자의 개입에 의하여 갈등이 해결되는 것이 일반적입니다.
- 회피: 회피는 자신뿐만 아니라 타인의 이해충족에 있어서도 비협조적인 방식으로서 당면한 갈등 문

---

[25] Thomas&Kilmann(1975).
[26] 장현주, 은재호, '갈등관리방식이 조직효과성에 미치는 영향 27', 한국외국어대학교, 2012.

제를 회피하는 것이 유리할 경우 선택하는 방식입니다.
- 순응: 순응은 상대방의 이익 또는 욕구충족을 위해 자신의 이익을 양보하거나 포기함으로써 갈등을 관리하는 방식입니다.

위의 방식 중 바람직한 방식은 협력의 방식이고 차선으로는 타협을 말할 수 있는데 갈등해결을 위해서는 갈등의 원인을 파악하고 이에 대한 해결방안을 세우고 재발 방지방안을 만들어 재발되지 않도록 미연에 방지하는 것을 들 수 있습니다.

이제는 예시과제를 풀어보면서 한 걸음 더 들어가 보겠습니다.

(2) 인바스켓 갈등관리 과제

● 갈등관리(이해관계 조정) 예시과제

피평가자
기후환경부 김현민 차장

- 당신은 보나발전공사 발전처 기후환경부 김현민 차장입니다.

- 지금은 2022년 12월 28일 오후 13시 31분입니다.

- 귀하는 기후환경부 차장으로서 기후환경부 구성원들의 갈등을 조정하고 통합하여 구성원들이 부서의 목표 달성에 집중하도록 관리하는 업무를 맡고 있습니다.

- 그러나 현재 기후환경부 구성원들 간의 관계는 좋지 못한 상황입니다. 특히, 세대 차이로 인해 이전 세대의 가치관을 고수하려는 구성원과 그와 다른 환경에서 자라온 젊은 세대 간의 갈등으로 서로간의 불만이 고조되고 있습니다. 이에 갈등의 당사자 및 다른 구성원이 귀하에게 면담을 신청하고 갈등 해결을 위한 도움을 요청했습니다.

- 귀하는 최대한 빠른 시간 내에 갈등을 봉합해 조직을 안정시켜야 합니다. 하지만 현재 산적한 업무가 많아 해결방안을 제시할 시간은 오후 14시에 진행되는 팀장회의에 들어가기 전 남은 20분입니다. 20분 이내에 구성원 간의 갈등문제를 해결할 방안을 제시해주십시오.

● 자료#1 부하직원의 이메일

| 답장 | 모두 답장 | 전달 | 삭제 | 목록 보기 | 헤더 보기 | 인쇄 | 완전 삭제 |

제목	차장님, 꼭 좀 확인 부탁드립니다.
보낸 사람	박지민 대리 (발전처 기후환경부)
작성 일자	2022.12.27. 09:50:23
받는 사람	김현민 차장(발전처 기후환경부)
내용	차장님, 박지민입니다. 드릴 말씀이 있어 이렇게 메일 보냅니다. 사실 직접 뵙고 말씀을 드려야 하는데… 그러기에는 눈치도 좀 보이고, 정확하게 전달하기 어려울 것 같아서 메일로 대신합니다. 정현식 과장님과 최민훈 사원의 관계가 요즘 문제가 되고 있습니다. 아시다시피 요즘 민원 대응과 관련하여 부서 전체가 바쁘게 움직이고 있습니다. 사실 저는 정과장님과 민훈 씨의 입장이 모두 이해가 되어 어떻게 해야 할지를 모르겠습니다. 차장님께서 바쁘시겠지만, 관심을 가져주셨으면 합니다. 최근에는 저희 파트회식을 했는데, 결국 언성을 높이는 단계까지 갔었답니다. 업무적으로 불편한 것도 있지만, 일단은 같은 팀이니까… 저는 이 어색한 분위기가 좀 해결이 되었으면 좋겠습니다. 하루 이틀 얼굴 보고 말 사이도 아니잖아요. 꼭 좀 부탁드립니다.

● 자료#2 김현민 차장의 답장

| 답장 | 모두 답장 | 전달 | 삭제 | 목록 보기 | 헤더 보기 | 인쇄 | 완전 삭제 |

제목	박 대리, 내가 해결해 볼게요.		
보낸 사람	김현민 차장 (발전처 기후환경부)	**작성 일자**	2022.12.27. 10:30:23
받는 사람	박지민 대리(발전처 기후환경부)		
내용	박지민 대리, 김현민 차장입니다. 인사처의 면담내용은 전달받았습니다만 이 정도의 상황인 줄은 몰랐습니다. 내가 해결해보겠습니다.		

자료#3 최민훈 사원의 인사처 면담기록

면담 일자	2022.12.15.
내담자	최민훈 사원(발전처 기후환경부)
상담자	김인화 컨설턴트(인사처 외부 상담전문가)
내용	요즘 저희 팀 정현식 과장님 때문에 회사 다니기가 너무 힘이 듭니다. 연차도 높으시고 저보다 직급도 높으신데 제게 일을 또 떠넘기십니다. 게다가 자꾸만 업무 시간에 일을 하지 않고 사라지십니다. 어떤 용무로 자리를 비우시는지 파악하고자 미리 여쭈어 보면, "네가 그걸 알아서 뭐 하게"라며 따지듯이 말씀하는 통에 이러지도 못하고 저러지도 못합니다. 사실 저도 들은 게 있거든요. 과장님께서 업무 시간에 회의실 가서 낮잠도 주무시고, 담배를 피우러 자주 밖으로 외출하신다는 거죠. 벌써 저희 부서에도 증인은 꽤 있습니다. 그러다가 제 업무를 끝내고 퇴근하려고 하면, 과장님은 그제야 본인 일까지 주시면서 해결하고 가라고 하십니다. 제 일이 아니기에 먼저 퇴근한다고 하면, 버릇없다고 하시더군요. 제 일도 아닌데 과장님 때문에 야근해야 하는 게 답답합니다. 이런 이야기를 어디 할 곳도 없고 너무 힘들고 답답합니다. 이건 너무 불공평하다고 생각합니다.

자료#4 정현식 과장과의 면담기록

면담 일자	2022.12.13.
내담자	정현식 과장(발전처 기후환경부)
상담자	김인화 컨설턴트(인사처 외부 상담전문가)
내용	요즘 젊은 사람들은 예의도 별로 없고 회사에 충성하지 않는 것 같아요. 이런 문제로 팀 내에서 불만이 생기다 보니 회사 생활이 어렵게 느껴지고 업무에 집중하기도 힘듭니다. 우리 때는 지금보다 1인 업무량의 강도가 훨씬 더 컸고 주 6일 근무였습니다. 지금은 주 5일 근무인 데다가 야근시키는 것도 눈치를 보는 형국인데, 무슨 불만이 그렇게나 많은지요. 일부러 일을 더 배우게 하고 싶어서 일을 주면 왜 자기한테 일을 떠넘기냐는 식으로 버릇없는 태도를 보이는데 정말이지 화가 나더군요. 대화도 통하지 않고, 내가 자리 비우는 것에 대해서 버릇없이 꼬박꼬박 말대답하는데 정말 놀라움을 금치 못했습니다. 물론 젊은 사원들 모두가 그런 것은 아니지만 대부분이 그런 식이고 특히 우리 팀에서 유독 내게 고분고분하지 않은 팀원이 있습니다. 최근에 화력발전소 근처 주민 중금속 농도가 높다는 뉴스가 나오고 나서 민원이 빗발치는 바람에 팀 분위기도 뒤숭숭한데 나이 어린 직원과의 갈등문제까지 겹치니까 정말이지 출근이 고역처럼 느껴집니다. 여간 스트레스가 아닙니다. 조언이 필요합니다.

아래의 답지에 기후환경부에서 발생된 구성원들 간의 갈등문제를 해결할 방안을 제시하여 주십시오.

● 김현민 차장의 갈등관리 해결방안

아래의 답지에 기후환경부에서 발생된 구성원들 간의 갈등문제를 해결할 방안을 제시하여 주십시오.

과제 조치에 수고하셨습니다. 아래는 구성원들 간의 갈등 상황에 대한 예시 답지입니다. 참조 바랍니다.

● 김현민 차장의 갈등관리 해결방안 답지

◎ 상황 개요
조직 내 구성원 간의 상하갈등으로 인해 구성원들이 힘들어하는바 이에 대한 해결방안이 요구됨

◎ 현황
기후환경부 정현식 과장과 최민훈 사원 간에 개인적인 갈등이 발생하여 두 사람 간 외에도 팀 내에 부정적 영향을 끼침

◎ 해결방안

※ 정현식 과장에 대한 조치(메일을 통한 조치)
정 과장님 업무에 늘 최선을 다하는 모습 너무 보기 좋습니다.
과장님 제 생각으로는 절대 조직 구성원들끼리의 감정적 갈등은 발생되지 않아야 한다는 것인데 유감스럽게 생각합니다. 이번 상황은 상호 간의 이해가 부족하여 발생한 갈등으로 판단됩니다. 두 분 중 틀린 분은 없다고 생각합니다. 다만 상대가 나와 다르다는 생각을 지녀야 하는데 그런 부분이 아쉽다고 생각합니다.
과장님과 젊은 친구들은 세대 차이가 분명히 존재합니다. 젊은 직원들의 관점에서 상황을 바라봐주는 배려가 과장님에게 필요합니다.
과장님의 경험과 생각만을 가지고 젊은 직원들을 대하면 어려움이 따라올 수 있습니다. 차이를 인정하여 주시고 젊은 친구들의 관점에서 상황을 보려는 노력을 부탁드립니다.
제가 출장 이후에 과장님과 최민훈 사원과의 자리를 마련하겠습니다. 상호 이해하는 자리가 되었으면 합니다.

그럼 다녀와서 뵙겠습니다.

※ 최민훈 사원에 대한 조치(메일을 통한 조치)
최민훈 사원 늘 열정적으로 일하는 모습에 감사드립니다.
이번 면담을 통해 조직 내의 세대 차이에 대해 다시 한번 생각을 해봅니다. 차이가 존재하는데 우리는 차이를 무시하는 경향이 있는 것 같아요. 제 생각으로는 정현식 과장과 최민훈 사원 사이에는 차이가 있습니다. 이를 인정하는 모습이 필요하다고 생각해요. 우리는 한배를 탄 공동운명체입니다. 상호 간을 이해하지 못한다면 같은 배를 탔다고 할 수 없습니다. 다름과 차이를 인정하는 성숙한 최민훈 사원의 모습을 기대해 봅니다. 제가 출장을 다녀온 후 최민훈 사원과 정과장의 상호 이해의 자리를 마련해보겠습니다. 그럼 다녀온 후 바로 연락드리겠습니다.

※ 조직활성화를 위한 회식 추진(박지민 대리에게 메일을 통한 조치)
박 대리, 김현민입니다.
정현식 과장과 최민훈 사원의 관계로 인해 조직 내에 서먹한 분위기가 있을 것 같아요. 그래서 전체 부서원들의 대상으로 상호 간 차이와 다름을 이해하고 수용하는 자리가 필요할 것 같아요. 출장에 다녀온 후 전체 구성원들과 함께 회식 자리를 갖고 싶은데… 일정과 자리를 준비해주세요. 정현식 과장과 최민훈 사원과의 관계개선을 위한 자리는 출장을 다녀온 직후 제가 별도로 진행을 할 예정입니다. 본 회식 건은 팀장님에게 진언을 하여 허락을 받도록 하겠습니다.
그럼 수고 부탁드리구요. 다녀와서 뵐게요.

제시한 답지를 보시면 조직 내부의 갈등을 해결한 이후에 조직활성화를 위한 프로그램을 진행한다고 되어 있습니다. 조직 내부에 갈등이 있다는 것은 당사자 외에 타인들도 영향을 받는다고 보는 것이 타당합니다. 따라서 전체 구성원들을 대상으로 한 조직활성화 과정은 자연스러운 흐름이라고 판단됩니다. 현업 상황에서도 일반적인 현상이고요. 단순히 갈등상황만을 해결하는 외에도 조직 전체의 관점에서 바라본다면 효과적인 갈등상황 해결이라고 생각됩니다.

5 부하 동기부여(리더십)

> 국내에서 시행되고 있는 역량평가 장면에서는 '부하 동기부여'를 '조직관리'와 다른 의미로 구분하는 경우가 있습니다. 부하 동기부여는 동기가 저하되어 성과가 떨어지는 구성원에게 효과적인 영향력을 행사하여 다시금 일에 몰입할 수 있도록 동기를 부여하는 과정으로 이러한 활동은 조직관리라는 큰 틀에 있는 것은 분명합니다. 하지만 일부 기관에서는 부하동기와 조직관리를 구분하여 조직관리를 조직 내의 자원을 효율화하는 데 초점을 맞추고 있습니다. 본 장에서는 부하 동기부여에 초점을 맞추어 구성되었음을 말씀드리며, 자원효율화를 통한 조직관리는 다른 장에서 다루도록 하겠습니다.

(1) 동기부여

부하 동기부여(動機附與, Motivation)는 부하들에게 할당된 일, 성과 그리고 조직의 화합을 위해 몰입할 수 있는 동기를 부여하는 작업입니다. 동기의 의미는 행동에 이르게 하는 무의식 속성이 강한 인간의 내적특성입니다. 영어로는 Motive인데 '행동을 만들어내는 요인'이라는 표현이 적절할 것 같습니다. 조금 더 들어가 본다면, 동기를 부여한다는 것의 의미는 무언가를 자극하거나 영향력을 행사하여 행동동기를 발현시키는 활동이라고 말할 수 있습니다.

인간의 행동을 촉발시키는 동기는 외적 요인과 내적 요인에 의해 발현된다고 할 수 있습니다. 외적 요인이라 함은 첫 번째로 타인들(상사, 동료 등)에 의해 자극을 받는 경우도 있고, 두 번째로 조직 내에서 왠지 그렇게 행동을 해야만 할 것 같아서 하는, 문화적 풍토에 의해서 행동하는 경우도 있습니다.

그리고 내적 요인이라 함은 본인이 명확하게 인지하지 못하지만 스스로의 이끌림에 의해서 행동하는 경우도 있습니다. 내적 요인은 욕망과 욕구의 요소로 '그 사람은 원래 그렇게 하는 사람'이라고 말할 수 있습니다.

산악인이자 탐험가인 허영호 씨(1954년 생)는 세계 최고봉 에베레스트를 6번 등정하고 세계 7대륙 최고봉을 완등한 분입니다. 그것도 모자라 세계 3극점(에베레스트, 북극점, 남극점)에 도달한 것으로 유명한 분이시죠. 허영호 씨는 목숨을 걸고 산에 오르고 이제는 오를 산이 없어 탐험가로 변신한 분입니다.

그는 왜 이러한 행동을 보일까요? 이것이 바로 성취동기라는 내적 요인에 의한 것입니다. 성취동기가 높은 분들은 끊임없이 더 높은 성취에 도전합니다. 성취에 도전하지 못하는 상황이 되면 소진(Burn-Out)현상이 나타나기에 허영호 씨는 끊임없이 도전하고 또 도전하는 삶을 살아갈 것입니다.

이러한 성취동기는 선천적인 요소가 많고(후천적으로는 2세 이전에 완성이 된다고 함), 성취동기가 높은 분들은 인바스켓 과제의 상황처럼 동기가 저하된 부하의 모습을 잘 보이지 않습니다.

본 동기부여 상황에서는 내적인 성취동기를 높이는 방법론은 제시할 수 없기에 외부적 요인에 의한 동기부여 방법론을 제시하도록 하겠습니다.

인간의 행동을 일으키는 외부적인 요인으로 주변의 타인들이 하는 행동을 따라 하는 동조화(同調化) 현상을 말씀드릴 수 있습니다. 이는 횡단보도 앞에서 다른 사람들이 빨간불에 길을 건너면 따라 하는 현상으로 주변 사람들이 하는 행동을 보면서 왠지 따라 하지 않으면 안 될 것 같은 압박감에 본인의 의지와 다르게(본인의 의지일 수도 있음) 따라 하는 행동을 말합니다.

여러분들은 '맹모삼천지교(孟母三遷之敎)'라는 말을 많이 들으셨을 것입니다. 맹자의 어머니는 맹자와 처음에는 묘지 가까이 살았는데, 거기서 어린 맹자가 장사 지내는 것을 자주 보고 그 흉내를 내자 맹자 어머니는 집을 시장 근처로 옮겼습니다. 이번에는 어린 맹자가 거리에서 물건 파는 것을 보고, 그 흉내를 내자 맹자 어머니는 서당이 있는 곳으로 집을 옮기고서야 여기서 맹자를 공부시킬 수 있었다고 하는 이야기입니다.

사람들은 주변 환경 즉, 문화에 둘러싸여 살고 일을 하는데 각자가 처한 문화에 따라 다른 행동 유형을 보입니다. 예를 들어 ❶ 목표를 명확히 하고 목표를 달성하기 위해 열심히 일을 하는 조직과 ❷ 상호배타적이고 비방을 일삼는 조직의 문화에 속해 있는 구성원들은 전혀 다른 행동을 보입니다. 즉, 일하는 방식이 전혀 다른 것이죠. ❷의 문화에서는 일을 하고자 하는 동기가 발현되지 않습니다. 하지만 ❶의 경우는 타인들이 열심히 하는 모습을 보면서 본인도 '해야 되는구나'라는 생각에 동기가 부여되어 일을 하게 됩니다. 이렇듯 문화는 집단에 소속된 구성원들에게 일을 하고자 하는 동기를 부여하는 매우 유효한 요인입니다. 이러한 조직문화를 만드는 것은 궁극적으로 리더십의 몫입니다.[27]

문화와 환경을 제외한 외부적 요인에 의한 동기부여는 타인의 자극(영향)에 의한 동기부여입니다. 인바스켓 장면에서는 어려움에 처해 있는 부하직원이 어려움을 극복하고 능동적으로 업무에 몰입하게 하기 위해 어떤 자극 또는 영향력을 행사하는지의 과정 즉, 여러분들의 '리더십(Leadership)'을 관찰하는 평가과정이므로 이를 기반으로 설명을 드리겠습니다.

교과서에 나오는 리더십은 '공동의 목표를 달성하기 위해 집단의 구성원들에게 영향을 미치는 과정'으로 정의되는데 상당히 어렵지요. 리더십의 원론적인 의미에 대해 좀 더 자세히 들여다보겠습니다.

---

27) 문화와 풍토에 의한 동기부여는 조직문화에 의한 동기부여로써 〈조직문화〉 편에서 상세하게 다루게 됩니다. 본 장에서는 또 다른 관점의 리더십인 코칭에 의한 동기부여를 다루고자 합니다.

'공동의 목표'라고는 하지만 과연 이 표현이 맞는 것일까요? 엄밀히 말하자면 리더 본인의 목표이지 구성원들의 목표는 아닙니다. 여러분들은 조직의 구성원으로서 연초에 목표를 부여받습니다. 개인의 목표는 조직 또는 팀의 목표가 구성원들에게 할당된 모습입니다. 그럼 팀장인 리더의 목표는 무엇일까요? 팀의 목표가 팀장의 목표가 됩니다. 여러분들은 리더의 목표달성을 위해 행동을 하는 것이지요. 좀 더 확장한다면 리더의 목표달성을 위해 리더와 함께 일을 수행하는 것입니다.

물론 공동의 목표는 존재합니다. 여러분들이 친구 또는 동업자들과 의기투합하여 목표를 세우고 추진하고자 한다면 이는 공동의 목표가 됩니다만 여러분들이 소속된 기관은 수평적 조직이 아닙니다. 계선조직(系線組織)으로 수직적, 계층적 조직입니다.

리더십의 정의에서 말하는 공동의 목표는 리더 '개인의 목표'로 바꾸는 것이 타당합니다.

엄밀한 의미의 리더십은 '리더의 목표를 달성하기 위해 구성원들에 영향력을 행사하는 과정'으로 말할 수 있습니다.

리더십의 정의에서 언급한 '영향력(Influence)'은 리더십을 말할 때 반드시 수반되는 것으로 리더가 보여주는 행동에서 나오는 다양한 영향력을 말합니다.

리더는 구성원들에게 행동을 보입니다. 웃기도 하고 슬퍼하기도 하고 짜증도 내고 즐거워하기도 합니다. 그리고 글을 써서 타인을 감동시키기도 하고 비아냥거리는 표현으로 상대를 자극하기도 합니다. 또한 인자한 모습으로 등을 툭툭 쳐주면서 격려해주기도 합니다. 이러한 행동들은 타인에게 영향을 주고 본인도 영향을 받기도 합니다.

일반적으로 즉시 강력한 효과를 나타내는 영향력은 체벌입니다. 특히 물리적인 체벌은 인간의 행동에 즉각 변화를 나타나게 합니다. 우리는 부모님과 선생님들의 체벌이 두려워 공부하는 척했던 경험들이 있습니다. 군대에서 우리의 행동을 가장 빠르게 만들어 주었던 영향력이 '얼차려'였음을 다들 기억하실 것입니다.

이러한 물리적 체벌 다음으로 강력한 영향력은 무엇일까요? 저는 보상이라고 생각합니다. 회사 내에서의 성과급은 일에 대한 동기를 부여하여 더욱 열심히 일하게 만듭니다. 또한 승진과 관련한 사안은 절대 놓칠 수 없는 강력한 유혹임은 분명합니다.

이렇듯 체벌과 보상의 영향력은 인간에게 매우 중요하고 기본적인 가치(Value)이기에 강력한 동기를 부여합니다. 하지만 이러한 거래적 리더십은 강렬하지만 지속적이지 못하다는 한계가 있습니다. 사람들의 동기를 자극하기 위해 지속적으로 체벌을 하거나 요구하는 보상을 다 해줄 수는 없습니다.

거래적 리더십의 한계는 물리적 자극이나 보상이 없어졌을 때 동기가 급격히 저하된다는 것입니다. 상사의 잔소리가 싫어서 여러분들을 열심히 일을 합니다. 하지만 상사가 자리를 비우면 일을 멈춥니다. 또한 여러분들은 성과급을 많이 받기 위해 열심히 일을 합니다. 하지만 물질적 보상이 없어지면 일을 적당히 하는 행동을 보입니다.

이렇듯 뭔가의 대가를 받고 행동을 하는 것을 거래적(Transactional)이라고 하고 외적동기(外的動機)라고 합니다. 많은 리더들은 구성원들의 동기를 부여하기 위해 타인들과의 비교를 서슴지 않고 매우 자극적인 발언을 일삼습니다. 제가 경험한 가장 심한 말은 "너네 학교에서는 그렇게 가르치니? 교수가 누구였어?"인데, 이 말을 들은 여자 동료는 많은 눈물을 흘렸고 다시는 그런 말을 듣지 않기 위해 많은 노력을 했던 것도 기억이 납니다.

이러한 관리와 통제의 자극을 모든 이들이 싫어합니다만 유용한 상황도 있습니다. 군대처럼 긴장을 늦추면 사고가 날 수 있는 위험한 작업환경이나 자연재해 등과 같은 급박한 상황 그리고 구성원들의 역량수준이 낮아 통제가 필요한 상황에서는 효과적인 결과를 나타냅니다.

또한 많은 기업과 리더들이 성과에 대해 보상을 함으로써 경쟁심리를 자극하는 방법으로 동기를 부여합니다. 성과를 많이 내면 반대급부로 보상을 주는 거래는 어찌 보면 타당하고 합리적입니다. 그래서 지난 정부에서도 모든 공기업에 성과관리 제도의 도입을 추진했던 경험이 있습니다. 이러한 거래적인 리더십이 틀렸다는 것이 아닙니다. 거래적 리더십보다 훨씬 강력한 효과를 발휘하는 변혁적 리더십이 있다는 것입니다.

여러분들은 업무를 수행할 때 스스로 뿌듯하여 지칠 줄 모르고 일에 몰입했던 경험이 있을 겁니다. 구성원들과 상호 격려하며 의기투합하여 어려운 성과를 달성했을 때의 성취감은 그 어떤 보상보다도 일에 대한 동기를 부여해줍니다. 또한 상사로부터 인정과 지지와 격려를 받고 자기효능감이 높아져 일에 대한 동기가 극에 달했던 경험도 있을 것입니다.

여러분들은 어떤 때 능동적으로 본인이 가지고 있는 역량을 최대한 발휘하여 최선을 다하셨나요? 아마 '상사로부터 인정을 받았을 때' 아닌가요?

인간은 자기 잘난 맛에 산다고 합니다. 이를 '자기효능감(自己效能感, Self-Efficacy)'[28]이라고 하는데, 옛말에 '장수는 자신을 알아주는 주군을 위해 목숨을 바친다'라는 말이 있습니다. 이렇듯 우리는 리더로부터 칭찬과 인정을 받았을 때 그 어떤 보상보다도 큰 동기를 부여받습니다.

저는 리더십 부분의 강사로서 많은 기업에 강의를 임하고 있습니다. 과정 내에서 "당신의 삶에서 최고의 리더는 누구였나요?"라는 코너를 진행하는데, 조사해본 경험에 비추면 최고의 리더는 단연코 구성원들에게 인정과 지지를 보내준 리더였습니다.

이처럼 외부에서 오는 자극이 아닌 자기 내부에서 우러나오는 욕구를 내적동기(內的動機)라고 합니다. 여러분들도 상사 또는 선배들이 진심으로 여러분들의 아픔을 어루만져주고 성장을 기원하며 등을 두들겨

---

28) 자기효능감은 반두라(Albert Banbury)가 만든 개념으로 특정한 문제를 자신의 능력으로 성공적으로 해결할 수 있다는 자기 자신에 대한 신념이나 기대감을 말합니다.

주며 격려를 해주었던 짜릿한 영향력의 경험이 있을 겁니다. 그때 울컥 올라오는 그 벅찬 느낌, 그러한 감성적 충격들이 가장 효과적인 자극으로 오랫동안 능동적으로 일에 몰입하고 조직에 충성하는 모습을 보이게 됩니다.

내적동기는 대상자의 자존감을 세워주고 개인적 성장에 깊은 관심으로 지원을 보여주며, 자율성을 부여하는, 진심으로 함께하고 싶어 하는 마음을 담은 영향력이라 말할 수 있습니다. 이러한 리더십의 유형을 변혁적(Transformational) 리더십이라 말합니다. 거래적 리더십과 배치된 관점이며, 고도화되어 있고 창의력을 요구하는 민간과 공공 부분에서 가장 유용한 리더십으로 평가받고 있습니다.

변혁적 리더십과 거래적 리더십의 뿌리는 미국 MIT 슬로언 경영대학원 교수로 재임한 더글러스 맥그리거$^{Douglas\ McGregor}$가 주창한 X, Y이론에 기반을 둡니다. X이론은 인간은 피동적이기에 통제와 관리를 해야 한다는 가설이고, Y이론은 인간은 능동적이기에 자율을 주어야 한다는 가설입니다.

여러분들은 인간이 능동적이라고 생각하시나요? 피동적이라고 생각하시나요? 인간은 목표를 줘어주고 일에 대해 통제와 관리가 필요한 존재일까요? 아니면 스스로 알아서 목표를 세우고 일을 찾아서 하는 존재일까요? 생각을 깊게 해주십시오. 왜냐하면 이것이 바로 여러분의 리더십의 출발점이기 때문입니다.

인간에게 관리가 필요하다고 생각하는 분들은 강제형(Coercive) 리더십 유형을 보이고 인간이 능동적이라고 생각하는 분들은 민주형(Democratic) 리더십 유형을 보입니다. 저의 리더십과정에서의 조사에 의하면 얼추 5:5 정도의 성향을 보입니다만 실제 현업에서는 60% 이상의 리더들이 X형에 기반을 둔 강제형 리더십을 보인다고 합니다. 여러분들의 리더는 어떤 유형의 리더인가요?

X이론은 통제와 관리가 핵심인 거래적 리더십의 기반이고, Y이론은 자율과 권한을 부여하는 변혁적 리더십의 모태라고 할 수 있습니다.

최근 한국 사회에서는 공공, 민간 부분을 가리지 않고 많은 변화가 일어나고 있습니다. 4차 산업혁명, 남북관계, 북미관계 등 국제질서의 변화, 욜로(YOLO)라고 이야기하는 젊은 세대들의 삶의 패턴 변화 등 많은 변화의 시대에서 구성원들을 효과적으로 리드하기 위해서 어떤 리더십이 요구될까요? 저는 X보다는 Y형의 리더십이 요구된다고 생각됩니다. 물론 Y형 리더십만이 능사가 아닙니다. X형의 리더십은 여전히 매우 유용한 리더십으로 위험한 작업환경이나 구성원들의 역량이 많이 떨어지는 상황에서는 꼭 필요합니다. 하지만 전반적으로 한국의 사회는 매우 고도화되어 있어 개인의 몰입과 이를 통한 창의력이 요구되는 환경에서 당연히 변혁적 리더십이 요구되는 사회와 조직입니다.

부하 동기부여를 위한 인바스켓에 효과적으로 대응하기 위해서는 변혁적 리더십을 기반으로 '부하직원을 사랑하는 마음의 상태'가 필요합니다. 부하직원을 진심으로 위하고 같이 헤쳐 나간다는 동반자적인 관점을 가지고 있다면 해결에 어려운 과제는 아니라고 생각합니다만 여러분께서 반드시 유념하셔야 하는 부분이 있습니다.

실제 조직 내에서 부하직원이 일을 등한시하는 모습을 보면 따끔하게 충고를 하는 것이 일반적입니다. 충고하는 것이 부하직원을 싫어해서 하는 행동은 아닙니다. '사랑의 매'라는 것을 다들 경험하셨을 것입니다. 하지만 역량평가 장면에서는 그런 모습을 보여주시면 안 됩니다.

역량평가 장면에서는 부하직원들을 보물 다루듯이 해주어야 합니다. 해달라는 것은 무조건 들어준다는 생각으로 접근하십시오. 내부의 여건을 고려하여 제공가능한 모든 요구들은 다 들어주어야 합니다. 교육훈련, 코칭, 멘토링 등 개발과 관련한 요소들, 직무적성 부적합, 업무량 과다, 목표 과다, 일하는 방식의 차이 등 일과 관련한 요소들 모두 상식선 내에서 제공해주셔야 합니다.

역량평가 장면에서 부하 동기부여 과제의 전제는 부하직원이 어려움을 겪고 있다는 것입니다. 이 같은 어려움의 배경은 개인적인 또는 직무적인 상황입니다.

개인적인 배경	직무적인 배경
• 회사(기관)와 개인의 가치 충돌 • 업무 역량의 부족 • 대인관계의 어려움 등 성격적 특성 • 개인 신상의 문제	• 성과평가결과에 대한 불만 • 업무의 양 과다 • 적성과의 불일치 • 목표 과다에 대한 불만 • 일하는 방식의 차이

1) 회사(기관)와 개인의 가치(Value) 충돌에 대한 조치

회사와 개인의 가치충돌은 부하직원이 이직을 고려할 만큼 중대한 사안입니다. 공직사회는 안정과 효율을, 사기업은 성장과 영리라는 가치를 기반으로 삼습니다.

가치는 가치관(價値觀)을 말하는 것이며, 의사결정의 기준으로 '가장 중요하게 여기는 그 무엇'입니다. 가치관은 개인에게만 있는 것이 아니고 조직 내에도 존재합니다. 부하직원의 개인적인 가치는 '가족의 행복'에 있는데 조직의 가치가 '업무완수'라면 많은 차이를 보이게 됩니다. 부하직원이 할당된 많은 일들을 해결하기 위해 주말을 감수하고 일을 하는 것보다 가족들과 시간을 같이하는 것을 우선하려 할 것입니다. 이런 상황이라면 상사로서 고민이 커지는 것은 당연지사입니다.

다른 상황을 하나 더 본다면, 부하직원이 효율을 중시하여 빠른 시간 내에 민원을 처리하기 위해 기본 매뉴얼을 무시하는 경우가 있습니다. 이럴 때 원칙을 중시하는 상사의 관점에서는 효율을 중시하는 부하직원을 '꾀만 부린다'고 생각할 수 있습니다.

이렇듯 가치의 충돌은 갈등을 만들어내는 주요 요인입니다. 이러한 문제를 해결하기 위해서는 상대를 이해하는 것이 상책입니다. 기본적으로 '사람은 다르다'는 관점에서 상호이해하고 대화로 해결하는 것이 중요합니다. '부하직원이 틀렸다'고 생각하는 순간 갈등은 증폭됩니다. 물론 현실적인 상황에서는 인사조치 등의 다양한 방법을 고려할 수 있지만 역량평가 장면에서는 금물임을 명심하셔야 합니다. 조치사항으로는 부하직원을 이해한다는 메시지와 함께 대안을 찾아야 합니다.

- 수고한다는 메시지는 항상 먼저 나와야 합니다.
- 구성원의 장점을 부각하면서 제시한 불만 사항에 대해 공감을 표시하여 주십시오.
- You-Message 기법을 활용하여 "지금까지 답답하고 힘들었겠네요" 등의 표현은 공감을 표시하는 좋은 방법입니다.
- 불만사항 해결을 위한 대안은 회사에서 제시한 비전 또는 핵심가치에 기반을 두어주시고, 이러한 사항이 기재되지 않은 과제라면 일반적인 공직자의 자세에 기반을 두고 제시하여 주십시오.
- "김 주무관이 생각하고 계신 일을 효율적으로 추진하기 위해 매뉴얼에 기재된 사항을 임의 적용하는 사례는 분명 조직과 고객을 위함임을 알고 있습니다. 하지만 조직 구성원들은 공통의 가치와 일하는 방식을 유지해야 함은 즉, 매뉴얼에 기반을 둔 업무활동은 조직 구성원으로서 지켜야 할 기본적인 덕목이라고 생각됩니다."
- 마지막으로 "출장을 다녀온 후 전체구성원들과 워크숍을 운영하여 부서 내의 일하는 방식을 명확히 함과 더불어 구성원들 간의 화합을 다지는 시간을 갖고자 합니다" 등의 글로 마무리 지어주면 큰 무리가 없을 것 같습니다.

2) 업무역량의 부족에 대한 조치

기본적인 업무 역량이 떨어지는 직원들의 사례는 많이 볼 수 있습니다. PC를 제대로 다루지 못하는 등 단순한 업무영역에서 역량이 떨어지는 직원들은 교육훈련을 보내는 방안으로 해결할 수 있습니다. 보고서 작성이나 고객관계관리 등에 어려움을 겪는 직원들은 교육훈련을 보내는 방안도 있지만 업무 전환을 통해 본인이 부족한 역량을 개발하게 하는 방법이 좋습니다.

역량개발의 가장 효과적인 방법은 업무를 통한 역량개발입니다. 즉, 기획력이 부족한 직원은 기획보고서를 자주 쓰는 부서로, 고객관계관리가 힘든 직원은 고객 접점으로 보내는 것입니다. 여러분들도 현재의 역량이 어떤 상황에서 개발이 되었는지 생각을 해보시면 현업에서 직무를 통해 개발된 역량이 대다수입니다.[29]

효과적인 조치 방법으로는 상사가 직원의 부족한 부분은 지적하기보다는 본인 스스로 이야기하도록 하는 것이 중요합니다. 직원은 본인이 부족한 부분을 알고 있습니다. "귀하가 작성한 항만공사 확충방안에

---
29) 일본의 헤이그룹 연구결과에 의하면 직무를 통해 개발되는 역량이 전체의 80%라고 합니다.

대한 보고서의 내용 중 실행계획이 허술한데 귀하는 철저 확인력이 부족한 것 같아요"라는 표현보다는 "귀하가 작성한 항만공사 확충방안에 대한 보고서의 실행계획에 문제가 있음이 발견되었으며 귀하의 다른 보고서에서도 유사한 상황들이 발생되고 있어 본 사안에 대해 매우 우려스러운데 발생 원인이 무엇이라고 생각하는지요?" 등의 표현으로 직원 스스로 본인의 현실을 인식하게 하는 것이 효과적입니다.

3) 대인관계 어려움 등의 개인적 특성에 대한 조치

유사한 사람들은 있지만 기본적으로 모두가 다릅니다. 조직 내에 내성적인 성격을 가진 동료 또는 고집이 강해서 독선적이라는 평을 듣는 직원 등 다양한 구성원들이 있습니다. 조직은 집단으로 구성되어 다른 직원들과의 관계는 필수적입니다. 다른 직원들과 잘 어울리지 못하는 직원들은 성격개조 등의 개발 활동을 권할 수 있지만 아시다시피 인간은 변화하기 무척 힘든 존재들입니다.

위의 역량개발이 필요한 직원에 대한 조치상황에서 언급한 것처럼 가장 좋은 방법은 업무를 통한 성격개조입니다. 내성적인 성격을 가진 분은 대인관계업무를 맡기고 고집이 강한 분은 상사를 보좌하는 업무를 맡겨서 스스로 성격을 개조하게 하는 방법이 좋습니다만 역량평가 장면에서는 이러한 해결사례들이 나오기 쉽지 않습니다. 일반적으로는 교육훈련, 코칭, 멘토링 등의 방안을 제시하고 다른 직원들과 많이 어울릴 수 있는 스포츠 활동, 취미활동 등을 권하는 방법들이 있습니다. 구성원의 상황을 이해해주고 이를 해결할 수 있는 대안이 반드시 나와야 한다는 것을 꼭 상기하여 주십시오.

4) 개인적인 상황에 대한 조치

직원들은 필연적으로 개인적인 어려움에 봉착하게 되어 있습니다. 부모상, 아니면 집안에 누군가 아파서 힘들다는 등의 개인적인 어려움이 있게 됩니다. 이러한 상황에서 정상적으로 업무를 수행한다는 것은 어려운 일입니다. 이러한 직원들에 대해서는 일단 공감을 표시하고 힘들어하는 감정상황을 어루만져 주는 것이 우선입니다. 그런 다음 휴가 또는 같이 할 수 있는 스포츠 활동 등을 권유하는 것도 하나의 방법입니다. "김 주무관, 그러한 상황이 있는 줄을 몰랐네요. 많이 힘드시겠어요. 여러 가지 바쁜 상황이긴 하지만 휴가를 사용하면서 답답한 마음을 달래어보는 것은 어떤지요" 등의 표현으로 마음을 달래주고 대안을 제시하는 것이 필요합니다.

5) 성과평가결과에 대한 불만을 제기하는 직원에 대한 조치

구성원들의 동기가 가장 저하되는 상황이며 역량평가 장면에서 많이 나오는 장면입니다. 일단 서운해하는 직원의 마음을 어루만져 주는 것이 중요합니다.

"김 주무관이 매우 탁월하며 올해 많은 노력을 하였다는 것을 분명히 알고 있습니다. 그래서 많이 서운할 것이라고 생각되는데 몇 가지 부분에서 미진한 사항이 있어 올해의 결과는 아쉬움이 있었습니다. 올해의 미진한 구체적인 내용으로는 교육체계수립이 완료되지 못했다는 것, 강의장 보수공사건이 완료는 되었으나 계속적인 하자가 발생하고 있다는 것입니다. 물론 중간에 TF를 다녀오고 다른 현안업무 때문에 업무 공백이 있었다는 것을 알고 있습니다. 김 주무관의 역량을 인정하며 차년도에 좋은 결과가 있을 것이라고 생각합니다. 답답한 마음이지만 푸시고 새롭게 출발하는 김 주무관의 모습을 기대합니다."

반드시 서운해하는 직원에 대한 마음을 공감해주며 강점을 부각하고 왜 성과가 부진했는지에 대한 근거를 명확히 해야 합니다. 또한 일신하여 다시 시작하자는 의미의 당부의 말을 남기는 것도 중요합니다.

6) 업무가 과다하다고 불만을 제기한 직원에 대한 조치

인바스켓은 기본적으로 1시간 후에 출장을 가야 하는 상황이어서 부하직원과 즉시 면담 또는 통화가 힘든 상황이 대부분입니다. 또한 인바스켓 부하 동기부여는 글로 작성해야 하는 한계가 있습니다. 개조식 또는 서술식으로 간략하게 작성합니다.

※ 조치 내용: 홍길동 주무관에게 메일 송부

홍길동 주무관 안녕하세요. 전봉준 과장입니다. 요즘 격무에 고생이 많으십니다. 한번 개인적으로 일정을 잡는다 하면서도 쉽지 않았네요. 이번 출장을 다녀온 후에는 꼭 둘이서 막걸리라도 한잔하는 시간을 만들어보시죠.

다른 주무관들로부터 홍 주무관의 상황을 보고받았습니다. 먼저 홍 주무관의 반발은 충분히 이해합니다. 주중격무도 힘든 상황에서 업무완수를 이유로 주말근무까지 할 수밖에 없는 상황이라고 하는데….

묵직한 분이 답답한 마음에 동료 주무관에게 하소연을 할 정도였으면 그 고충은 충분히 이해가 됩니다. 업무과다 부분은 이번 출장을 다녀온 후 면담을 갖고 조정을 하겠으나 지금 제 생각은 다음과 같습니다. 현재 홍주무관이 진행하고 있는 업무 중,
- 기능직 교육체계수립 업무는 80% 완수된바 마무리를 지어 주십시오.
- 신임주무관 역량모델링 업무는 50% 완수된바 유관순 주무관을 투입하겠습니다.
- 연수원 강의장 보수공사건은 30% 완수된바 시설 팀에 업무를 이관하는 방안을 추진하겠습니다.

지금껏 홍길동 주무관의 상황을 제대로 파악하지 못한 부분에 대해서 아쉽게 생각합니다.
다녀와서 봅시다.

과장 전봉준

답지의 구성은 반드시 대안이 나와 있고, 불만이 있는 구성원에 대한 지지와 격려, 인정의 내용이 담겨야 합니다. 또한 위와 같은 상황에서는 전체 구성원들의 역할과 책임(Role&Responsibility)을 점검하고 명확히 하는 것이 중요합니다. 다른 팀장 또는 사무관에게 전체 구성원들의 면담계획을 수립하게 지시하고 출장을 다녀온 후 개인별 면담을 실시하겠다는 의지가 표현되면 좋은 답지가 되겠습니다.

7) 업무적성과의 불일치에 대한 조치

조직 내에 본인이 하고 싶은 일 또는 전공, 경험과 업무가 불일치되어 동기가 저하되는 경우도 매우 많습니다. 사실 지금 하고 있는 일에 대해 만족하는 직원들은 많지 않을 것입니다. 직무적성이 맞지 않아 불만을 표하는 직원에 대해서도 일단 감정상황을 공감하는 것이 우선입니다.

"김 주무관께서 현재 수행하고 있는 업무가 본인의 경력과 무관한 업무다 보니 많이 힘드셨겠어요. 그럼에도 김 주무관 정도 되시니 이 정도의 성과가 나왔다고 생각합니다. 고생하셨습니다." 등의 표현이 적절합니다. 부하 동기부여의 과제는 부하직원의 성과가 떨어진 상황이 자주 연출됩니다. 성과가 떨어진 직원에게 직무적성이 맞지 않는다고 바로 업무를 바꾸어주는 것은 성과를 창출해야 하는 평가대상자의 입장에서는 적절치 않을 수 있습니다. 우선 현재의 업무를 완수하고 성과를 올리는 것이 중요합니다. 그러기에 현재의 부족한 사항을 채워주고 상사인 평가대상자의 적극적인 지원을 통해 현재의 업무를 효과적으로 완료한 후 직무를 바꾸어 주겠다고 하는 방안이 타당합니다.

"김 주무관의 현재 업무상황을 보면 역량모델링 전문가가 필요할 것으로 보입니다. 부서 내 이 주무관이 관련 업무를 많이 수행한 경험이 있는바 이 주무관을 투입, 지원하여 역량모델링 업무를 빨리 마무리 짓는 것이 우선입니다. 본 업무를 효과적으로 수행하기 위해 제가 매주 성과점검회의를 운영하겠습니다. 성과점검회의를 통해 현재의 상황을 점검하고 지원 사항을 논의하여 즉시 지원이 이루어지도록 하겠습니다. 그 이후 김 무주관께서 원하시는 기획업무로의 전환을 협의하였으면 합니다" 등의 표현으로 답지를 작성하신다면 좋은 결과로 이루어지리라고 생각합니다.

8) 일하는 방식의 차이에 대한 조치

사람들마다 고유한 일하는 방식이 있습니다. 일을 미루지 않고 즉시 해결하는 사람이 있는가 하면 어떤 사람은 일을 모아두고 한꺼번에 처리하는 사람이 있습니다. 또 어떤 이는 일의 추진에 있어 꼼꼼히 따져보고 의사결정을 하는 반면 어떤 이는 완벽하지 않더라도 일에 적극적으로 도전하는 스타일도 있습니다. 이러한 일하는 방식의 차이는 상사와 동료 또는 타 부서와 갈등을 만들어 내는 주요한 요인이기도 합니다.

예를 들어 보고서 작성 시에 항상 복수의 안을 요구하는 상사가 있습니다. 반드시 1안과 2안, 3안을 보고 해야 합니다. 일을 도전적으로 진행하는 부하직원의 입장에서는 답답할 뿐입니다. 이러한 상황들이 쌓이다 보면 갈등이 만들어집니다. 또한 A 부서는 회의시간을 1시간 이내로 운영하는 것을 원칙으로 하는데 B 부서는 시간에 제약을 두기보다는 회의에 참석한 모든 이들이 동의하는 것을 원칙으로 하고 있습니다. 그러다 보니 시간이 늦어지는 경우가 많고 A 부서원들은 시간을 허비한다고 생각을 합니다.

일하는 방식의 차이를 해결하기 위해서는 개인의 판단보다는 조직에서 제시하는 핵심가치(Core Value)에 기반을 두어 조치하는 것이 원칙입니다. 가치에 대해서는 〈조직문화〉편에 자세히 언급되어 있습니다만 많은 조직과 기관들은 일하는 방식을 개선하기 위해 모든 구성원들이 지켜야 하는, 일을 추진할 때의 원칙인 핵심가치와 행동규범을 제시하고 있습니다. 인바스켓 과제를 해결할 때에도 핵심가치 또는 행동규범에 기반을 두고 일하는 원칙을 구성원들에게 제시하는 것이 바람직합니다. 하지만 과제 내에 핵심가치를 제시하지 않은 경우들도 있는데 이럴 경우에는 상식적으로 생각하는 바람직한 기준을 제시하여 주십시오.

"김 사무관, 늘 최선을 다해주심에 감사를 드립니다.

금번 업체선정건과 관련하여 김 사무관께서 조치한 내용을 보니 아쉬움을 느낍니다. 최종 결정된 업체의 업무수행실적이 탁월했던 점과 선정과정이 적법한 점은 인정됩니다만 내부의 다양한 의견을 청취하여 주었으면 향후 일 추진이 좀 더 원활했을 것이라고 생각합니다. 이는 당 부처가 천명하고 있는 핵심가치 중 하나인 '협업'을 고려하지 않은 상황으로 차후에는 의사결정 시 핵심가치에 기반을 둔 의사결정이 이루어졌으면 합니다.

본 사안과 관련해서 출장을 다녀온 후 커피 한잔하면서 같이 이야기 나누었으면 합니다."

마지막으로 "김사무관의 열정은 늘 조직 내에 귀감이 되고 있습니다" 등의 표현으로 마무리 지으면 적절합니다.

이제는 예시과제를 풀어보면서 한 걸음 더 들어가 보겠습니다.

(2) 인바스켓 동기부여 과제

● 갈등관리(이해관계 조정) 예시과제

피평가자
설비운영부 전형일 차장

- 당신은 보나발전공사 발전처 설비운영부 전형일 차장입니다.
- 지금은 2022년 5월 27일 오후 15시 39분입니다.
- 귀하는 설비운영부 차장으로서 설비운영부 구성원들이 효과적으로 KPI를 달성할 수 있도록 동기부여하는 역할을 담당하고 있습니다.
- 최근 설비운영부 소속인 홍나연 대리가 출산휴가 복귀 이후 동료들과 원만한 관계를 맺는 데 어려움을 겪고 있고, 동료들 또한 홍나연 대리와 거리를 두고 있는 상황입니다. 이러한 이유로 홍나연 대리는 일에 대한 몰입도가 저하된 상태이며 일을 제대로 완수하지 못해 동료들에게 피해를 주고 있습니다.
- 홍나연 대리는 '동료들이 자신에게 왜 거리를 두는지 원인을 잘 모르겠고, 어떻게 행동해야 할지 모르겠다'며 귀하에게 도움을 요청하였습니다. 귀하는 20분 후에 출장을 떠나야 합니다. 20분 이내에 홍나연 대리의 동기부여를 위한 방안을 제시하여 주십시오.

● 자료#1 메일

| 답장 | 모두 답장 | 전달 | 삭제 | 목록 보기 | 헤더 보기 | 인쇄 | 완전 삭제 |

제목	차장님, 꼭 좀 확인 부탁드립니다.		
보낸 사람	홍나연 대리 (발전처 설비운영부)	**작성 일자**	2022.05.26. 14:06
받는 사람	전형일 차장(발전처 설비운영부)		
내용	차장님 안녕하세요. 홍나연입니다. 업무를 추진하면서 여러 가지로 고민거리가 많아 메일 드립니다. 남자가 절대다수를 차지하는 설비운영부에서 나름 책임감을 느끼고 업무를 진행해 왔다고 생각합니다. 작년에 출산하고 복직한 후에도 업무 인수인계도 잘 받아서 업무 시작한 지 3개월째인데… 다른 동료들의 시선이 심상치 않습니다. 업무 성과가 안 좋아 그렇다고 하기에는 아직 뚜렷한 평가가 있었던 것도 아니고, 특별히 제가 문제되는 행동을 한 것 같지도 않은데, 왠지 저를 왕따시키는 것 같은 느낌이 듭니다. 팀 내에 여자 직원이 저와 김윤희 사원 둘인데, 다른 직원들이 윤희 씨와는 잘 어울리면서도 저는 대화에 잘 끼워주지 않으려고 합니다. 그 사이에서 윤희 씨도 곤란해하는 분위기이더라고요. 진짜 애들도 아니고 이게 뭔지… 제가 출산 후에 업무 공백이 있어서 그런 건지, 아니면 진짜로 제가 어떤 문제되는 태도를 한 건지 알고 싶어도 물어볼 사람도 없고 죽겠습니다. 차장님께서는 저에 대해 어떻게 생각하시는지, 제가 뭘 어떻게 해야 좋을지 도움을 부탁드립니다. 감사합니다.		

● 자료#2 인사기록(홍나연 대리)

성명	홍나연
소속	발전처 설비 운영부
직급	5직급
생년월일	1990.04.14.

학력	졸업일	학교
	2016.02.26.	서한대학교

주변평가	기본품성	• 밝고 긍정적이며 사람들과 쉽게 친해짐 • 특히 타 부서 사람들과의 관계가 좋음
	업무능력	• 꼼꼼하게 업무를 수행함 • 대신 업무 처리가 느려 이를 답답해하는 직원들이 꽤 많음 • 업무에 대한 학습능력이 조금 부족한 편임 • 타 부서와의 협력 업무를 잘 수행함
	조직관리	• 후배직원들의 이야기를 잘 들어줌 • 다만 비밀을 잘 지키지 않아 이에 대해 불만을 가지는 직원들이 있었음
	주변평가	• 밝고 긍정적이어서 처음에는 호감을 가지나, 가끔 눈치 없는 말투와 행동으로 빈축을 사기도 함 • 기분에 따라서 태도가 달라져서 상대하기 어려울 때가 있음

인사고과(종합)

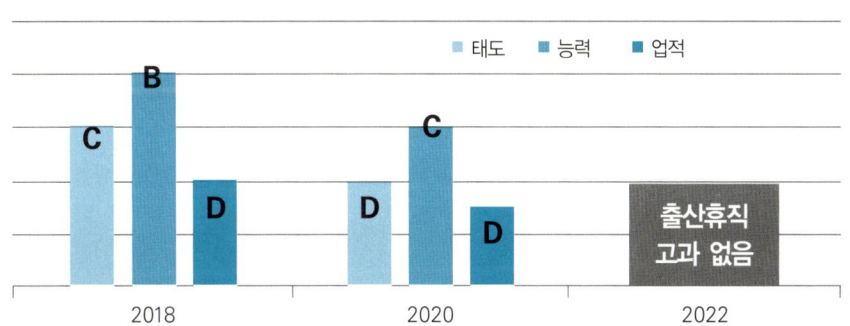

경력사항	발령일	발령내용	직급	소속
	2021.01.02.	승진	대리	발전처 설비운영부
	2018.01.03.	승진	주임	발전처 설비운영부
	2017.01.03.	전환배치	사원	발전처 설비운영부
	2016.01.02.	입사	사원	발전처 발전계획부

※ 특이사항
2018.05.08. 박주환 대리와 결혼
2021.08.02.~2022.02.03. 출산 휴직

● **자료#3** 민석훈 과장과의 메신저

BonaBona Talk(Messenger)

민석훈 님의 말

홍나연 대리 이번 주 출장 건 준비는 잘 되어가고 있지요?
화력발전소의 현장 확인은 지원업무인 전산 업무에서도 현업을 이해하는 데 도움이 될 것 같아 팀장님에게 홍 대리도 같이 가는 것이 좋다고 내가 추천을 했어요.

2022.05.25. 15:21 보냄

홍나연 님의 말

아~ 네, 과장님. 출장 건은 팀장님에게 말씀은 들었습니다. 저도 깜짝 놀랐는데… 저도 모르는 사이에 이야기가 진행되어 당혹스럽습니다. 제 업무상황이기에 제가 알아서 판단할 수 있는데… 호의는 감사한데… 저는 이번 출장에서 빼주시면 안 될까요?

2022.05.25. 15:23 보냄

민석훈 님의 말

그게 무슨 말인가요? 저는 홍 대리의 업무에 도움을 주고자 제안한 건데….

2022.05.25. 15:25 보냄

홍나연 님의 말

아시다시피 출산 휴직에서 돌아와 업무에 적응되지도 않았고 그러다 보니 많이 피곤합니다. 집에 가면 애도 봐야 하고… 이번에는 과장님만 다녀오시죠….

2022.05.25. 15:27 보냄

민석훈 님의 말

아~ 그래요… 복직이 3개월 정도 되지 않았나요? 업무 적응이 아직도 안 되어 있으면….

2022.05.25. 15:29 보냄

자료#4 직원들과의 대화 (1)

방호준 대리:
홍 대리님, 지난달 이상 상황 현황 정리한 파일 공유 좀 해주세요.

홍나연 대리:
이상 상황 현황 정리? 어떤 거요?

방호준 대리:
동화화력발전소 전체 이상 상황 발생 현황 정리한 내용이요.
이번에 전산시스템 개선안 마련을 위한 회의 참고자료로 쓰려고요.

홍나연 대리:
아… 아직 정리해 놓은 게 없는데… 일단은 작년도 자료로 활용하면 안 될까요?
새로 정리하려면 시간이 좀 걸릴 것 같아서….

방호준 대리:
4월이 지난 지가 언젠데 아직도 정리가 안 되어 있나요? 하… 제가 알아서 할게요.

자료#5 직원들과의 대화 (2)

홍나연 대리:
윤희씨, 바빠?

김윤희 사원:
아니요, 대리님. 일단 급한 일은 거의 마무리되어 갑니다.
오늘 중으로는 간신히 끝낼 수 있을 것 같아요. 혹시 제가 도와드릴 일이 있나요?

홍나연 대리:
아니, 그런 건 아니고. 시간 괜찮으면 차나 한잔하자고. 호호. 괜찮지?

김윤희 사원:
아… 아까 점심 먹고도 한참 얘기 나눈 것 같았는데…. 급하게 하실 말씀이라도 있으신가요?

홍나연 대리:
자기. 섭섭하게 자꾸 이럴 거야? 우리가 무슨 용건이 있어야 이야기 나누는 사이였어?
그냥 우리 팀에 여자라고는 윤희 씨하고 나하고 단 둘뿐인데, 우리 둘이 잘 지내야지. 안 그래?

김윤희 사원:
네… 그렇지요. 하하.

(차 마시러 이동)

김윤희 사원:
대리님, 출산 휴가 후에 업무 바로 다시 시작하는 게 어렵지는 않았나요?

홍나연 대리:
회사 왔다 갔다 하는 건 좀 힘들긴 한데, 어쨌든 업무가 많아서 힘들지는 않아.
사실, 새로운 업무는 많이 없기도 하고… 어려운 거는 뭐, 다른 직원들한테 부탁해서 많이 힘들지는 않아.
윤희 씨, 이게 다 요령이야 요령! 여성의 메리트랄까? 윤희 씨도 잘 이용해보도록 해. 호호.

(자리로 돌아와서)

김한빛 사원:
(조용히) 무슨 얘기했어요?

김윤희 사원:
(조용히) 맨날 하는 얘기. 아니 어쩜 매번 레퍼토리가 바뀌지도 않는데요. 지겹다니까요. 우리 여자끼리 힘을 합쳐야 하네, 서로 도와야 하네, 하면서도 결국은 여자인거 이용해서 일을 쉽게 해야 한다는 얘기더라구요. 시대가 어느 시대인데 저런 발상인 건지… 이러니까 다른 여직원들까지 욕먹는 거 아니에요. 똑같이 월급 받고 일하는데, 자기 일은 자기가 책임감을 가지고 해야지… 휴… 진짜 닮지 말아야 할 선배라고 생각해요.

김한빛 사원:
(조용히) 윤희 선배만 정신 차리고 일 제대로 하시면 되죠. 안 그래도 홍 대리님, 어제 S기술 김 주임님하고 통화하는 거 듣는데… 와. 내가 그쪽 직원이라면 짜증나서 일 때려치우고 싶을 것 같더라니까요. 정당하게 시스템 확인 요청했는데 화는 왜 낸대요?

김윤희 사원:
(조용히) 그러게나 말이에요. 물론 출산하고 복직해서 업무 적응이 힘든 건 알겠지만, 그래도 이건 아니죠. 업무 공백이 있는 만큼 더 집중해서 업무를 익히도록 노력해야 하는데… 놀러 나온 것처럼 일하고, 협력업체 사람들한테 짜증 내고… 이러다 저희까지 욕먹는 게 아닌지 걱정돼요.

아래 제시된 답지에 부하직원인 홍나연 대리의 동기부여 방안을 수립하여 작성하여 주시길 바랍니다.

홍나연 대리 동기부여 방안

아래 제시된 답지에 부하직원인 홍나연 대리의 동기부여 방안을 수립하여 작성하여 주시길 바랍니다.

답지 작성에 수고하셨습니다. 위의 과제에 적합한 예시답지를 제시합니다. 참조하여 주십시오.

홍나연 대리 동기부여 방안 답지

◎ 상황 개요
부서 내 홍나연 대리의 어려움 해소와 동기부여를 위한 방안을 제시함

◎ 현황
- 홍나연 대리는 출산휴가 복귀 이후 구성원들과의 관계와 업무 적응에 어려움을 느끼고 있음
- 구성원들 또한 홍대리의 업무에 임하는 자세 때문에 거리를 두고 있는 상황임

◎ 해결방안
※ 홍 대리에 대한 조치(이메일 송부)
홍 대리, 늘 수고가 많습니다.
홍 대리께서 구성원들과의 관계에서 왕따라 느꼈다면 매우 유감스러운 상황으로 시급히 해소되어야 할 사안입니다.
쾌활한 홍 대리의 성격을 감안하면 '답답하고 서운한' 마음이 컸을 것으로 생각되어 다른 부서원들과의 자리를 빨리 마련하겠습니다.
대화를 통해 상호 간에 바라는 관점을 이해하고 공감하다면 현재 발생하고 있는 문제들은 해소될 수 있을 것이라고 판단됩니다.
다만, 홍 대리께서도 구성원들이 왜 이런 행동을 보이는지에 대해 고민을 해야 한다고 생각을 합니다. 출산 휴직으로 인한 업무 공백은 충분히 공감이 됩니다만 업무에 좀 더 몰입하는 모습을 보여 주었으면 합니다. 우리 부서는 상호 간에 역할을 충실히 해주는 것이 꼭 필요합니다.
- 제가 제시하는 방안으로는 홍 대리가 동의한다면 제가 멘토링을 실시하였으면 합니다.
- 멘토링은 격주로 전체 2개월간에 걸쳐 진행을 하고,
- 내용은 역할과 책임의 명확화, 선배 사원으로서의 바람직한 행동, 신뢰관계 구축 방안 등입니다.
제가 출장을 다녀온 후 같이 자리를 만들어 자세히 이야기를 나누었으면 합니다.

※ 김윤희 사원에게 메일
전 부서원들이 함께 할 수 있는 워크샵 운영계획을 부탁드립니다.
윤희 씨도 알다시피 최근 홍나연 대리의 복직 이후 부서의 분위기가 좋지 않은 것 같아 이를 해소할 수 있는 대화와 상호 역할을 명확히 하는 자리가 필요합니다. 내가 출장을 다녀온 후 바로 진행될 수 있도록 전 구성원들의 일정을 확인하고 참여할 수 있도록 일정과 장소를 수립하여 보고하여 주세요.
그럼 출장 중에도 괜찮으니 메일로 부탁합니다.

6 고객만족(고객지향)

> 고객만족은 모든 조직의 구성원들이 반드시 지녀야 하는 매우 중요한 역량입니다. 그러나 역량평가 장면에서는 활용빈도가 높지 않은 것이 현실입니다. (고위공무원단과 건강보험공단 그 외에 몇 개 기관에서 평가역량으로 제시하고 있습니다). 이는 대인(고객)관계 관점에서 의사소통 등의 역량을 분류하는 경우가 있어서 그렇다고 판단합니다. 본 편에서는 순수한 의미의 고객만족을 중심으로 구성하였고, 마지막 편인 〈의사소통〉을 참조하여 주십시오.

(1) 고객만족

고객만족이란 고객이 만족하는 상황을 의미합니다. 고객의 정의부터 소개를 한다면 고객(Customer)은 '화폐나 다른 가치 있는 대상을 지불하고 공급자나 제조자로부터 얻는 제품, 서비스나 아이디어를 구매하는 사람이거나 집단'[30]입니다. 그러면 여러분들이 많이 들어보신 소비자(Consumer)와 고객의 정의는 어떻게 다를까요?

소비자의 의미는 상품이나 서비스를 소비(Consume)하는 사람으로 가치 있는 대가를 지불하고 상품을 구입하거나 서비스를 제공받는 일반대중 구매층을 말합니다. 고객은 실제 상품을 구매한 거래고객이나 곧 구매가 예상되는 가망고객을 포함한, 마케팅의 대상으로 구분된 소비자층(Targeted Consumer)이라고 보면 됩니다.

다르게 표현하면 소비자는 상품의 일반 구매자이고 고객은 브랜드와 감정적, 이상적 관계를 가진 동반자라고 할 수 있습니다.

또한 고객은 내부고객과 외부고객으로 나눌 수 있는데 위에서 언급한 고객의 정의는 외부고객을 언급한 것입니다. 내부고객은 '외부고객에게 제공될 서비스나 제품(가치)을 생산하는 내부 종업원'을 칭합니다.

고객만족(Customer Satisfaction)이란 '고객이 제품이나 서비스에 대해 원하는 것을 기대 이상으로 충족시켜 감동을 줌으로써 고객의 재구매율을 높이고 제품 또는 서비스에 대한 선호도가 지속되도록 하는 상태'를 말합니다. 구매한 제품이나 서비스가 기대한 것보다 훨씬 마음에 든다면 그 고객은 재구매할 가능성이 커집니다.

무심코 들어간 치킨집의 치킨(제품)이 기대 이상으로 맛있고, 새로 산 청소기(제품)의 디자인이 너무 마음에 들며, 시청의 민원실을 방문하였을 때 기대하지 않았던 공무원들의 친절함(서비스)이 있었고, 건강보험 관련으로 건강보험공단 지사 방문 시 주차장 시설이 편하고(서비스), 화장실이 생각 이상으로 깔끔하였을(서비스) 때 등 자신이 원하는 요구(Needs)를 넘어서는 제품이나 서비스의 질과 양을 느꼈다면 고객만

---
[30] 유순근, 《중소기업마케팅》, 북넷, 2016.

족, 고객감동이라고 할 수 있습니다.

일반적으로 고객만족을 고객접점에서 상냥하게 웃으면 서비스를 잘 제공하는 고객만족이라고 생각하는 분들이 많습니다. 하지만 이는 고객만족의 3가지 요소 중 하나만을 이야기하는 것입니다. 고객만족을 실현하기 위해 필요한 3가지의 기본적인 요소는 첫 번째 하드웨어적(Hardware) 요소, 두 번째 소프트웨어적(Software) 요소, 세 번째 휴먼웨어적(Humanware) 요소를 말합니다.

- 하드웨어 요소: 접근성(주차장, 대중교통이용 용이성 등), 편의시설(화장실, 유아놀이방 등), 인테리어, 분위기 연출 등을 의미합니다. 오래전에 지방으로 내려간 모 공공기관을 찾았을 때 고객들의 주차장은 지하에 있었습니다. 가장 주차하기 편안한 곳은 임원들의 전용 주차장으로 활용됨을 보았을 때 그 기관의 고객에 대한 인식수준을 바로 알 수 있었습니다.

  이렇듯 고객들이 찾아오기 쉽게 위치를 잘 갖추는 것부터 차를 가지고 오는 고객들을 위한 주차장 시설, 대중교통수단을 이용하는 고객들을 위한 동선관리와 매장이나 민원실을 찾았을 때 객장 내의 이미지, 화장실 등의 편의시설의 구비 등은 고객만족의 핵심적인 요소입니다.

- 소프트웨어 요소: 객장에서 취급하는 제품과 서비스 프로그램의 양과 질입니다. 컴퓨터 매장이라면 컴퓨터의 성능과 디자인이 좋아야 합니다. 공공서비스를 받고자 하는 민원인이라면 고객이 요구하는 정보나 서류를 신속하게, 리드타임(Lead time, 최종 소지자에게 제품이나 서비스가 전달되기까지의 각 설정범위의 소요시간)을 최소화하여 제공하느냐에 달려 있습니다.

  고객들의 요구를 면밀히 파악하여 고객이 만족하는 제품을 만드는 것은 이제 기본에 가까우며, 신속한 제품의 배달 여부가 제품 구매의 중요한 요소로 작용하고 있습니다. 온라인 쇼핑몰을 운영하고 있는 '쿠팡'은 총알배송이라는 전략으로 고객에게 전달되는 시간을 최소화하고 있습니다.

  시민들이 시청에 허가를 신청할 때 신속하게 제공하는 것은 서비스의 질을 의미합니다. 그러기 위해 많은 기관들에서 업무수행절차(Business Process)를 단축하기 위해 많은 노력을 합니다. 고객들은 객장 또는 매장에서 제품 또는 서비스를 구매하게 되는데 제품이나 서비스의 양과 질이 좋지 못하면 결코 고객만족은 달성될 수 없습니다.

- 휴먼웨어 요소: 객장이나 매장에서 일하고 있는 사람들이 보이는 서비스마인드와 접객서비스 행동, 매너 등을 말합니다. 항공사 승무원들이 보여주는 깔끔한 복장과 고객 관점에서의 서비스 행동은 많은 교육훈련의 결과임을 알 수 있습니다. 최근에는 민간이나 공공부분 가릴 것 없이 고객에 대한 마인드 교육과 접객요령 훈련은 일상화되어 있다고 해도 과언이 아닙니다. 그러기에 과거에 문턱이 높던 정부기관들의 공무원들도 최근에는 국민들과 눈높이를 같이하여 섬기는 모습을 자주 볼 수 있습니다.

고객들은 접점에서 15초 내에 제품이나 서비스를 판단한다고 하는데 이를 '결정의 순간(MOT, Moment of Truth)'이라고 합니다. 넓은 주차장과 객장 들어설 때의 깔끔한 이미지, 고객을 정성으로 모시려 하는 종업원의 태도에서 고객은 무의식적으로 좋고 나쁨을 판단을 합니다.

카페의 경우 고객접점인 MOT는 어떤 것들이 있을까요? 카페 외관을 봤을 때, 안으로 들어올 때, 메뉴판을 볼 때, 카운터에서 커피를 주문할 때, 커피를 받아갈 때, 자리에 앉을 때 등등 카페라는 한 공간에서도 수많은 결정적 순간이 존재합니다. 커피숍 브랜드인 '스타벅스'는 고객이 카운터에서 직원에게 커피를 주문할 때에 집중하여 MOT 마케팅을 펼칩니다. 그들은 고객들에게 '스타벅스'라는 브랜드보다는 '스타벅스 경험(Starbucks Experience)'이라고 부르는 감성이나 정서적 측면의 독특하고 차별화된 경험을 전달했고, 이러한 경험을 통해 축적된 소비자와의 관계는 스타벅스 브랜드만의 경쟁우위 요소가 되었습니다.

그들은 고객과의 MOT를 중시하였고, 브랜드 커뮤니케이션 광고가 아닌 매장 위치(하드웨어), 커피 제품(소프트웨어), 바리스타(Barista, 스타벅스에서 일하는 사람, 휴먼웨어), 그들만의 독특한 매장 분위기(하드웨어), 다양한 문화행사와 프로모션(소프트웨어), 타 브랜드와의 제휴 등을 통해 고객만족을 실행했다는 점에서 차별화됩니다.

위의 세 가지 중 어느 하나도 중요하지 않은 요소는 없습니다. 3요소가 3박자를 잘 갖추어 아름다운 하모니를 만들어낼 때 비로소 고객을 만족시키고, 나아가서는 고객감동이 이루어지게 됩니다.

외부고객만족을 위해 위에서 언급한 3가지의 요소 외에 꼭 필요한 또 하나의 관점이 있습니다. 내부고객만족입니다. 정부기관이나 기업이 경쟁력 있는 노력을 바탕으로 고객들이 원하는 제품이나 서비스를 만들었음에도 불구하고 실패하는 사례가 종종 있습니다. 많은 이유가 있겠지만 그중 하나가 바로 내부고객을 만족시키지 못했기 때문입니다.

특히 정부(공공)기관이나 서비스 기업의 경우, 내부고객 자체가 고객들이 서비스를 만나는 접점이기 때문에 실제적인 제품이라고 봐야 하는데, 내부고객을 제대로 만족시키지 못했다는 것은 제품을 제대로 만들지 않은 것과 같은 의미가 됩니다. 내부고객의 중요성을 알고 있는 최고책임자들조차도 내부고객들에게 적절한 보상이나 서비스에 관한 교육과 훈련을 시키면 다 되는 것으로 아는 경우가 많습니다. 내부고객에 대한 자세는 이러한 관리 차원을 넘어서 외부고객을 만족시키는 것처럼 고객만족의 차원에서 생각해야 합니다. 왜냐하면, 외부고객 한 명이 서비스에 불만을 느끼는 경우보다 내부고객 한 명이 조직에 불만을 느끼는 경우 기업과 기관에 영향이 훨씬 클 수 있기 때문입니다. 삼성에버랜드 서비스아카데미의《에버랜드 서비스 리더십》에 의하면 내부고객의 불만은 실제로 다음과 같은 문제점을 발생시킨다고 합니다.

첫째, 회사에 불만을 느끼는 직원은 자사의 제품을 포함한 기업에 대한 불만을 주위 사람에게 이야기할 것입니다. 이 경우 그 회사의 직원이 하는 말이기 때문에 불만은 훨씬 설득력 있게 전파됩니다.

둘째, 그 직원은 최선을 다해 업무를 수행하지 않는 경향이 있습니다. 불만을 가진 직원에게 효율적이고 자신의 성의를 다하는 업무를 기대한다는 것은 불가능할 뿐 아니라 창의성과 자율성이 보다 중요해지는 현재의 업무 패턴대로라면 그 차이는 점점 더 커질 것입니다.

셋째, 조직 분위기가 악화됩니다. 조직의 업무는 조직 구성원들의 협력과 조화를 통해 이루어집니다. 그런데 불만을 느낀 직원이 한 명이라도 있다면 원활한 업무수행에 차질을 빚을 뿐 아니라 불만의 분위기까지 다른 직원에게 전염됩니다.

넷째, 불만 고객의 양산입니다. 서비스 기업에 종사하는 직원이 회사에 대해 불만을 느끼고 있다면 자신의 불만을 고객에게 전가시키는 경향이 있습니다. 이처럼 기업에 불만을 가지고 있는 직원에게 고객만족형 서비스를 기대하기란 어렵습니다.

다섯째, 많은 비용이 발생합니다. 불만을 가진 직원은 이직률이 높습니다. 이직률이 높다는 것은 그만큼의 비용이 발생한다는 것을 의미합니다. 이직으로 인한 업무공백으로 발생하는 비용, 신규로 직원을 채용하는 데 발생하는 비용, 그리고 채용한 신규 직원에게 업무를 숙달시키기 위해 발생하는 교육비용 등 여러 가지 추가 비용이 발생합니다.

이처럼 불만을 지닌 내부고객이 기업에 미치는 부정적 영향은 매우 큽니다. 그렇다면 내부고객의 만족을 위해서는 무엇을 해야 할까요? 그 대답은 의외로 쉽습니다. 고객만족을 위해서 해야 하는 일이 서비스이듯 내부고객도 고객이므로 서비스를 통해 만족을 만들어내면 되는 것입니다.

내부고객의 만족을 위해서는 누구보다 기업의 리더가 먼저 움직여야 합니다. 리더의 임무는 고객만족형 서비스를 통해 부하직원의 만족을 창출해 내야 하는데 만족을 느낀 내부고객만이 외부고객에게 감동을 전달할 수 있음을 명심해야 합니다.

성공하는 리더는 고객만족형 서비스를 내부고객에게 제공했는가, 아닌가의 여부로 판가름 난다고 말해도 과언이 아닐 것입니다. 리더라면 자신의 내부고객인 부하직원을 진정한 내 고객으로 생각을 하고 있는지 그리고 그들의 만족을 위해 고객만족형 서비스를 하고 있는지에 대한 스스로에 물음에 항상 'Yes'라고 대답할 수 있어야 합니다. 많은 기업들은 고객만족을 위해 내부고객의 노동강도를 높이거나 많은 규제를 두어 관리하려고 하는데 이는 결코 장기적인 고객만족을 이끌어낼 수 없습니다.

스타벅스는 단순히 직원에게 서비스 교육을 실시하는 것에 그치지 않고, 직원 스스로 스타벅스에 대한 주인의식을 가질 수 있도록 내부고객 마케팅을 추진하였습니다. 의료보험 혜택이나 스톡옵션 제도 등 복지제도를 풍성하게 함은 물론이고 직원이야말로 진정한 브랜드 홍보대사가 돼야 한다는 전략으로 하워드 슐츠(Howard Schultz) 회장은 내부 브랜딩 공간인 리더십 랩(Leadership Lab)을 마련하는 데 3억 달러를 투자하는 파격적인 행보를 보였습니다. 미국 휴스턴에 위치한 리더십 랩은 5,000그루의 커피나무에 둘러싸여 커피 원두 재배부터 생산 과정, 기업 미션과 다양한 업무의 의미와 가치 등을 생생한 전시와 공연을 통해 보여주어 스타벅스 테마파크라고도 불리는데 이곳은 직원을 교육하는 장소가 아닌 내부고객에게 브랜드를 파는 공간으로 정의됩니다. 스타벅스는 직원들이 브랜드 전도사가 되도록 하는 내부고객 마케팅을 통해 고객만족을 실천하고 있습니다.

힘듦을 느끼는 내부고객의 모습은 분명 외부고객에게 보이게 되어 있습니다. 수많은 최고경영자들이 업무효율화와 고객만족을 외치지만, 정작 내부고객의 만족에는 여전히 관심이 없는 것처럼 보이는데, 이것은 경영자들의 마음속에 돈을 받아야 되는 외부고객과는 달리 내부고객은 자신이 돈을 지불하는 대상이라는 근시안적 관점에서 관리의 대상으로만 생각하기 때문입니다. 이러한 생각에 머물러 있는 한 외부고객의 만족은 매우 제한적일 수 있습니다.

정부에서는 오래전부터 '고객만족행정'을 표방하며 다양한 혁신활동을 실시하고 있습니다. 민간부분과 공공부분의 고객만족의 개념은 차이가 있어 출발이 다름을 알 수 있습니다.

	민간부문	공공부문
고객	고객(Client)	시민(Citizen) 또는 국민
가치	Private value	Public Value
서비스품질의 결과	Customer Satisfaction	People Satisfaction
사회교환	상품, 재화, 금전 등의 유형자산	협조, 존경, 타협
고객만족의 결과변수	재구매, 구전	국민행복, 사회적 기여

(자료: Marion Loveday(1993) 외)[31]

이와 더불어 공공부분에 대해서도 고객만족도(PCSI, Public-service Customer Satisfaction Index) 조사를 실시하여 평가하고 있습니다. 이는 글로벌화와 지식정보화의 급속한 발전으로 국민들의 행정참여 욕구와 기대수준이 높아지고 있는 현실에 맞춰 행정도 모든 정책과 서비스를 고객중심으로 수행하는 패러다임의 변화가 이루어지고 있음을 의미하며 내부, 외부고객만족을 위한 다양한 CS 혁신을 민간부분에 견줄 정도로 적극 추진하고 있습니다.

과거의 패러다임	변화된 패러다임
• 공급자 지향적 행정 • 기관 주도형 행정 • 독점 행정 • 계층/수직형 행정 • 일방적 행정	• 수요자 지향적 행정 • 고객 참여형 행정 • 경쟁체제의 행정 • 파트너십/수평형 행정 • 쌍방형 행정

---

31) 공공기관 고객만족도조사 모델(PCSI)의 이해

PCSI 진단항목을 살펴보면 민간부분의 요소에 '사회적 만족(서비스 제공 기관의 사회적 책임 및 사회봉사 활동에 대한 만족도)' 영역이 추가되었음을 볼 수 있는데 측정항목으로는 '청렴성', '공익성', '사회봉사'가 있습니다.

인바스켓 역량평가 장면에서는 내부와 외부의 고객만족 수준을 모두 평가합니다. 고위공무원단 고객만족 역량은 '업무와 관련된 상대방을 고객으로 인식하고 고객이 원하는 바를 이해하고 그들의 요구를 충족시키려 노력함'이라고 정의하고 있고, 하위 지표로는 '고객의 요구파악', '고객요구 충족'으로 구조화하고 있습니다. 고공단의 평가에서도 내부/외부고객 모두를 만족시키는 데 초점을 맞추고 있습니다.

건강보험공단에서는 고객을 '회사 내/외에서 나의 일의 결과를 사용하는 사람'으로 정의하고 있고, 2직급의 고객만족 역량은 '고객만족을 향상시키기 위한 적합한 방안을 도출하고 실행 및 관리하는 역량'으로 정의하고 있으며 하위지표는 아래와 같습니다.

- 고객의 대상을 명확히 파악하고, 고객의 특성, 만족 및 불만족 요인, 니즈 등에 대해 폭넓게 정보를 수집, 분석하여 의미 있는 시사점을 얻는다.
- 고객에게 더 나은 가치를 제공하기 위한 다양한 아이디어를 제시하고, 구성원들의 고객만족 아이디어 도출 또한 촉진한다.
- 고객가치창출 방안들이 원활히 실행될 수 있도록 진행과정을 점검하고 관리한다.

인바스켓 고객만족 과제조치 시의 유의사항에 대해 말씀드리겠습니다. 고객만족은 기본적은 고객의 요구를 분석하는 것이 출발점입니다. 과제 내의 고객의 요구는 국민, 시민, 조직 구성원, 협력업체 등인데 그들은 불만이 쌓여 있다는 전제가 깔립니다. 그들의 불만 요인을 분석하는 것이 요구를 분석하는 작업입니다. 고객들의 불만은 크게 보면 위에서 언급한 하드웨어(Hardware), 소프트웨어(Software), 휴먼웨어(Humanware) 요소입니다. 과제 내의 불만사항은 다양하게 제시될 수 있는데 나열하지 마시고 3가지의 영역으로 정리하시면 깔끔합니다.

과제가 제시되면 일단 위의 3가지의 영역으로 과제를 바라보십시오. 그러면 훨씬 쉽게 요구사항들이 도출될 수 있고, 고객들이 제시하지 않은, 숨겨진 개선사항들도 찾아낼 수 있습니다. 그 후 불만을 해소할 수 있는 해결방안이 제시되어야 합니다. 현실과는 다르게 평가 상황에서는 고객의 요구사항을 모두 해결해주어야 합니다.

지금부터 예시과제를 풀어보면서 한 걸음 더 들어가 보겠습니다.

(2) 인바스켓 고객만족 과제

고객만족 예시과제

피평가자
고객지원팀 최태식 팀장

- 당신은 한라국민건강보험 한성지역지사 고객지원팀 최태식 팀장입니다.
- 지금은 2022년 01월 11일 오후 09시 12분입니다.
- 귀하는 고객지원팀 팀장으로서 한성지사 서비스의 고객만족 부문을 총괄하고 있습니다.
- 그러나 현재 한성지역지사의 허술한 업무처리 및 직원들의 불친절/불성실/무책임한 태도가 뉴스에 보도되고, 한성지역지사에 대한 안티사이트가 생기는 등 고객들의 불만족이 사례가 계속해서 증가하는 긴급한 상황입니다.
- 이에 본부장님은 상황이 매우 긴급하므로 귀하에게 민원대응 방안을 20분 안에 작성하여 보고해 달라고 지시했습니다. 20분 이내에 대응 방안을 작성해주시기 바랍니다.

● 자료#1 직원과의 대화

[1월 11일 오전 9시 10분]

이은석 차장:
팀장님! 고객지원팀 이은석 차장입니다.

최태식 팀장:
이은석 차장, 좋은 아침이네요.

이은석 차장:
네, 팀장님, 주말 잘 보내셨지요? 다름이 아니라 지금 긴급 상황이 터졌습니다.

최태식 팀장:
오 그래요? 무슨 일입니까?

이은석 차장:
혹시 어제 저녁에 뉴스 보셨습니까?

최태식 팀장:
아니오. 제가 어제는 석찬 모임이 있어서 보지 못했습니다만…

이은석 차장:
저도 모르고 있었는데 오늘 아침에 저희 부서 직원한테 전해 듣고 정말 깜짝 놀랐습니다. 이제 곧 본부까지 발칵 뒤집어질 것 같습니다. 게다가 방송에 보도된 지역 사무소가 저희 '한성'지사여서 더 큰일입니다. 무슨 보험공단 안티사이트까지 생겼다고 해서 들어가 보니 '한성'지역에 대한 불만이 장난이 아니더라구요… 정말 어떻게 무엇부터 해야 할지 답답합니다.

최태식 팀장:
알겠습니다. 빠르게 조치를 취해야겠네요. 안 그래도 2022년 민원대응만족도 조사 분석 결과를 검토 중이었는데. 우선 제가 어떻게 조치할지 다시 전화 걸어서 지시 내리도록 하죠.

이은석 차장:
네. 저희 부장님께도 우선 메일로 보고는 드렸고, 문자 메시지를 남겨두었습니다. 저도 입사 이래 이런 경우는 처음이라 정말 놀랐는데, 부탁드리겠습니다.

● **자료#2 지역 본부장의 이메일**

| 답장 | 모두 답장 | 전달 | 삭제 | 목록 보기 | 헤더 보기 | 인쇄 | 완전 삭제 |

제목	최팀장, 황정민 본부장입니다.		
보낸 사람	황정민 본부장 (한성지역지사)	**작성 일자**	2022.01.09. 10:06
받는 사람	최태식(한성지역지사 고객지원팀)		
내용	최 팀장, 황정민입니다. 갑작스럽게 일이 발생한 것 같아요.. 보고는 들었겠지만, 공단의 고객만족 문제가 도마 위에 올랐습니다. 지금 2022년 민원대응 방안을 수립 중인 것으로 아는데 시간이 없으니 20분 이내에 작성하여 보고를 부탁해요. 그리고 BCK 방송에서 나온 내용도 확인해주길 바랍니다. 그럼 20분 후에 사무실에서 봅시다. 황정민		

자료#3 관련 방송 보도 내용

앵커:
한라건강보험공단의 허술한 업무처리 및 직원들의 불친절/불성실/무책임한 태도 때문에 보험료 연체 등을 둘러싼 민원이 끊이지 않고 있습니다. 그런데 고지서에 찍혀 있는 번호로 아무리 전화를 해도 공단에서는 제대로 받는 일이 거의 없습니다.

카메라 출동, 박재훈 기자입니다.

기자:
한라건강보험공단의 '한성'지역 사무소입니다. 대부분의 자리가 비어 있고 그나마 있는 직원도 전화를 받지 않습니다. 바로 앞에서 전화벨이 울리는데도 받지를 않고 다른 직원과 계속 잡담입니다. 이 사무실에서도 직원들은 전화에 아랑곳 않고 기지개를 켜거나 잡담을 나눕니다. 4년 전 이미 냈던 보험료를 다시 내라는 고지서를 받은 이 주부는 이를 바로잡으려 전화를 했지만 통화가 안 됩니다.

이희정(인터뷰 현장에서 공단에 전화 연결 중):
(전화기 너머 공단직원) 지금 담당자가 통화 중입니다. 안내로 연결해 드리겠습니다.
(뚝) 끊어졌어요.

기자:
수십 통을 연달아 걸어 간신히 연결이 되더라도 여기저기 책임을 미루다 다시 끊어집니다.

조동인(인터뷰 현장에서 공단에 전화 연결 중):
(전화기 너머 공단직원) 여기선 모른다니깐 어떤 서류가 있는지.

기자: 민원인들의 불만은 폭발 직전입니다.

이희정: 화가 나죠, 진짜. 자기네들은 돈 받을 건 다 받아가면서….

조동인: 한마디로 농락당한 기분이 많이 듭니다.

기자:
인터넷 홈페이지에는 항의 글이 쇄도하고 있고 안티 보험공단 사이트까지 생겨나고 있습니다. 공단 측은 걸려오는 민원전화가 엄청나게 많은 데 반해 이를 받을 직원이 턱없이 부족하기 때문이라고 해명합니다.

성백길(한라건강보험공단 민원총괄부장):
하루에 지사에 5,000통 이상이 온다는 결과가 나오는 거거든요. 그러면 직원이 50명이 100통의 전화만 받고 있어도….

기자:
보험료를 조금만 늦게 내도 어김없이 체납고지서를 보내는 공단. 그러나 민원전화는 언제나 통화 중입니다.

BCK 뉴스 박재훈입니다.

● 자료#4 '한성'지역지사 민원대응 만족도 분석결과 (1)

고객 만족도 추이(%)

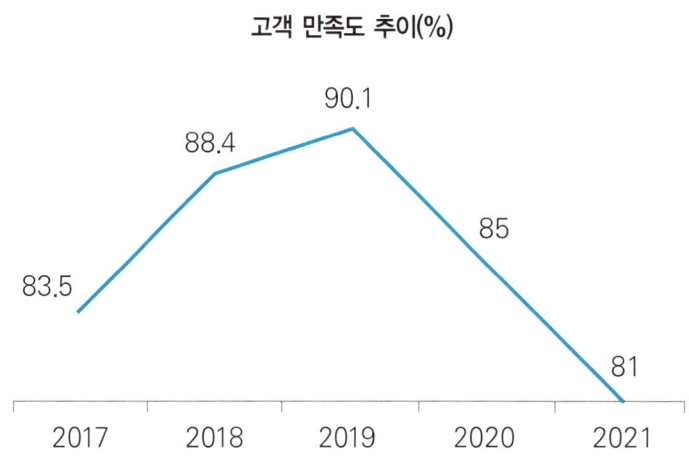

세부 항목별 만족도(%)

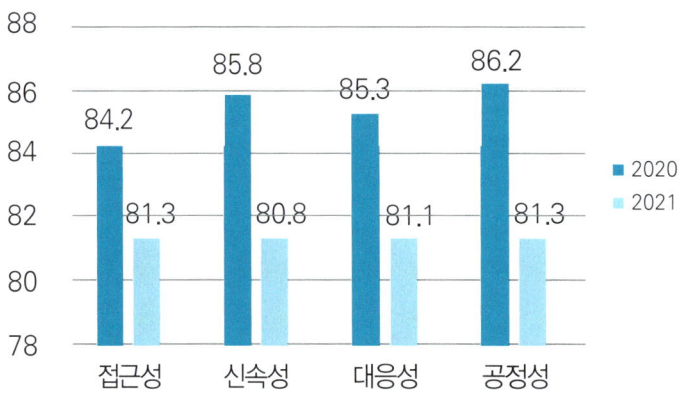

● 자료#5 '한성'지역지사 민원대응 만족도 분석결과 (2)

분야	주요 불만족 사유(사례 수)
일반민원 (전화/방문)	불친절한 응대(59)
	신속하지 않은 업무처리(35)
	전화연결의 어려움(30)
	민원 미해결(24)
인터넷민원	신속하지 않은 업무처리(52)
	민원 미해결(38)
	불친절한 응대(50)

분야	주요 건의사항(사례 수)
일반민원 (전화/방문)	친절성 제고(164)
	전화연결의 어려움 개선(162)
	신속한 처리 요망(118)
	대기시간 단축(81)
	자세한 설명 바람(43)
인터넷민원	신속한 처리 요망(131)
	인터넷 사용불편 개선(72)
	친절성 제고(102)
	자세한 설명 바람(39)

아래 제시된 답지에 고객만족 해결방안을 수립하여 작성하여 주시길 바랍니다.

최태식 팀장의 해결방안

아래 제시된 답지에 고객만족 해결방안을 수립하여 작성하여 주시길 바랍니다.

과제 수행에 수고하셨습니다. 아래는 본 과제와 관련하여 제가 작성한 답지입니다. 참조하여 주십시오.

● 최태식 팀장의 해결방안 답지

◎ 상황 개요
방송사로부터 한성지역지사의 고객만족 실태가 방송되는 등 한성지역지사의 고객불만족이 증폭되어 이에 대한 방안이 요구됨

◎ 현황
- 한성지역지사의 고객만족 지수가 계속 하락하고 있음
  - 2019년 85.1% → 2021년 75%
- 세부 항목별 만족도의 수준도 2019년에 비해 떨어지고 있음
  - 접근성, 신속성, 대응성, 공정성 수준의 떨어짐
- 한성지역지사의 전화응대의 수준이 매우 취약함
  - 불편한 응대, 신속하지 않은 업무 처리, 전화연결의 어려움, 대기 시간 단축 등 모든 분야에서 고객불만족 사례가 나타남
- 한성지역지사의 인터넷 대응 수준이 매우 취약함
  - 신속한 처리 요망, 사용불편, 담당자의 설명 부족 등의 사례가 나타남

◎ 문제점
- 교육훈련 미비
  - 직원들에 대한 고객만족 교육훈련이 미비하여 고객응대 능력이 떨어짐
- 인터넷 환경의 미비
  - 인터넷 환경에 대한 고객 불만족이 발생함
- 고객민원 신청처리 시간의 지연
  - 고객민원 처리시간이 길어 고객 불만족이 가중됨

◎ 목표
2022년 고객만족 지수 90% 이상 달성

◎ 개선방안
- 고객접점 및 비고객 접점 직원들을 대상으로 한 교육훈련 실시
  - 전 직원 대상 2일간의 집중 교육을 실시함
- 인터넷 환경의 개선
  - 고객의 요구를 기반으로 인터넷 편리성을 높이는 개선사업 실시
- 고객민원 처리시간의 단축
  - 내부 업무 프로세스를 개선하여 고객민원에 대한 원스톱 서비스 체계 수립

◎ 세부실행계획
- 교육훈련 실시(즉시 실행)
  - 2주 내 교육프로그램 및 강사 확정 및 순차적 교육훈련 실시
- 인터넷 환경의 개선(~2022년 3월 한)
  - 외주업체 선정 및 개선작업 시행
- 고객민원 처리시간의 단축(~2022년 6월 한)
  - 내부 업무 프로세스를 개선하여 고객민원에 대한 원스톱 서비스 체계 수립

◎ 성과점검방안
- 자체 고객만족 모니터링 실시
  - 내방 고객들을 대상으로 주기적으로 자체적인 설문조사를 실시하여 매월 보고

위의 과제에서 보듯이 고객만족의 관점은 인터넷 환경 등 하드웨어적(Hardware) 요소와 민원처리 시간의 단축 등을 말하는 소프트웨어적(Software) 요소, 고객접점에서의 고객응대 수준을 말하는 휴먼웨어적(Humanware) 요소를 기반으로 합니다. 고객만족의 세 가지 관점을 잊지 마시고 현업업무에서도 적용하시길 바랍니다.

7 변화관리(변화지향, 변화혁신)

> 변화관리와 혁신의 역량은 큰 범주에서 본다면 성취지향성의 일부 역량입니다. 변화는 좀 더 큰 성취를 위한 행동으로 변화혁신에 강한 사람들은 정보에 민감(Information Seeking)하고 변화를 추구(Change Management)합니다. 국내 역량평가 장면에서 고위공무원단, 서울시 사무관 승진 평가 등 여러 기관에서 사용되고 있습니다.

(1) 변화관리

인간은 환경변화에 적응하며 진화(변화)하였습니다. 역사적으로 인간에게 극한 환경이 많았지만 적응하기 위해 생물학적인 진화를 거듭하였고 변화에 적응, 극복하기 위해 도구(도끼 등)와 기술(증기기관차 등)을 개발하여 새로운 환경(집, 운하 등)을 창출하였습니다. 다른 동물들도 환경변화에 생물학적 진화를 하였지만 인간의 변화수준과는 비교할 수가 없어 많은
종들이 사라졌습니다. 인간은 변화관리에 성공한 유일무이한 존재로서 '만물의 영장'의 위치로 자리매김할 수 있었습니다.

변화관리(Change Management)는 변화를 감지하고 적응, 수용하며 창출하는 단계를 의미하는 것으로 조직경영의 필수기능으로 자리매김하고 있습니다.

변화를 감지한다는 것은 변화의 흐름을 파악하는 것입니다.
조선왕조가 일본에 흡수된 가장 큰 요인이 무엇일까? 하고 고민한 적이 있습니다. 개인적 생각입니다만 결정적 요인은 변화의 흐름을 파악하지 못했다는 것입니다. 일본은 메이지유신을 통해 변화혁신에 성공한 반면 조선왕조와 청나라는 세계적인 변화를 제대로 간파하지 못했고 결과적으로 민족사에 크나큰 오점을 남기는 역사를 만들고 말았습니다.

내외부의 환경변화에 대한 흐름을 파악하는 것은 조직의 흥망성쇠의 절대적인 요소로서 전략적 판단의 핵심입니다. 변화혁신은 이제 '선택'이 아닌 '필수' 사항이 되었습니다. 최근에 여러분들의 주위에는 어떤 변화가 다가오고 있나요?

'초연결성', '초지능화', '융합화'로 이야기되는 '4차 산업혁명'은 우리들의 삶에 많은 변화를 만들어낼 것입니다. 변화의 속도가 너무 빨라 예측하는 순간 이루어져버리는 현실은 무섭기조차 합니다.
전기차, 수소차, 무인자동차 등을 이야기하지만 조만간 출현할 드론카는 기존 인간사회의 질서를 많이 흔들어버릴 것으로 판단됩니다. 드론카가 상용화된다는 것은 '땅 위의 길(Way)'이 없어지는 현실을 만들어 낼 수 있습니다. 길은 사람과 사람을 연결하는 네트워크의 시초였습니다. 지상 위의 길이 없어지면 인간은 도구 없이 걸어서는 타인들과 연결될 수 없습니다.

또한 많은 산업들이 생겨나고 사라질 것입니다. 드론카는 배터리를 에너지원으로 사용합니다. 배터리 산업과 가벼운 무게의 신소재 사업은 성장을 할 것입니다만 타이어 산업은 사업전환을 하여야 할 것입니다.

조영태 서울대 보건대학원 교수의 연구에 의하면 2022년이 되면 청년실업률 제로 시대가 온다고 합니다. 과거에 인구의 공급이 넘쳐나고 수요가 부족해 취업이 어려웠다면 이러한 현상이 역전된다는 것입니다. 공급이 부족하고 수요가 넘치게 되어 청년들은 취업을 걱정할 필요가 없습니다. 일본에서 일어나고 있는 현상이 재현되는 것입니다.

국가적으로는 청년 취업난을 걱정하지 않아도 될 것입니다만 조직 내부에서는 어떤 현상이 벌어질까요? 정부나 기업에서 인재를 골라서 채용하던 시대에서 청년들이 기업과 정부기관을 고르는 현상이 발생하고, 지금의 조직 구성원들을 다루던 리더십으로는 양질의 인재들을 조직에 머물게 하기는 힘들 것입니다. 채용의 시스템이나 조직관리 리더십에 큰 변화가 있어야 합니다. 물론 외국의 인재들을 채용하는 방법은 있을 수 있습니다만 이 또한 큰 변화임은 분명합니다.

이러한 변화는 정부, 공공부분, 민간부분 등 사회 전반에 영향을 미칩니다. 경영학에서 경영전략은 기업의 생존을 가름하는 매우 중요한 이슈입니다. 전략의 기본이 무엇일까요? 이는 《손자병법》에서 나오는 '지피지기(知彼知己)'입니다. 여기에서 나오는 지피(地被)는 상대를 아는 것인데 환경적인 요소인 사회, 경제, 정치, 문화, 기술(PEST[32]) 등을 분석하는 것입니다. 변화흐름을 파악하고 이에 대응하는 것이 전략의 기본입니다. 최근 젊은이들 사이에 '욜로(YOLO, You Only Live Once, 인생은 한 번뿐)현상'이 나타나고 있습니다. 이는 소비자의 트렌드의 변화로 많은 기업들은 이에 맞추는 프리미엄 제품과 서비스를 개발하기 시작하였습니다. 변화를 읽고 이에 대응하는 모습입니다.

변화를 만들어내는 모습도 자주 볼 수 있습니다. 지금도 이어지고 있는 신도시 개발사업은 변화를 창출하는 과정입니다. 신도시 건설이라는 변화를 선도함으로써 기존의 패러다임(Paradigm)을 전환하는, 새로운 가치(Value)를 만드는 효과가 있습니다. 분당과 일산의 신도시가 들어섬으로써 서울시 인구 분산효과와 더불어 불모지와 다름없었던 지역에 새로운 가치를 만들어낼 수 있었습니다.

4차 산업혁명이라는 변화에 따를 것인가, 4차 산업혁명을 주도할 것인가는 차원이 다른 접근입니다. 최근 정부에서는 '세계 최초 5세대 이동통신(5G) 상용화 국가'가 되었다고 대대적으로 홍보한 바가 있습니

---

[32] PEST(Political, Economic, Social and Technological analysis)분석은 거시환경분석기법입니다.

다. 이는 무슨 의미일까요? 변화를 선도하겠다는 모습으로 생각됩니다.[33] 세계 5G 이동통신 시장규모는 2026년 전체 이동통신시장의 50% 수준인 1조 1,588억 달러에 이를 것으로 전망되고 있습니다. 이로 인해 유발되는 경제적 효과는 어마어마합니다. 2035년에 전 세계가 5G로 인해 얻을 경제적 효과는 12.3조 달러 규모로 예측됩니다. 이는 같은 해 전 세계 전체예상 GDP의 4.6%에 해당하며 총 2,200만 개의 일자리를 창출할 것으로 전망되고 있습니다.

- (초고속) 홀로그램, VR, AR 등 초고용량 콘텐츠를 이동 중일 때나 밀집지역(야구장 등)에서도 안정적으로 전송
- (초저지연·고지능) 자율주행차, 원격의료 등 저지연이 중요한 분야에 신뢰성 있는 서비스를 제공
- (초연결성) 에너지 효율이 높은 IoT 서비스로 스마트시티, 스마트홈, 대규모 센서 모니터링 등 새로운 시장이 창출될 것

미국보다 2시간 빠르게 세계 최초 5G 상용화 국가가 되었다는 것은 4차 산업혁명을 주도하겠다는 것을 의미합니다. 이렇듯 변화는 적응하고 대응하는 것도 중요합니다만 선도하는 것이 궁극적으로 요구되는 모습입니다.

변화관리를 추진할 때 구성원들과 이해관계자들은 변화를 거부하는 모습을 보입니다. 일상화된 삶에 새로운 변화를 주라는 것은 사람을 귀찮게 하는 요구일 수 있습니다. 심리학자들에 따르면 누구나 새로운 방식을 배워야 할 때, 일시적으로 무능하게 느껴지거나 유능한 집단에서 제외되고 자신의 기득권을 잃을 수 있다는 불안감을 갖게 된다고 합니다. 그 결과 변화가 필요 없다는 자기 합리화를 무의식적으로 강화한다는 것입니다.

미국 하버드대 교육대학원에서 성인학습 분야를 연구하고 있는 로버트 케건 교수는 사람들이 변하지 않으려는 이유를 무의식중에 자신의 에너지를 다른 곳에 쏟음으로써 변화와 경쟁하기 때문이라고 설명하였습니다. 물론 어려움에 처하고 있는 상황에서의 변화는 구성원들의 동의를 상대적으로 쉽게 끌어낼 수 있지만 안정적 운영을 하고 있는 조직에 변화를 주는 것은 구성원들의 저항을 불러냅니다.

하지만 작금의 변화관리는 선택 사항이 아닙니다. 안정적이고 번영하는 조직에서도 필수 사항입니다. 그래서 변화관리는 고통을 수반합니다. 변화가 완성되어 새로운 성과를 만들어내기까지 구성원들, 이해관계자들의 저항과 절망, 고통은 필연적으로 따라옵니다.

---

33) 산업연구 팀 연구위원 박선후, '5세대 이동통신(5G)이 가져올 미래', IBK경제연구소, 2018.

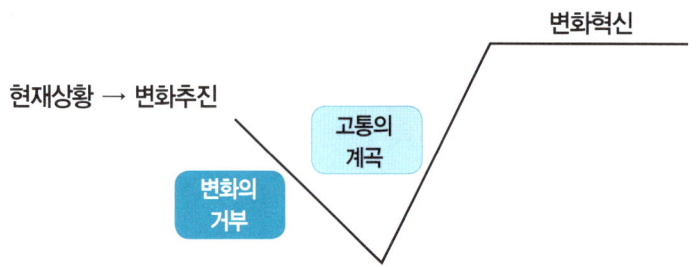

그래서 변화추진은 V 자 모양을 만들어내며 저점에 있는 상황을 고통의 계곡이라고 합니다. 변화관리는 고통의 계곡을 효과적으로 극복하느냐에 있습니다.

예를 들어 조직 내부에 새로운 성과관리 제도를 도입하는 것은 구성원들의 저항을 불러일으킵니다. 구성원들의 입장에서는 새로운 것을 배워야 하고 적응하기 위해 시간과 노력을 투자해야 하기에 '기존의 것도 잘되고 있는데 왜 새로운 것을 도입하여 또 다른 일을 만드는가?'라는 생각을 하게 됩니다. 변화의 저항입니다. 정부에서 시행하고자 하는 새로운 제도는 궁극적으로는 국민들의 삶을 행복하게 하고자 하는데 목적이 있습니다. 하지만 과정에서 많은 국민들은 익숙하지 않은 새로운 절차이기에 불편을 느끼고 불만을 만들게 됩니다. 고통을 느끼게 되는 것입니다.

하버드 대학 석좌교수인 존 커터 교수는 효과적인 변화관리를 위한 8단계 이론을 제시하고 있습니다. 위기사항에 놓여 있는 조직은 변화가 상대적으로 쉽습니다. 경영상황이 최악인 상황에서 정리해고는 구성원들의 동의를 쉽게 이끌어낼 수 있습니다. 그래서 일부 경영자들은 일부러 위기 상황을 만들기도 하는데 이는 자칫 리더십에 큰 상처를 남길 수도 있습니다.

변화혁신 추진 시에 가장 효과적인 방법은 소통입니다. 구성원 또는 이해관계자들과의 지속적인 소통을 통해 변화의지를 끌어낼 수 있습니다. 소통의 방법으로는 직접적인 대면을 통한 소통이 효과적일 수 있으나 경영자가 구성원들과 면대면을 실천하는 것은 많은 시간이 소요될 수 있습니다. 다른 방법으로는 교육훈련을 실시하는 방법이 있습니다. 지속적인 교육훈련을 통해 구성원들의 변화의지를 끌어내는 것도 일반화된 모습입니다. 그 외에도 다양한 이벤트를 통해 변화를 끌어내기도 합니다. 변화혁신 공모를 통하거나 슬로건을 제정하여 공표하는 등의 활동을 통해 변화의지를 공유하기도 합니다.

1. 위기 의식 고조	상황이 긴급하다는 사실을 절실히 느끼게 함으로써 실천적 행동 유도
2. 변화선도 팀 구성	능력과 기업에 대한 애착을 가진 사람들로 지도자 그룹 형성
3. 올바른 비전 성립	나갈 방향에 대한 큰 그림(비전)과 이를 이루기 위한 전략 수립
4. 소통과 비전 전달	조직 구석구석에 반복적으로, 솔선수범을 통해 비전 전파
5. 권한 부여	직원들이 넓은 범위에서 의사결정권을 가지도록 과감한 임파워먼트(Empowerment)
6. 단기성과 확보	단기적으로 눈에 보이는 성공체험으로 사기 진작과 도전적 열정 자극
7. 변화의 속도 유지	성공에 대한 자만과 안주를 경계하고 후속 변화 과제 도전
8. 변화를 기업문화로 정착	위의 일곱 단계가 확고한 조직 문화로 정착되도록 함

(자료: John P. Kotter, Leading Change, HBR Press, 1996)

그리고 단기적인 성과를 확보하는 것도 매우 중요한 요소입니다. 이러한 성공체험을 통해 구성원들은 변화의 효과를 느낄 수 있고 변화를 가속화할 수 있습니다.

이제는 인바스켓 평가 시의 대응에 대해 설명드리겠습니다. 아래는 인사혁신처 주관의 고위공무원단 평가에서의 변화관리 역량의 정의입니다.

> 환경변화의 방향과 흐름을 이해하고, 개인 및 조직이 변화상황에 적절하게 적응 및 대응하도록 조치함

인바스켓 평가 장면에서 변화관리 과제는 주로 구성원들이 변화에 거부하는 모습을 보입니다. 예를 들어 '김영란법 제도'를 새롭게 도입한 조직의 구성원들이 불만을 표시하는 상황이 있습니다.

"국장님, 대체 왜 그러시죠? 지금도 큰 문제가 없는데 새로운 제도를 도입하여 내부의 규정을 새롭게 만들어야 하고 관련 교육을 실시하는 등 구성원들을 귀찮게 하는지 모르겠습니다. 기존에 구성원들의 부정부패와 관련한 제도가 없었다면 모르겠는데, 기존에도 청렴제도를 통해 엄격히 관리하고 있었잖아요? 일을 또 하나 만드는 격이 되었습니다."

이러한 구성원들의 불만 표현에 여러분들은 어떻게 대처하시겠습니까?

구성원들의 일부 반발은 이해될 수 있지만, 김영란법의 도입은 궁극적으로는 구성원들을 위한 조치입니다. 부정부패가 끊이지 않으니 강력한 법을 통해 국민들로부터 공직자의 신뢰를 높이자는 의도인데, 초기에 나타나는 번잡스러움으로 인해 저항을 보인다는 것은 공직자로서 적절하지 못한 행동임을 여러분은 제시하여야 합니다.

"김 과장님, 과장님의 답답한 마음은 일부 인정이 됩니다만, 정부의 이번 조치는 궁극적으로 국민들로부터 신뢰를 높이자는 의도가 담겨 있다고 봅니다. 물론 과장님은 청렴하신 분이시니 이러한 제도가 필요치 않지만, 상식을 넘는 행동을 하는 공직자들이 아직도 존재하고 있어요. 정부의 변화의도를 잘 이해하고 공직자의 관점에서 수용하고 따라야 합니다."

또한 조직의 변화관리를 위해 필수적으로 수반되어야 할 것은 교육입니다. 변화를 체험하고 효과성을 검증하기까지는 시간이 필요한바, 사전에 교육을 통해 변화혁신의 목적을 설파하고 동의를 끌어내는 작업은 반드시 필요합니다. 그러기에 역량평가 장면에서도 변화를 유도하기 위한 교육은 필수적으로 제시되어야 합니다.

"과장님의 말씀을 들어보니 조직 내에 많은 구성원들이 과장님과 같은 생각을 할 수 있다는 생각이 듭니다. 차제에 변화관리 교육과정을 운영하는 것이 타당할 것 같습니다.
다음 주에 있는 부서 워크숍을 통해 2시간 정도 전체 국원들을 대상으로 이번 제도의 취지와 자세한 내용에 설명하고 동의를 끌어내는 과정을 진행하였으면 합니다. 과장님은 관련된 내용들을 준비하여 주십시오."

역량평가 장면에서 변화에 거부하는 구성원들에 대해 위의 정도의 대응을 해준다면 좋은 점수가 예상됩니다.

다음은 서울시 사무관 진급 역량평가에서의 변화관리 역량 정의와 세부적인 행동사례입니다.

> ● 변화관리 역량 정의
> 조직 내/외부의 행정관리 변화를 적극적으로 수용하여, 필요한 업무 개선사항을 제시하고 구성원들이 이 과정에 적극적으로 참여할 수 있는 분위기를 조성한다.
>
> ● 세부적인 행동사례
> – 조직 내/외부 환경변화를 인식하고, 변화가 발생하게 된 원인과 배경을 이해한다.
> – 변화에 따른 긍정적인 결과와 파급효과를 인식하고, 자신의 역할을 명확하게 파악한다.
> – 변화에 따른 다양한 이해관계자들의 입장을 이해하고, 변화에 저항하는 원인을 파악한다.
> – 변화의 필요성을 인식하고 이해관계자들을 설득하여 변화에의 참여를 적극적으로 유도한다.
> – 변화가 가지고 올 긍정적인 결과를 설득하고, 추진과정에서의 반발요소를 예측하여 대안을 제시한다.

서울시의 역량평가 장면은 주로 시민들이 시에서 실시하는 새로운 정책 또는 사업에 대해 반발하는 모습을 보입니다. 위와 같은 주제는 갈등관리 과제와 유사한 부분이 있습니다.

과거 청계천 복원 사업은 관련 상인들로부터 거센 반발에 부딪쳐야 했습니다. 새로운 변화를 거부한 모습이었습니다. 이런 변화거부의 행동에 대해 여러분들은 어떻게 대응하시겠습니까?

> - 상인들의 요구점을 파악한다.
> - 주요 이해관계자와 여론 주도자를 파악한다.
> - 상인들의 요구점에 부합하는 대응 방안을 수립한다.
> - 이해관계자 및 여론주도자들과 긴밀한 협력 및 소통체계를 구축한다.
> - 공청회 등을 통해 상인들과 수시로 대면하여 변화의 효과에 대해 구체적으로 설명하고 동의를 이끌어내기 위한 활동을 지속적으로 전개한다.
> - 상인들의 변화 거부 행동은 자연스럽게 받아들이며 변화가 가져올 이점에 대해 설명하고 설득을 끌어낸다.

위의 절차를 평가답지에 제공한다면 좋은 점수로 연결될 수 있을 것입니다.

역량평가대상자는 소속 조직의 리더로 성장되는 분들입니다. 변화는 선택이 아닌 필수임을 명심하시고 변화관리자(Change Agent)이자 변화리더로서 역량을 발휘해주시길 바랍니다.

지금부터 예시과제를 풀어보면서 한 걸음 더 들어가 보겠습니다.

(2) 인바스켓 변화관리 과제

● 변화관리 예시과제

피평가자
행정지원부 최태식 부장

- 당신은 한라연금지원공단 행정지원부 최태식 부장입니다.
- 지금은 2022년 1월 11일 오후 15시 11분입니다.
- 현재 한라연금지원공단은 전문성을 갖춘 구성원을 육성하고 선진적인 인사시스템을 구축하기 위해 이사장 주도로 외부 전문인력을 영입해 조직의 전문성을 높이고자 인사개혁을 추진하고 있습니다.
- 이에 기존 구성원들은 외부인력의 영입으로 자신들의 승진 기회가 줄어들 수 있다고 생각하여 반발하고 있는 상황입니다. 또한 기존 구성원들을 육성할 생각은 하지 않고 공공부문에 대한 이해도가 낮은 외부 전문인력을 영입하려는 시도에 대해 불만과 우려를 나타내고 있습니다.
- 귀하는 행정지원부 부장으로서 '외부 전문인력' 영입이라는 회사의 변화에 구성원들이 적응할 수 있도록 하여 선진적인 인사시스템의 목적이 실현될 수 있도록 관리해야 합니다.
- 구성원들의 불만을 최소화할 수 있는 방안을 20분 뒤에 있을 이사장 회의에서 발표해야 합니다.
- 20분 이내에 해결방안을 작성해주세요.

자료#1 이사장 발언

당사의 인사개혁 비전은 '능력을 갖춘 전문인이 국민을 향한 열정으로 소신 있게 일하고, 깨끗하고 효율적인 공단을 구현하는 것'입니다. 이를 위한 인사개혁 원칙으로 '청렴성과 전문성을 갖춘 전문인을 육성하며 공정하고 선진적인 인사 시스템을 구축하는 것'이라는 것을 분명히 전합니다.

최근 정부 및 고객들의 당사에 대한 기대 수준이 높아지면서 당사에서도 '전문성'이란 측면이 중요시되고 있습니다. 서비스 개발에서부터 대민 업무에 이르기까지, 이제는 기존의 관행과 절차가 아닌 전문적 소양이 필요한 때입니다. 당사의 인적자원도 경쟁력 강화를 위해서는 이제 내부적인 인력육성뿐 아니라 외부에서 전문인력을 과감하게 영입하는 것도 필요합니다. 외부 전문인력을 영입하기 위한 방안을 준비해서 보고해주시기 바랍니다.

(2022.1.10. 이사장 주재 간부회의 中 이사장님 말씀)

자료#2 이메일

| 답장 | 모두 답장 | 전달 | 삭제 | 목록 보기 | 헤더 보기 | 인쇄 | 완전 삭제 |

제목	외부인력 영입 반대의견		
보낸 사람	강성호 연금보장실 부장	**작성 일자**	2022.01.11. 10:30
받는 사람	최태식 행정지원부 부장		
내용	이번 외부인력 채용 건과 관련해서 내부적으로 반대의 목소리가 커지고 있어서 이를 부장님께 알리고자 합니다. 이번에 외부 충원되는 신규 인력이 주로 박사학위자 등 보험과 의료 부분의 전문가 중심이고, 특히 일선 부서에 배치한다는 소문이 돌면서 내부 구성원들이 동요하여 여러 가지 불만과 우려를 나타내고 있습니다. 조직 구성원들은 외부인력의 영입으로 자신들의 승진 기회가 줄어들 수도 있다고 생각하며, 내부 구성원들에 대한 자기 계발이나 전문적인 능력을 육성하고자 하는 지원도 하지 않으면서 무조건 외부 전문인력을 영입하는 것에 불만을 토로하고 있습니다. 노동조합에서도 외부인력의 공공부문 조직의 특성에 대한 이해 부족, 전문성이 부족한 내부 구성원의 업무 사기저하, 외부인력의 영입이 가능하거나 필요하다고 보는 업무의 특성 등에 대한 명확한 답변을 요구하고 있습니다. 염려되어 드리는 의견이지만, 제가 보더라도 이사장님이 말씀하신 외부인력 채용 건이 순조롭게 정착되려면 먼저 내부 구성원들의 인식변화와 불만 해소가 우선 필요하다고 생각됩니다. 의견을 참고하시고, 어떻게 추진할지에 대한 답신을 부탁합니다.		

아래에 제시된 답지에 외부인력 채용에 반대하는 직원들의 불만을 해소할 방안을 수립하여 작성하여 주시길 바랍니다.

● 최태식 부장의 변화거부 해결방안

아래에 제시된 답지에 외부인력 채용에 반대하는 직원들의 불만을 해소할 방안을 수립하여 작성하여 주시길 바랍니다.

과제 수행에 수고하셨습니다. 아래는 본 과제와 관련하여 제가 작성한 답지입니다. 참조하여 주십시오.

● 최태식 부장의 해결방안 답지

◎ 개요
- 이사장님이 조직의 전문성을 강화하기 위해 외부 전문인력을 영입하는 것에 대해 구성원들의 반발이 있어 이에 대한 방안이 요구됨

◎ 현황
- 조직 구성원들은 외부인력의 영입으로 자신들의 승진기회가 줄어들 수도 있다고 생각함
- 노조에서는 외부인력의 공공부문 조직의 특성에 대한 이해 부족에 대해 우려를 표함
- 노조에서는 전문성이 부족한 내부 구성원들의 업무 사기저하에 대해 우려를 표함

◎ 해결방안
- 전 구성원들을 대상으로 변화되는 환경에 대한 이해와 인사혁신의 취지 공유
    - 조직 구성원들을 위한 변화관리 교육훈련 실시
    - 전 구성원들을 대상으로 한 전문역량의 강화를 위한 교육훈련 체계 수립 및 교육 실시
- 인사제도 수립
    - 현 구성원들에게 인사적 불이익이 없도록 하는 인사제도 수립

◎ 실행계획
- 변화관리 교육훈련 실시(즉시 시행)
    - 전 구성원들을 대상으로 4시간씩의 변화관리 교육훈련 실시
- 조직 구성원들을 위한 전문 교육훈련 실시(~6개월 내)
    - 전 구성원들의 전문역량 강화를 위한 교육체계 수립 및 교육프로그램 완성
    - 구성원들의 요구에 기반을 두고 장기적인 전문교육 실시
- 인사제도 수립(~3개월 내)
    - 인사컨설팅 업체 선정 및 인사제도 수립

8. 조직문화(조직개발)

> 조직문화는 리더십의 결과라고 말합니다. 리더십의 궁극적인 목적은 성과입니다만 좋은 문화가 구성원들의 동기를 자극하여 성과 향상에 기여한다는 것이 최근의 기본이론입니다. 그러기에 리더십을 빼고 조직문화를 언급할 수 없기에 같이 제시됨을 미리 말씀드립니다. 조직문화 과제들은 건강보험공단 1급 역량평가에서 평가역량으로 제시되고 있습니다.

(1) 조직문화

조직문화(Organizational Culture)는 기본적으로 조직 내의 문화를 의미하기에 문화(文化)에 대한 이야기를 먼저 다루는 것이 타당하다고 판단됩니다.

문화를 설명하는 많은 이론이 존재하지만 문화는 '인간의 행동에 중요한 영향을 미치는 외적(환경적) 요인'이라고 정의하고 싶습니다.

인간의 행동은 개인이 가지고 있는 내적 특성인 '역량'과 외적(환경) 요인인 '문화'에 의해 결정된다는 것이 기본이론입니다. 내적 특성인 역량은 개인이 가지고 있는 지식과 기술, 신념과 가치관, 미션과 소질, 동기와 정서 등으로 개인이 내재하고 있는 모든 것을 말합니다. 이러한 내적 특성은 직업을 고르거나, 친구를 사귀거나, 배우자를 선택하는 등 인간의 모든 행동에 영향을 미칩니다. 여러분들은 역량평가를 대비하기 위해 본 책을 사서 읽고 계시는데 여기서 말하는 역량이라는 개념과 같은 의미입니다.

대칭적 관점에서 외적(환경적) 요소인 문화를 이야기할 수 있는데, 대표적인 예로 아리스토텔레스가 이야기한 '사회적 동물(Animal Socialis)'이 있습니다. 인간은 무언가를 위해서 '모이는 존재'라는 사실, 군집생활을 한다는 사실, 상호 부조하고, 조직을 구성하고, 때로는 경쟁과 투쟁을 전개한다는 사실을 가리키는 것으로 인간은 결코 혼자서 살 수 없다는 의미입니다. 인간은 '함께-있음' 속에서만 생존할 수 있고, '함께-있음'이라는 유일한 삶의 형식을 통해서만 존재할 수 있다는 생각이 그것입니다.

인간은 이러한 집단생활에서 타인들의 행동을 관찰하며 학습(Observational Learning)이 이루어집니다. 타인들이 모범이 되는 행동을 보여 상을 받게 되면 대리만족을 느끼며 그런 행동을 하고 싶어 합니다. 반대로 타인들이 체벌을 받게 되면 그러한 행동을 피하게 되는데 이러한 사회인지(Social Cognitive Theory)과정을 통해 행동의 원칙이 만들어집니다.

여러분들은 〈동기부여〉 편에서도 언급한 맹모삼천지교(孟母三遷之敎)에 대해 다 아실 것입니다. 맹자의 어머니가 맹자의 공부를 위해 세 번 이사를 했다는 격언인데 인간의 행동이 환경의 지배를 받는다는 하나의 사례입니다.

우리는 예비군 훈련장에서 인간행동의 변화를 금방 느낄 수 있습니다. 흐트러지는 모습이 일반적인 예비군들의 모습은 타인들이 하는 행동을 모방하는 좋은 예입니다. 평소에는 순응적이고 착한 사람도 타인들이 보여주는 자신감 넘치는 일탈의 모습을 보며 평소와는 다른 이른바 '개기는' 행동을 하게 됩니다. 이러한 행동은 다른 사람들에게도 전달되어 모든 이들이 유사한 행동이 보이게 되며, 이러한 행동들이 예비군 훈련장의 행동의 기준으로 정착되게 됩니다.

이것이 '문화'입니다. 예비군 훈련이 끝나고 일상으로 돌아온 사람들은 바로 원래의 모습으로 돌아오는데, 다른 문화로 오게 된 것이죠. 이때 예비군들은 달라진 환경에 맞추어 평소의 행동을 하게 됩니다.

이렇듯 문화는 인간의 행동에 매우 중요한 요소로 가정에서의 문화, 집단(종교모임, 사교모임, 운동모임 등)의 문화, 직장에서의 문화, 사회의 문화, 국가의 문화 등으로 우리는 많은 문화에 둘러싸여 있습니다. 문화의 특성에 따라 언어, 복장, 음식, 건물양식, 행동양식 등이 다릅니다.

사람이 두 명 모이는 순간부터 이들을 '집단'[34]이라고 합니다. 집단 내에는 반드시 공유된 행동의 기준이 있게 됩니다. 결혼을 하면 초기에는 부부 싸움도 많이 하는데, 이는 결혼하기 전 본인만의 익숙한 행동이 있기 때문입니다.

아내는 서구식의 외식을 좋아하고(시집을 오기 전 외식을 자주하였고, 서구식 음식문화를 좋아함) 남편은 집에서 아내가 해주는 된장찌개를 좋아한다면 상호 간에 기대하는 것이 다르기 때문에 갈등이 있을 수 있습니다. 하지만 어느 정도 시간이 지나면 합의에 의해 행동의 기준과 원칙이 만들어지게 되는데 이런 과정이 가족의 문화가 형성되는 단계입니다. 이러한 가정의 원칙은 자녀들이 태어나도 그대로 유지되고 자녀들에게 이러한 행동을 몸으로 보여주고, 또한 가르치게 됩니다.

집단 내에서 행동의 원칙과 기준이 되는 것을 '공유된 가치(Shard Value)'라고 합니다. 가치라는 것은 우리가 많이 쓰는 가치관(價値觀)이라는 단어로써 '가장 중요하게 여기는 그 무엇'을 의미합니다. 여러분들은 가족, 돈, 사랑, 명예, 성취 등 개인적으로 가장 중요하게 여기는 것들이 있습니다. 그것이 여러분들의 가치관입니다. 개인적으로 중요하게 여기는 가치관들이 있듯이 집단에서도 중요하게 여기는 것들이 있습니다.

가정에는 가풍(家風)이라는 가족의 문화가 있습니다. 어떠한 집안은 명예와 공부를 중시하고, 어떤 집안은 가난하게 살더라도 가족 간의 우애를 강조하며, 또 어떤 집안은 이익과 사욕을 중시하여 콩가루 집안이라는 불명예를 안고 삽니다. 이러한 가족 문화의 차이는 가족 내 공유된 가치의 차이입니다. 어떠한 집안은 명예라는 가치를, 다른 집안은 우애라는 가치를, 또 다른 집안은 이익이라는 가치를 공유하고 있기 때

---

[34] 집단과 조직은 개념은 다릅니다. 집단에 참가하는 사람들의 역할은 같을 수 있습니다. 산악회에 참여하는 회원들의 회장과 총무를 제외하고는 역할과 책임은 같습니다. 하지만 조직화(組織化)되면 구성원들은 각자의 역할과 책임이 존재하게 됩니다. 여러분들이 소속된 회사는 조직입니다. 그러기에 사장, 본부장, 팀장, 팀원의 계층과 영업, 생산, 경영지원, 연구개발 직능이 있습니다. 각자의 역할과 책임이 있습니다. 친교모임과 같은 집단은 원래는 비공식, 자발성 집단이었지만 조직화될 수 있습니다. 집단의 규모가 커지면서 효과적인 관리가 필요하여 회장단을 만들어 역할과 책임을 주었다면 조직이라 말할 수 있습니다.

문입니다. 여러분들의 가정에는 어떠한 가치가 공유되어 있나요? 이러한 가치들이 나의 행동과 의사결정에 얼마만큼 영향을 주었는지 생각해보시길 바랍니다.

세계적으로 유명한 맥킨지 컨설팅의 조직 내 역량진단을 위한 7S 모형[35]에서도 정점이 공유된 가치임을 말하고 있고 딜과 케네디$^{Deal\ \&\ Kennedy}$ 등의 많은 조직문화연구가들도 집단 내 가치가 집단 문화의 핵심임을 말하고 있습니다.

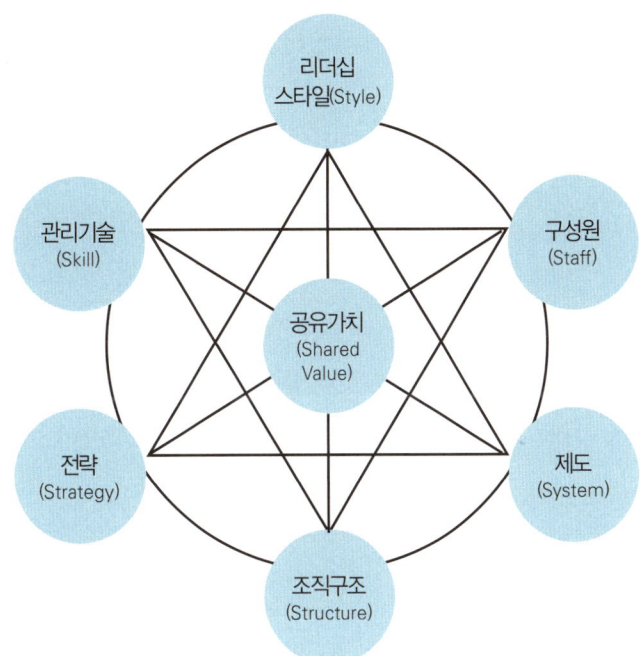

가정이라는 집단 외에도 사회적인 집단에서도 가치들이 존재합니다. 우리는 종교, 스포츠, 취미, 자기개발, 친교 등의 다양한 모임을 가입하고 활동을 하고 있습니다. 종교집단이 추구하는 가치는 평화, 사랑, 평안 등 대체적으로 일치합니다만 스포츠 모임들은 종목과 구성원들의 나이에 따라 많이 다릅니다. 예를 들어 축구는 팀워크를 중시합니다. 하지만 등산모임은 사교와 건강을 중시합니다. 여러분들은 이러한 모임에 가입을 했다가 탈퇴를 하며 그 이유로 '나와 맞질 않는다'는 표현을 쓰는데 이는 가치가 맞지 않는 것을 말합니다. 즉 가치의 충돌이 일어난 것입니다. 가치의 충돌은 이혼의 주된 사유이기도 합니다.

사회 구성원의 일원으로서의 여러분들의 가치가 모여 사회적인 가치를 만들어냅니다. 이것이 바로 '보편적 가치(Universal Value)'입니다. 보편적인 가치는 '사회에 공유된 가치'로서 그 사회의 질서를 만들어내는 기준으로 엄청난 힘을 지닙니다.

우리나라의 최상위법은 무엇일까요? 우리나라는 성문법을 가지고 있는 국가로서 헌법이 가치 판단에 최상위기준이 되어야 합니다만 실질적으로 이보다 높은 법이 있습니다. 바로 '국민정서법'입니다. 이는 사회

---

35) 맥킨지 컨설팅에서 개발된 조직이 최적화되기 위해 갖추어야 할 7가지 요소를 말한 이론으로 조직 진단 시에 활용되는 도구입니다.

구성원들인 국민들이 중요하게 여기는 것으로 강력한 가치이자 질서입니다. 실정법상 판결이 끝난 사건도 국민정서법에 걸리면 꼼짝 못 합니다. 몇 해 전에 모그룹의 회장님이 깡패들을 동원하여 폭행을 행한 사건은 유명한 일화입니다.

보편적 가치가 사회의 질서와 문화를 만드는 예로는 2000년대 초 IMF부터 긴급자금을 빌려 어려움을 겪던 당시 금 모으기 활동을 들 수 있습니다. 또한 태안반도에서 기름이 유출되었을 때 추운 겨울임에도 불구하고 전 국민들의 참여율은 엄청났습니다. 이러한 국민들의 행동은 어디에서 나온 것일까요? 그렇게 해야 될 것만 같은 느낌과 끌림이었을 것입니다. 그것이 바로 우리를 지배하는 '보편적인 가치' 즉, 문화입니다.

이처럼 국가 구성원들의 공유된 가치는 국가의 문화를 만들어냅니다. 각 국가들은 나름의 행동의 기준을 가지고 있습니다. 일본은 문화인류학적으로 매우 독특한 문화를 가진 집단입니다. 그중 본인의 배를 갈라서 자결하는 할복(割腹) 문화는 전 세계적으로 유일무이한 문화입니다. 일본인들은 할복을 전쟁에서 졌을 때, 사무라이가 자신의 결백을 증명하거나 명예를 입증하기 위해, 자신이 모시던 주군이나 주인이 사망했을 때, 남편이 사망하여 아내가 남편을 따라 죽어야 할 때 등에 자행하며, 이는 자신의 명예를 지키기 위한 행위입니다.

서구인들의 관점에서 할복문화는 상상할 수도 없는 기괴한 행동일 것입니다만 일본인들은 이러한 행동을 매우 명예로운 가치로 자랑하고 있습니다. 할복을 명예롭다고 생각하는 일본인들과 그러한 행동을 이해하지 못하는 서구인들의 행동은 어떤 문제상황이 도래하면 분명 다를 것입니다.

가족, 기업, 사회, 국가 등에 공유된 가치는 생각의 원칙으로 체화되어 이에 기반을 둔 행동을 보여줍니다. 즉, 행동양태가 다르다는 의미입니다. 행동이 다르다는 말은 '삶의 방식', '일하는 방식(Way)'이 다름을 말하고 삶의 방식과 일하는 방식의 다름은 결과에 많은 영향을 미칩니다.

제가 몸담았던 헤이그룹(Hay Group)에서는 조직의 문화(풍토)가 생산성에 30%의 영향을 미친다고 발표한 바 있습니다. 일사분란하게 조직의 성과달성에 노력을 경주하는 조직이 있는가 하면 복지부동하며 상호 간의 얼굴만 바라보는 조직들도 있습니다. 조직 내에 공유된 일하는 방식이 다르기 때문입니다.

삼성그룹의 창업주 이병철 회장은 '제일주의(第一主義)'를, 엘지그룹 창업주 구인회 회장은 인화(人和)를 가장 중요한 가치로 표방하였습니다. 그래서 그룹의 문화가 완연히 다릅니다. 또한 업(業)의 특성에 따라 가치가 달라집니다. 한국수력원자력의 가장 중요한 원칙은 '안전'입니다. 한수원에서 안전이 지켜지지 않는다면 국민들의 생명에 위협이 되기 때문이겠지요.

최근에 조직 경영자들은 생산성을 높이기 위해서는 조직문화에 의해 만들어지는 일하는 방식이 중요하다는 것을 인식하게 되었습니다. 이와 같은 현상은 많은 공공 부분 외에 사기업에서도 마찬가지입니다.

<주요 조직의 핵심가치 예시>

삼성그룹	한국전력공사	건강보험공단	안산시 공무원
• 인재제일 • 최고지향 • 변화선도 • 정도경영 • 상생추구	• 미래지향 • 도전혁신 • 고객지향 • 사회책임 • 소통화합	• 희망과 행복 • 소통과 화합 • 변화와 도전 • 창의와 전문성	• 소통 • 공정 • 열정 • 창의

핵심가치는 생각이 다른 수많은 사람들을 한 방향으로 모으는 원칙과 기준으로 조직문화개발의 지향점을 공표한 것입니다. 즉, 가정에서 가훈을 수립하여 벽에 걸어놓는 것과 같은 의미입니다. 지향하는 바와 실제 내재되어 있는 가치는 차이가 있을 수밖에 없습니다. 이를 극복하기 위해 조직에서는 문화의 방향성을 제시하고 이에 기반을 두어 생각하고 행동하라는 의미로 보면 됩니다.

존슨앤드존슨이 타이레놀 독극물 사건에 대처했던 사례를 보면 핵심가치의 중요성을 보다 쉽게 이해할 수 있습니다. 존슨앤드존슨은 1943년 사업 수행에 있어 가장 중요한 것이 무엇인지를 명확히 하기 위해 'Credo(우리의 신조)'를 정립하고 핵심가치로 공유해 왔습니다. 이런 과정을 탄탄하게 다져왔던 터라 독극물 사건이 발생했을 당시, 전 임직원이 Credo에 기반을 두어 위기대응 전략을 수립하고 일사분란하게 실행함으로써 회사의 피해를 최소화할 수 있었습니다. 모두가 우왕좌왕할 수 있는 시기에 핵심가치가 나침반 역할을 했기 때문에 가능한 일이었습니다.

조직은 기본적으로 조직의 태생 목적(Mission)과 비전(Vision)을 달성하기 위해 존재합니다. 비전을 달성하기 위해 전략을 수립하게 되고 성과를 관리합니다. 이러한 전략을 달성하기 위해 기업만의 고유한 가치와 일하는 방식을 제정하게 됩니다. 그것이 핵심가치(Core Values)입니다. 비전을 달성하기 위해 무작정 일을 하는 것이 아닌 그들만의 가치와 일하는 방식을 정해서 성과를 올리자는 의미로 보면 됩니다. 아래의 예는 국민건강보험의 비전하우스입니다.

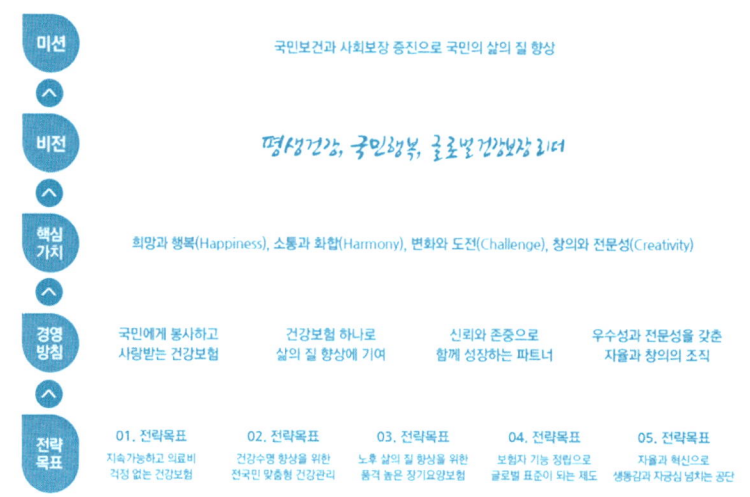

(출처: 국민건강보험)

　핵심가치가 지닌 의미를 잘 모르는 분들이 많은데 핵심가치는 조직이 지향하는 가치이고, 일하는 방식의 기준 즉, 의사결정의 기준이 되는 것입니다. 이는 문화개발의 지향점으로 조직이 지향하는 문화의 방향입니다. 조직개발의 목적입니다.

　이제부터는 한걸음 더 들어가 조직문화개발과 관련한 구체적인 내용들을 살펴보도록 하겠습니다.

　앞서 말씀드린 바와 같이 가정 내에는 가정의 문화가 있다고 말씀드렸습니다. 그렇다면 가정의 문화는 어떻게 만들어지는 것일까요? 문화는 어떻게 형성되는 것일까요?

　문화는 기본적으로 타인들이 하는 행동을 관찰하며 타인의 행동을 따라 하면서 구체화됩니다. 즉, 타인의 행동을 모방하는 것이지요. 이를 '누적적 학습과정(Accumulated Learning)'이라고 하는데 모방의 연속이 일어나면서 집단 내에서는 해야 할 행동(Do)과 하지 말아야 할 행동(Don't)이 구체화됩니다. 이러한 과정을 통해 가치가 형성됩니다.

　그렇다면 타인들 중 가장 영향력이 큰 사람은 누구일까요? 아마도 영향력이 가장 큰 사람이 보여준 행동이 가장 파급력이 클 것입니다. 여러분도 같이 생각해보실까요?

　여러분들은 회사에 입사하여 지금까지 타인들의 행동을 보며 모방학습과정을 통해 집단 내에서의 해야 할 행동과 하지 말아야 할 행동을 익히게 되었습니다. 누구의 행동이 가장 영향을 많이 미쳤나요? 아마도 집단의 '리더'겠지요?

　자녀들은 가정에서 엄마, 아빠의 행동을 모방하게 됩니다. 학교에서는 선생님과 친구들의 행동, 종교모임에서는 종교의 리더(목사님, 스님, 신부님 등)의 행동을 보면서 학습이 일어납니다. 조직 내에서는 팀장 혹은 선배 사원들이 여러분들의 주요 관찰 대상이 되었을 것입니다. 여러분들은 그들의 행동을 모방하면서 문제해결과 의사결정의 원칙을 익히게 되는 것이었습니다. 그렇다면 문화개발에서 가장 중요한 것은 무엇일까요?

그것은 바로 '리더십'입니다. 즉, 리더가 보여준 행동입니다.

여러분들은 부모님과 선생님들의 행동을 보면서 행동의 기본이 되는 가치관과 삶의 방식이 형성되었고, 사회적 모임에서는 선배 또는 주위의 동료들로부터 보편적 가치에 대해 학습되었습니다. 또한 직장에 들어와서는 선배 사원들 특히 팀장님들의 행동을 보면서 직장 내에서 어떻게 행동해야 하는지, 조직 내의 문화를 배웠습니다.

가정의 문화 형성에 절대적인 부분은 부모님들이십니다. 부모들이 보여준 행동들은 자연스럽게 자녀들에게 학습, 전이되어 자녀들의 삶의 경쟁력으로 나타납니다. 그러기에 가정교육이 가장 중요하다고 하는 것이겠지요.

사회적 리더들을 보면서 우리는 사회에서의 행동의 원칙을 세웁니다. 금 모으기, 태안반도의 기름때 제거 활동 등도 오랜 역사에서 리더들이 보여준 행동을 답습하는 과정이라고 말할 수 있습니다. 일본의 할복문화도 사무라이들의 행동에서부터 시작했다고 할 수 있습니다.

헤이그룹의 연구결과에 의하면 조직 내의 문화 또한 리더들이 보여준 모습이 70% 영향을 줍니다. '관리'라는 삼성그룹의 핵심가치를 만든 이는 이병철 회장이셨습니다. '인화'의 엘지그룹 또한 구인회 회장의 개인적인 가치관이 투영된 결과입니다. 한화그룹의 김승연 회장은 '신용과 의리'를 강조한 분으로 유명합니다. 이는 한화그룹 핵심가치의 기반이 되고 있습니다.

리더인 여러분들이 보여준 행동(리더십)이 조직의 '문화'를 만든다는 것을 잊으면 안 됩니다.

조직문화를 개발하기 위해서는 표방해야 할 핵심가치가 가장 먼저 만들어져야 합니다(경영이념 등 다른 용어로 표기하여도 상관은 없습니다). 핵심가치 내에는 구성원들의 행동으로 연결될 수 있도록 구체적인 행동규범과 매뉴얼이 포함되어야 합니다. 그런 다음 행동을 내재화하는 활동이 지속적으로 이어져야 합니다.

〈대우조선해양의 핵심가치와 행동규범〉

핵심가치		행동규범
신뢰와 열정	신뢰	• 기본과 원칙을 지킨다. • 근성과 끈기로 책임을 다한다. • 고객과의 약속은 지킨다.
	열정	• 청년정신으로 도전한다. • 솔선수범한다. • 끊임없이 배우고 익힌다.

핵심가치는 추상적이고 행동규범은 구체적임을 알 수 있습니다(행동규범은 일하는 방식으로 표현을 해도 상관이 없습니다). 제정된 핵심가치는 다년간에 걸쳐 구성원들에 대한 교육훈련과 캠페인, 핵심가치 실천 행동조사 등의 다양한 활동을 통해 내재화가 이루어져야 합니다. 여러분이 소속된 조직의 기업문화 부서에서 하고 있는 활동이 위의 활동이라고 생각하시면 됩니다.

핵심가치가 효과적으로 실행되기 위해서는 리더들의 행동이 매우 중요합니다. 리더들이 핵심가치에 기반을 두어 행동을 실천해야 함은 반드시 요구되는 리더십 덕목입니다.

인바스켓 과제 조치 시에는 공통자료 부분에 비전하우스가 있는 경우가 대부분입니다. 과제를 해결할 때 이 부분을 놓치면 안 됩니다. 비전하우스에 제공되는 핵심가치는 과제를 해결하는 기준점으로 삼아 조치해야 함을 명심하셔야 합니다. 관련된 과제를 같이 풀어보겠습니다.

(2) 인바스켓 조직문화 과제

● 조직문화 예시과제

피평가자
조직문화팀 이민진 팀장

- 당신은 샛별 특별시 인사과 조직문화팀의 이민진 팀장입니다.

- 지금은 2022년 12월 01일 오후 16시 30분입니다.

- 귀하는 인사과 조직문화팀의 팀장으로서 매년 샛별특별시가 시행하고 있는 GWP(Great Work-Place, 위대한 일터) 조성을 위한 활동을 기획하는 업무를 담당하고 있습니다.

- 샛별 특별시는 GWP 조성을 위한 활동의 일환으로 정기 GWP 조직문화 진단을 시행해 왔으며, 매년 그 결과가 공표되어 왔습니다. 인사과는 GWP를 기획하는 주무부서지만, 공표 결과 인사과의 조직문화는 다른 부서에 비해 낮은 수준으로 나타났습니다.

- 이에 인사과장은 귀하에게 인사과의 조직문화지수가 낮은 이유를 파악하고, 개선방안을 마련하여 금일 오후 17시에 가야 하는 지방 출장 전에 '부서별 GWP 추진계획 발표 대회'에서 발표할 인사과의 조직문화 개선방안 초안을 요청하였습니다. 20분 내로 개선방안을 작성해주시길 바랍니다.

자료#1 인사과장의 이메일

| 답장 | 모두 답장 | 전달 | 삭제 | 목록 보기 | 헤더 보기 | 인쇄 | 완전 삭제 |

제목	위대한 일터 만들기(GWP) 계획 수립의 건
보낸 사람	김경진 인사과장
작성 일자	2022.12.01. 16:10
받는 사람	이민진 조직문화팀장
내용	'2023년도 우리 행정국의 GWP 발표 대회'가 1월 12일에 예정되어 있다는 사실은 이미 공지되어 알고 계시지요. 특히 인사과의 조직문화가 다른 부서에 비해 낮은 수준이어서 과장으로서 조금 창피하기도 합니다. 진단 결과에 나타난 우리 과의 현상과 문제점을 잘 파악하여 훌륭한 개선방안이 나왔으면 합니다. 제1부시장님 참석하에 2023년도에 가장 먼저 행정국부터 'GWP 실천계획(안)'을 서로 선보이고 경쟁/발표하는 자리인 만큼, 우리 과 직원들의 창의적 실천 아이디어를 많이 수렴하여 잘 입안해주길 기대합니다. 일단 초안이 준비되면 저와 함께 미리 검토했으면 합니다. 출장을 간다고 들었는데, 출발 전에 간단히 보고해주기 바랍니다. 김경진

● 자료#2 GWP 관련 자료

샛별특별시의 GWP 활동 추진 내역

현 이강철 시장이 취임한 이후로, 샛별 특별시는 건강한 조직문화를 유지하기 위해 전력투구하고 있다. 이는 항상 '정책'과 '문화'의 양 수레론을 강조하는 시장의 리더십 철학에 따른 것으로 시 전체 차원, 각 부서(국/과) 차원에서 다양한 조직문화 활동을 전개하고 있다. 이에 GWP(Great Work-Place, 위대한 일터) 조성을 위한 활동의 일환으로 정기 GWP 조직문화 진단을 시행해왔으며, 매년 그 결과가 공표되어 왔다. 2023년도부터는 연말에 실시하는 '미래의 주인공'이라는 사내 모범사원 시상식을 아예 '위대한 일터(GWP)' 만들기 전진 대회'로 확대 운영하는 것으로 방침이 정해졌다. 이 행사는 연초부터 먼저 국 단위로 '부서 GWP 추진계획 발표 대회'를 개최하면서, 실천을 다짐하는 행사로부터 연도 활동을 시작하게 되어 있다.

◇ 5년째 매년 GWP 문화지수를 측정하여 왔음
◇ 설문 문항은 각 5점 척도이고, 12개 요소, 3대 영역, 전체 GWP 지수는 각 10점 만점으로 환산하여 사용함
◇ '위대한 일터(Great Work Place)' 운동은 이런 정기적 진단 결과를 근거로 팀원들의 자발적 참여와 계획 수립을 통해 전개되는 것이 특징임
◇ 매년 다양한 활동을 부서(국/과)별로 실시하고 그 결과에 따라 '우수 국/과'를 추천받아 포상함(차년도부터 기존의 '모범사원 시상식'과 통합)

(참고) GWP(Great Work Place)란

세계적 컨설턴트인 로버트 레버링(Robert Levering)에 의해 제시된 개념으로, 신뢰(Trust), 자부심(Pride), 즐거움(Fun)의 3대 영역에서 구성원들이 느끼는 긍정의 만족도가 클수록 '대단한 일터', '좋은 직장'이라고 한다.

자료#3 인사과 자료

[인사과]

- 인사과는 행정국에 속해 있으며, 4개 팀(인사기획, 인사, 교육, 조직문화) 38명으로 구성되어 있음
- 과 특성상 시장, 제1부시장에게 보고해야 하는 작업이 많지만, 특히 전년도 하반기 이후 최근 몇 달 동안에는 2023년 비전 수립 작업, 글로벌 경영 위기 극복방안 마련 등의 작업과 겹쳐 야근 등의 작업이 많았음
- 수시로 새로운 업무 지시나 업무 변경 등이 나타남
- 과장은 조만간 국장으로 승진되기 직전에 있으며, 강한 추진력으로 고위층의 지지를 받는 과장으로 사내에 알려져 있음

[시청 내 전반]

- '시청 전반에 걸쳐 높은 업무 강도와 더불어 지속적 시정 혁신과 비용 절감 활동에 따른 피로감이 많이 쌓여 있다'는 얘기가 직원들의 대화에서 자주 등장함
- 시청의 조직문화도 그동안의 노력을 통해 크게 개선되었지만, 아직도 전통적 관료주의의 특징이 많이 남아 있음

● 자료#4 GWP 진단결과

샛별특별시 인사과 GWP 관련 자료

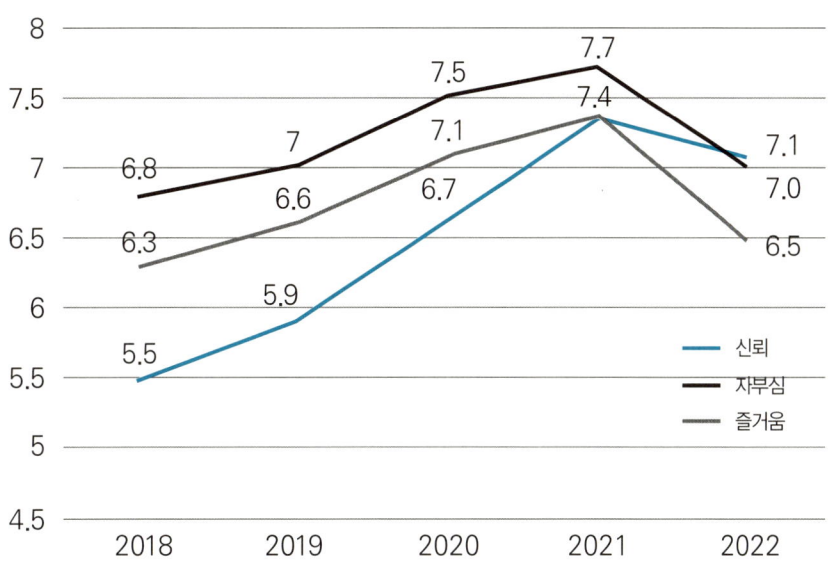

샛별특별시 인사과 GWP 지수(10점 만점)

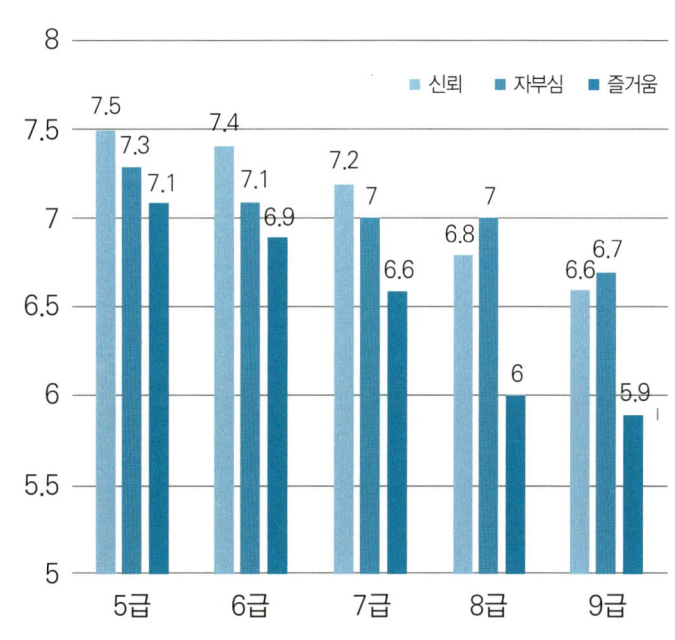

샛별특별시 인사과 계층별 GWP 지수(2022년도) – 10점 만점

행정국의 '부서별 GWP 추진계획 발표 대회'에서 발표할 인사과 자료의 초안을 작성하십시오. 진단 결과와 인사과 특성을 분석하고, 이와 연계하여 향후 '위대한 인사과 조직문화'를 만들 수 있는 창의적 실천 아이디어를 많이 제시해주시기 바랍니다.

● 이민진 팀장의 해결방안

행정국의 '부서별 GWP 추진계획 발표 대회'에서 발표할 인사과 자료의 초안을 작성하십시오.

과제 수행에 수고하셨습니다. 아래는 본 과제와 관련하여 제가 작성한 답지입니다. 참조하여 주십시오.

● 이민진 팀장의 해결방안 답지

◎ 상황 개요
- 당 샛별시에서 실시되는 위대한 일터 진단결과 인사과의 조직문화가 좋지 않은바 이에 대한 개선방안이 요구됨

◎ 현황
- 2021년 이후 GWP의 즐거움, 자부심, 신뢰 항목의 점수가 낮아지고 있음
    - 즐거움 7.7 → 7.1, 자부심 7.4 → 6.5, 신뢰 7.4 → 7.1
- 인사과의 진단 결과가 낮게 나타나고 있음
- 하위직급으로 내려갈수록 조직문화 만족도가 낮음

◎ 문제점
- 강한 업무강도
    - 최근 몇 달 동안에는 2023년 비전 수립 작업, 글로벌 경영위기 극복방안 마련 등의 작업으로 야근 작업이 많았음
    - 시청 전반에 걸쳐 지속적 시정 혁신에 따른 높은 업무 강도와 비용 절감 활동으로 피로감이 많이 쌓여 있음
- 리더십 부족
    - 강력한 추진력을 지닌 과장이 수시로 새로운 업무나 업무 변경 등을 지시함
    - 조직 내에 잔재된 관료주의

◎ 목표
2023년 하반기 시청 내 최우수 GWP 최우수과 수상

◎ 해결방안
- 업무강도 개선
    - 조직자원의 효율화를 통한 야근 작업 등 업무시간 외 추가업무 최소화
- 리더십 개선
    - 즉시성 변화업무를 최소화하는 계획적 업무 추진을 과장님에게 진언함

9 조직관리(자원효율화)

조직관리는 광의적 의미로 본다면 조직 내에 있는 모든 자원을 관리하는 것을 의미합니다. 이는 인적 및 물질적 자원 전체를 말할 수 있는데 역량평가 장면에서는 인적자원관리 즉, 리더십과 부하 동기부여 부분은 별도의 역량으로 평가를 합니다. 이에 본 장은 조직 내의 인적 및 물리적 자원 관리의 효율화 측면에 초점을 맞추고 작성되었음을 말씀드립니다. 그리고 본 장은 〈성과관리〉, 〈리더십〉 편과 연계되어 있음을 말씀드립니다.

(1) 조직관리

아래는 인사혁신처의 과장급 역량 중 조직관리 역량의 정의입니다.

> "전체 조직, 각 부서 간의 관계를 고려하여, 목표달성을 위한 실행계획을 수립하고 필요한 자원을 확보하여, 업무를 배분하고 조직화하는 역량"

기본적으로 관리(Management)의 사전적 의미는 '어떤 조직이나 어떤 것을 효율적으로 운영하다'입니다. 그런데 영어로 매니지먼트는 경영이라는 의미를 같이 내포하고 있습니다. 그럼 경영(經營)과 관리(管理)는 어떻게 구분할 수 있을까요? 경영은 조직이 나아가야 할 목적과 방향, 목표를 설정하는 것이고 관리는 그 목적과 목표를 효율적으로 달성하기 위해 조직 내의 여러 자원을 배치, 지시, 감독하는 것을 말합니다. 경영은 관리보다 상위적인 개념으로 경영자라고 하면 사장, 전무, 상무 등 임원급을 말하는 반면 관리자는 실무를 지휘하는 팀장급을 말합니다.

'조직관리' 하면 '과학적 관리법(Scientific Management)'의 시초인 테일러리즘(Taylorism)을 말할 수 있습니다. 이는 경영의 초기인 20세기 초부터 주목받은 경영기법으로 이 이론의 핵심 목표는 경제적 효율성, 특히 노동생산성 증진에 있었습니다.

비슷한 시대에 프랑스의 경영자인 페욜(Henry Fayol)은 6대 경영활동 중 관리활동 5대 요소를 아래와 같이 설명하고 있습니다.

- 계획: 미래에 대한 탐색과 활동계획의 수립
- 조직: 기업의 물질적 및 사회적 조직의 구성
- 명령: 종업원에 대한 지휘기능
- 조정: 모든 활동과 노력을 결합, 통일, 조화시킴
- 통제: 이미 확정된 규정이나 기준, 명령에 따르도록 감시

여기에서 말하는 '계획'은 조직이 존재하는 이유인 미션과 비전, 목표와 활동계획을 수립하는 것을 말합

니다. 모든 조직은 조직화 목적이 있습니다. 그리고 달성하고자 하는 비전과 목표를 수립하는 단계를 거쳐 가는데 비전과 목표에 따라 요구되는 '조직'과 '자원'은 달라집니다.

삼성전자는 반도체 사업에 천문학적인 투자를 합니다. 투자를 하는 데 있어서는 분명한 목적이 있고 단계별 달성하고자 하는 목표가 수립되어 있습니다.

목표가 수립되고 나면 그 목표를 달성하기 위한 구체적인 자원과 조직을 구조화합니다. '조직화 단계'를 말합니다. 목표달성을 위한 공장의 규모, 위치, 설비의 규모 등에 따라 초기 투자예산이 달라집니다. 그리고 수립된 공장의 규모에 따라 조직을 구체화합니다. 조직을 구체화한다는 것은 효율적인 경영을 위해 조직의 형태를 사업부제로 할 것인지, 단순조직 등으로 할 것인지를 판단하는 것을 말합니다. 최근 대부분의 조직은 본부장을 중심으로 사업부제로 운영을 합니다. 이른바 조직도가 나오는 상황입니다.

전체 조직을 보여주는 조직도 내에 여러분들이 속해 있는 조직이 있는데 각각의 조직은 '역할과 책임(R&R, Roles and Responsibilities)'[36]이 있습니다. 조직 내에는 계층별(수직적) 역할과 기능별 역할이 존재하는데, 최고경영자는 최고경영자의 역할과 책임이 있고 중간관리자는 관리자로서의 역할과 책임이 있습니다. 계층별 관점에서의 역할과 책임입니다. 반면 수행하는 기능에 따른 역할과 책임이 있습니다. 어떤 분은 기술을 담당하고, 어떤 분은 행정지원을 담당합니다. 기능적인 관점에서 역할과 책임이 다른 것입니다.

조직을 구조화할 때는 각 포지션별로 역할과 책임을 부여합니다. 이때 경영자들이 고민하는 부분이 '최적화'와 '효율화'입니다. 목표 달성을 위해 최적의 계층과 기능 그리고 적정 인원을 고민하는 것입니다. 저는 기업의 적정인원 산정 프로젝트에 참여한 경험이 많은데, 조직을 최적화하는 것은 결코 쉬운 일이 아닙니다. 기본적으로 조직 최적화의 실패는 생산성 저하로 이어집니다.

정부의 조직도 같은 맥락입니다. 외교부에 근무하는 분과 고용노동부에 근무하는 분은 역할이 다릅니다. 또한 과장과 주무관은 수행하는 역할이 다릅니다. 이에 기획재정부에서는 조직의 구성원 수(T/O, Table of Organization)를 관리하여 조직의 최적화를 지원합니다. 정부 조직도 최적화와 효율화 지향은 기본 요건입니다.

정부가 되었든 민간기업이 되었든 관리자들에게 있어 조직의 최적화는 기본적으로 요구되는 역량입니다. 조직의 운영이라는 것은 기본적으로 예산을 필요로 하는데 조직원의 수가 불필요하게 많으면 이는 예산낭비이자 비효율적인 관리로 이어집니다. 사업의 목표 달성을 위해 조직을 구조화하고 적재적소에 인력

---

36) 컨설팅 기관에 따라 역할과 책임 또는 성과책임(Accountability)이라고 칭합니다.

을 배치하는 것은 관리의 기본입니다.

여러분들의 조직은 1년간 얼마 정도의 예산을 사용할까요? 각 구성원들의 급여와 퇴직충당금, 사무실 유지비, 집기 비품의 감가상각비와 더불어 마케팅 및 홍보, 영업비 등 많은 비용을 필요로 합니다. 그래서 관리자들은 예산수립(Budgeting)을 합니다. 연간 조직에서 사용되는 예산의 규모를 모르다면 이는 관리자의 기본자세가 되어 있지 않음을 말합니다. 이를 '원가개념'이라고 하는데 포춘지의 조사에 의하면 관리자에게 가장 먼저 요구되는 역량이 '원가개념'이라고 합니다.

제가 근무했던 헤이그룹이라는 다국적 컨설팅그룹은 매년 예산수립을 할 때마다 거의 2개월에 걸쳐 진행을 합니다. 차년도에 각 팀은 얼마의 비용을 사용할지 본사와 합의를 하는 것입니다. 만약 차년도에 저희 팀이 예산 10억을 쓴다고 하면 목표는 자연스럽게 30억이 됩니다. 무척이나 합리적인 방법이어서 저는 할 말을 잃었습니다. 목표가 과다하다고 느끼면 예산을 줄이면 되는 것이었습니다. 개인적으로 국내에서는 관리적 관점에서의 원가개념에 대한 의미가 많이 희석되어 있어 안타까움을 느낍니다.

다음으로는 '명령'입니다. 개인별 목표를 주는 단계입니다. 관리자는 소속 부서 또는 팀의 역할과 책임에 기반을 두어 당해 목표를 수립하고 구성원 개인들에게 할당합니다. 역할과 책임 그리고 개인의 목표가 혼돈스러울 수 있는데 쉽게 말씀드리면 역할과 책임은 존재의 이유이고 연도 목표는 존재의 이유를 '올해 어느 정도를 달성하느냐?'입니다.

예를 들어 영업을 담당하는 부서의 존재 이유는 매출을 올리는 것입니다. 당해 목표는 구체적인 수치로 '100억 원 달성'으로 표현합니다. 역할과 책임은 변하지 않습니다만 목표는 매년 바뀌게 됩니다. 위 단계는 성과관리의 단계로 〈성과관리〉편에서 자세히 다루었으니 참조하여 주십시오.

경영학의 아버지라고 불리는 미국의 유명한 경영학자인 피터 드러커[Peter Ferdinand Drucker]는 경영관리의 기본을 PDS 사이클로 설명하였습니다. 목표를 세우고(Plan), 실행과 관리를 하고(Do), 평가와 피드백(See)을 관리의 기본으로 말하는데 페욜의 이론과 유사한 부분들이 많습니다.

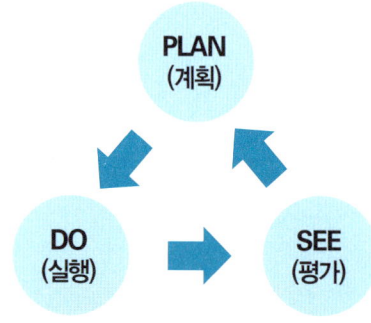

계획과 명령의 단계는 Plan의 단계를 말합니다. 다음으로 진행되는 부분이 Do의 단계인데, 이는 페욜이 말한 '조정'의 단계입니다. 목표가 정해졌으면 모든 구성원들이 목표를 달성하기 위해 최선을 다할 수 있도록 팀워크를 세우고 동기부여를 하는 과정입니다. 리더십이 요구되는 단계입니다. 리더십은 적절한 영향력을 구사하여 구성원들이 능동적으로 목표에 몰입하도록 조직문화와 풍토를 만드는 역량입니다.

리더십에 대해서는 〈부하 동기부여〉 편과 〈조직문화〉 편에서 많이 다룬바 참조하여 주십시오.

Do의 단계에서는 실행을 위한 동기부여 외에도 성과에 대한 관리가 필요합니다. 여러분들이 소속된 기업이나 기관은 MBO(Management by Objective) 또는 BSC(Balanced Score Card)에 기반을 둔 성과관리 제도를 운영하고 있습니다. 연초에 목표를 세우고 실행을 하는 단계에서 성과관리 회의 등을 개최하여 연초의 목표가 어느 정도 달성되었는지 확인하고, 지원하는 제도를 운영하고 있습니다. 그러면서 목표를 초과달성한 구성원에게는 추가적인 목표를 주고, 달성하지 못한 구성원에게는 지원책을 강구해 줍니다. 성과에 대한 관리의 단계입니다.

페욜의 이론에는 없지만 조직 내에서는 성과에 대한 평가와 피드백이 진행됩니다. See의 단계입니다. 여러분들은 성과달성 여부에 따라 성과급을 받게 됩니다.

페욜의 이론은 조직관리의 뼈대를 구성하는 매우 유용한 이론이지만 고전적인 관점입니다. 이는 당시의 시대상황 때문인지 리더십에 대한 구체적인 필요점이 기술되지 않았는데 이후 등장한 많은 이론들에서는 조직관리에 있어서 리더십의 필요성을 강조합니다.

관리는 리더십에 비해 좀 더 단기적, 업무적, 운영적 측면에서 질서와 균형 유지, 성과창출을 중시하는 개념이라고 볼 수 있습니다. 하버드 대학 경영학과의 존 코터$^{J.Kotter}$ 교수는 관리와 리더십을 아래와 같은 견해로 설명하였습니다.

리더십 (비전과 전략)	• Establishing Direction(전략 수립) 미래, 특히 먼 미래의 비전과 그러한 비전을 달성하는 데 필요한 변화를 창출하는 전략들을 개발하는 것 • Aligning People(인적자원) 말과 행동으로 소통하여 관련된 모든 사람들의 협조를 이끌어내는 것으로, 조직의 비전과 전략을 이해하고 그것들의 타당성을 받아들일 수 있는 조직을 구성하고 제휴세력을 창출할 수 있어야 함 • Motivating&Inspiring(동기부여) 지극히 근본적인, 하지만 충족되지 않는 인간 욕구들을 채워 줌으로써 정치적, 관료제적 자원상의 주요한 변화 장애들을 극복하도록 사람들을 고무하는 것
관리 (계획과 예산)	• Planning&Budgeting(계획과 예산수립) 원하는 결과를 얻기 위해 구체적인 단계와 시간계획표를 작성하고, 필요한 자원을 할당하는 것. • Organizing&Staffing(조직 및 인력 설계) 계획들을 수행하기 위해 일정한 구조를 확립하고, 그 구조에 인원을 배치하는 것. 또한 계획을 수행하는 데 필요한 책임과 권한을 부여하고, 사람들을 가이드하는 데 도움을 주는 정책과 절차를 제공하며, 실행을 모니터할 수 있는 방법이나 시스템을 창출하는 것 • Controlling&Problem Solving(조정 및 문제해결) 계획 대비 결과를 구체적으로 모니터링하고, 오차를 확인하며, 문제를 해결하기 위해 기획하고 조직화하는 것

존 코터 교수는 리더십과 관리의 조화를 강조합니다. 하지만 최근의 국내 인적자원분야(HRD)에서는 관리의 영역을 잘 다루지 않습니다. 제가 처음 대기업에 입사를 하여 교육을 받을 때는 관리훈련(Management Training)과목이 많았었는데 요즘은 찾아볼 수가 없습니다.

역량평가 장면에서의 조직관리는 자원효율화를 위한 업무 재분장, 적재적소에 인적자원 배치, 조직개편 등의 과제들이 제시됩니다. 예산효율화들을 다루는 과제들은 너무 난이도가 높아 작성하기 힘들다고 판단하여 제외하는 것 같습니다.

업무 재분장의 과제를 해결하기가 쉽지 않다는 분들이 많습니다. 이는 과제들이 비교 또는 교차 분석을 요구하는 형태로 제시되기 때문입니다.
과제의 자료는 기본적으로 조직의 직문분장표가 제시됩니다. 그리고 각 구성원들의 요구사항 또는 면담기록이 담긴 자료가 제시되고, 구성원들의 성과목표달성도가 제시되는데, 이러한 자료들을 교차적으로 분석하는 과정을 어렵다고 느끼시는 것 같습니다.

인적자원 배치는 TFT에 참여하기 위해 조직의 인력을 차출하는 과제유형이 있습니다. 이럴 때 각 부서는 항상 내부의 업무량이 지나치게 많다는 것을 강조하며 차출을 꺼린다는 것입니다. 차출의 기준(전공과 경험 등)에 맞는 직원을 선택하는 것이 가장 바람직합니다. 그리고 직원이 차출되어 가면 그 자리는 타 부서의 다른 직원의 도움을 받아 업무 공백을 메우는 식으로 진행을 해주면 됩니다. 직원차출로 인해 직원들의 반발이 예상되는데 이럴 때는 워크숍 등을 열어 구성원들의 반발을 최소화하는 작업이 필요합니다.

인적자원 배치와 관련하여 또 다른 유형의 과제는 새롭게 입사한 직원들의 배치과제를 다루는 경우가 있습니다. 전제는 모든 부서가 업무량이 많아 인력이 필요하다는 것입니다. 이러한 경우에도 몇 가지의 기준이 나옵니다. 신입사원의 전공과 경험 등을 기반으로 직원을 배치하자는 의견이 나올 수 있고 업무과중이 가장 심한 부서에 배치하자는 등의 의견이 나올 수 있습니다. 그럼 타 부서에 인력을 주겠다고 이야기하고 불요불급 아주 중요한 업무는 타 부서 직원들의 도움을 받겠다고 조율을 하는 방안도 좋은 해결안이 될 것입니다.

조직개편과 관련한 과제들은 조직 효율화를 위해 세 개의 부서 중 하나를 없애야 한다는 유형이 나올 수 있습니다. 세 개의 부서 중에 한 부서의 중요도가 갈수록 떨어지는 상황을 제시해줍니다. 아니면 상황이 안 좋아질 것이라는 보고서가 나오기도 합니다. 부서 통폐합은 기본적으로 유사업무를 분석하여 통합하는 방안을 제시해주는 것입니다. A 부서의 기획업무는 B 부서의 기획업무와 통합하고 C 부서의 교육업무는

A 부서의 교육업무와 통합하는 안을 제시하며 한 개의 부서를 없애는 작업을 진행하면 됩니다. 부서를 통폐합하는 것은 부서가 없어지는 것이지 절대 업무가 없어지는 것이 아닙니다. 현재 진행 중인 업무는 다른 부서로 이관하여 진행되어야 합니다.

지금부터 예시과제를 풀어보면서 한 걸음 더 들어가 보겠습니다.

(2) 인바스켓 조직관리 과제

조직관리 예시과제

피평가자
조직문화팀 조수정 팀장

- 당신은 보나시 조직문화팀 조수정 팀장입니다.
- 오늘은 2022년 10월 28일 오후 16시 40분입니다.
- 매년 개최되는 전국 지방자치단체 간 우수행정사례교류회를 금년도에는 보나시가 주관하기로 결정되었고, 이 업무를 조직문화 팀이 맡아서 추진하는 것으로 확정됐습니다.
- 이에 조직문화 팀은 기존 업무에 우수행정사례교류회 업무를 동시에 수행해야 하기 때문에 효과적인 목표 달성을 위한 팀원 간 업무 조정이 불가피한 상황입니다. 귀하는 팀장으로서 팀원들의 요구사항과 업무의 특성을 고려하여 사례 교류회 업무 담당자를 우선 선정하고, 이후 나머지 업무 담당자들을 조정해야 합니다.
- 이에 귀하의 상관인 인사과장은 팀원들이 담당 업무에 불만을 가지지 않고 효과적인 업무 수행이 가능하도록 업무별 담당자를 선정/조정하고 조속히 결정하여 오늘 17시까지 보고하여 달라고 요청했습니다.
- 20분 이내에 업무 조정 방안 보고서를 작성해주시기 바랍니다.

● 자료#1 [이메일] 과장의 편지

| 답장 | 모두 답장 | 전달 | 삭제 | 목록 보기 | 헤더 보기 | 인쇄 | 완전 삭제 |

제목	조직문화 팀 업무 재분장 건
보낸 사람	이수로 인사과장
작성 일자	2022.10.28. 16:30
받는 사람	조수정 조직문화팀장
내용	조직문화 팀 업무 재분장 전국 지방자치단체 간 우수행정사례교류회를 금년도에는 우리 시가 주관해야 하고, 이 업무를 과장 회의에서 조직문화 팀이 맡아서 추진하는 것으로 결정되었음. 이에 업무를 조정해야 하는 상황이 발생했으므로, 팀원들의 요구사항과 업무의 특성을 고려하여 사례교류회 업무 담당자를 우선 선정하고, 이후 나머지 업무 담당자들을 조정해주길 바람. 팀원들이 담당 업무에 불만을 느끼지 않고 효과적인 업무 수행이 가능하도록 업무별 담당자를 조속히 선정/조정하여 금년도 업무 추진에 차질이 없길 바람. 그 결과를 오늘 17시까지 알려주게.

● **자료#2** [내부 행정문서] 조직문화 팀 업무 현황

추진과제	담당	세부 내용	업무량	중요도
조직문화 중장기 발전방안 수립/관리	장진수	• 연 1회 조직문화 창달위원회 운영(2월) • 매년 연말 발전방안 운영계획 수립 완료 • 이듬해 1월 초 초안을 공식 게재, 2월 의견 수렴 후 미비점 보완	하	상
영세 가구 어린이 우수 도서 발급	장진수 양현서	• 분기별 업무 • 영세가구 어린이 요구 파악 후 위인전 등 우수 도서 전달 • 시장 관심 사업	중	중
디지털 행정 문화 국제박람회 개최	신혜주 유시원 권경진	• 2023년 4월 개최 • 4월 22일 '통신의 날'을 기념하여 행사 진행 • 유관기관과의 업무 협조 필요 • 행사 진행 준비, 운영, 만족도 조사, 결과보고서 작성 업무 수행	상	상
위대한 일터 만들기 (GWP)(전진대회 개최 및 우수사원 시상식)	신혜주 양현서	• 부서(실/국) 단위 GWP 발표 대회 개최 • 부서별 실천현황 모니터링 • 연말 GWP 전진대회 개최(12월 시행 예정) • 실/국 단위 예선과 본선 대회를 통해 수상자를 선발 • 샛별특별시 2022년 중점 추진 사업으로, 본 대회의 대상에게는 보나시장상 수여	중	상
선진 디지털 조직문화 구축	유시원	• 상시 업무/ 현업 부서 대표들과 TF 형성, 지속적 협의 • 월 1회 선진 디지털 조직문화위원회 운영 • 매년 연말 발전방안 수립 완료 • 조직문화 중장기 발전방안, 위대한 일터 만들기 (GWP) 활동과 연계 • 이듬해 1월 초 초안을 공식 게재, 2~4월 의견 수렴 후 미비점 보완	중	상
지방자치단체 간 우수 행정 사례 교류회 개최(신규 업무)	미정	• 매년 7월 개최 • 금년도 보나시 주관의 해 • 행사 진행 준비, 운영, 만족도 조사, 결과 보고서 작성 업무 수행	중	상

● 자료#3 [내부 행정문서] 조직문화 팀 구성원 인사 기록

장진수 주무관 (6급)	근속연수	13년	**2021년 인사고과**	A
	업무능력 및 기타특성	• 다양한 업무를 경험했으며, 업무 처리 능력이 뛰어남 • 기존에 늘 하던 업무들을 선호하지 않고, 새로운 업무에 대한 적응력이 빠름 • 좋고 싫음이 분명함		

신혜주 주무관 (7급)	근속연수	8년	**2021년 인사고과**	B
	업무능력 및 기타특성	• 디지털 관련 분야 전문가, 디지털 관련 업무 경력이 있음 • 업무 목표만큼 성과를 창출하며, 한 가지 일에 집중하면 다른 일은 보이지 않음 • 새로운 일에 도전하기보다는 자신이 늘 하던 분야에 몰두하고 싶어 함		

유시원 주무관 (7급)	근속연수	7년	**2021년 인사고과**	B
	업무능력 및 기타특성	• 디지털 박람회 개최 관련 업무 경험이 있음 • 새로운 업무를 진행할 때 기발한 아이디어 및 기획력이 있으나, 실수가 종종 발생함 • 진지하기보다는 매사에 유쾌한 모습을 보임		

양현서 주무관 (7급)	근속연수	3년 3개월	**2021년 인사고과**	C
	업무능력 및 기타특성	• 근속연수에 비해 다양한 업무를 경험하였으며, 동료들과 우호적으로 관계함 • 업무 처리가 느린 편이긴 하지만 기한 내에 완성함 • 최근 업무에 대한 의욕과 열정이 상대적으로 저하되어 있음		

권경진 주무관 (9급)	근속연수	9개월	**2021년 인사고과**	-
	업무능력 및 기타특성	• 행정학 관련 전공자로 입사 후 6개월 동안 연수를 받음 • 창의적이고 기발한 아이디어가 있으며, 세심한 업무처리가 돋보임		

\# 근속연수 – 공무원 임용부터 현재까지의 근속연수
\# 2021년 인사고과
A등급: 100점~91점, B등급: 90점~81점, C등급: 80점~71점, D등급: 70점~61점, E등급: 60점 이하

● **자료#4** (관련 자료) 담당 업무에 대한 팀원들의 의견

장진수
현재 하고 있는 업무 이외의 새로운 업무에도 도전해보고 싶은데, 고참이라서 이것저것 많이 챙겨야 하다 보니 내 주장도 못 펴고….

신혜주
디지털 관련 업무에 집중하고 싶습니다. 그리고 GWP 업무는 전공과 맞지 않아 일하고자 하는 의욕이 생기지 않아요…. 업무를 세심하고 꼼꼼하게 진행하는 팀원과 함께 일하고 싶습니다.

유시원
현재 맡고 있는 업무를 모두 조정해주셨으면 합니다. 선진 디지털 조직문화 업무와 국제 디지털 행정문화 박람회 업무 둘 다 많은 업무량으로 인해 동시에 진행하기가 벅차네요. 특히 선진 디지털 조직문화 업무는 타 팀 인원들과 TF로 함께 하고 있어 내가 어디 소속인지 정체성의 혼란이 옵니다. 또한 국제 디지털 행정문화 박람회 업무 담당자들과는 업무 스타일이나 성격이 달라 함께 일하기 힘듭니다.

양현서
담당 업무가 그리 중요하거나 어렵지 않고 정해진 순서대로 흘러가는 업무라서 재미없고 지루합니다. 조금 더 유쾌한 분위기에서 재미있게 일하고 싶습니다.

권경진
주어진 일에 최선을 다하고 싶습니다. 또한 팀의 업무를 한 번씩은 모두 해보고 싶네요. 특히 제 전공과 관련된 업무를 잘 처리할 자신이 있습니다.

아래에 제시된 답지에 조직문화 팀 팀장으로서 귀하의 의견을 제시하여 주십시오. 답지의 목차는 귀하께서 판단하여 구성하여 주시고, 답지의 기술은 개조식으로 하여 주십시오. 그리고 제시된 정보만을 기반으로 작성하여 주시길 바랍니다.

● 조수정 팀장의 업무 재분장 방안

과제 수행에 수고하셨습니다. 아래는 본 과제와 관련하여 제가 작성한 답지입니다. 참조하여 주십시오.

● 조수정 팀장의 업무 재분장 방안

◎ 상황 개요
금년도 우수행정사례교류회를 조직문화 팀이 추진해야 하는 바 조직의 효율화를 위한 팀 내 업무 재분장을 추진함

◎ 추진방향
팀원들의 요구사항과 업무의 특성을 고려한 업무 분장

◎ 재분장안
- 중장기 조직문화 발전방안: 유시원
  - 유시원 주무관은 현재 모든 업무를 바꾸고 싶어 함
- 영세가구 어린이 우수도서 보급: 유시원, 권경진
  - 유시원 주무관은 현재 모든 업무를 바꾸고 싶어 함
  - 권경진 주무관은 본인의 전공 경험을 활용하고 싶어 하나 신입 주무관으로서 다양한 업무를 수행할 필요가 있음
- 디지털 행정문화 국제박람회 개최: 장진수, 신혜주, 양현서
  - 장진수 주무관과 양현서 주무관은 업무를 바꾸고 싶어 하나 신혜주 주무관은 현재 업무를 수행하고 싶어 함
- 위대한 일터 만들기 시상식: 신혜주, 권경진
  - 신혜주 주무관은 현재 업무를 수행하고 싶어 하고, 권경진 주무관은 본인의 전공과 맞는 업무라고 판단됨
- 선진 디지털 조직문화 구축: 장진수
  - 팀 내 중요한 업무로써 경험이 많고 다른 업무를 하고 싶어 하는 장진수 주무관이 적합함
- 우수 행정 사례 교류회 개최: 유시원, 양현서
  - 팀 내 새로운 업무로서 업무를 바꾸고 싶어 하는 유시원, 양현서 주무관에게 적합하고 처음으로 수행하는 업무이기 때문에 두 사람을 투여함

10 대인관계 및 의사소통(논리적 설득, 감성소통)

> 의사소통과 관련한 역량은 주로 발표나 역할연기, 집단토론 등에서 평가하는 것으로 보통 인바스켓 평가에서는 평가를 하지 않는 역량입니다. 이는 평가기법상의 한계 때문입니다. 하지만 일부에서는 인바스켓에서의 의사소통 역량을 평가 대상자가 작성한 답지와 이를 기반으로 한 인터뷰를 통해 평가합니다. 본 장에서는 대인관계와 소통 그리고 인터뷰 기법을 중심으로 기술하였습니다.

(1) 대인관계 및 의사소통

역량의 효시라고 이야기하는 하버드 대학 심리학과의 맥클리랜드$^{David\ C.\ McClelland}$ 교수는 인간의 사회적 동기(Motive)[37]를 '성취동기(Need for Achievement)', '친화동기(Need for Affiliation)', '권력동기(Need for Power)' 세 가지로 정리하였습니다. 이는 현재 여러분들의 역량평가의 기반이 되는 이론입니다. 성취동기는 '성과지향', '목표지향' 등의 평가역량에 기반이 되는 동기이고, 권력동기는 리더십의 원천으로 '부하 동기부여', '조직개발' 등의 역량에 기반이 됩니다. 마지막으로 친화동기는 '관계동기'라고도 불리는데 '대인관계', '의사소통', '감정소통' 등의 역량에 기반이 되는 매우 중요한 인간행동의 요소입니다. 또한 타인들이 상대의 감정상태를 파악하는 능력으로 '고객만족' 역량의 기반이 되는 동기입니다.

영국 옥스퍼드 대학의 진화인류학 던바$^{Robin\ Dunbar}$ 교수와 그의 동료들은 '사회적 뇌 가설(Social Brain Hypothesis)'을 발표하였습니다. 사회적 뇌 가설은 동물들과 사람의 뇌의 크기가 다른 것은 사회의 복잡성 때문이라는 것입니다. 조류나 어류, 포유류 등 지구상에 존재하는 동물들에 비해 인간의 뇌는 상대적으로 큽니다. 물론 거대한 고래의 뇌는 인간의 뇌보다는 크지만 질적인 측면에서는 비교가 되지 않습니다.

지구상에는 700만 년 전, 현재 인간의 선조인 초기인류 '호미닌'이 출현하였습니다. 침팬지 등의 유인원들이 그러하였듯이 초기인류들도 집단생활을 했는데 집단사회를 구성한 가장 큰 이유는 포식자들로부터 자신들을 보호하기 위함이었습니다. 현재도 영장류 동물들은 집단으로 생활을 하며 하이에나 등의 공격으로부터 자신들을 지켜냅니다.

집단사회 무리의 크기는 종의 뇌 크기(대뇌 신피질)와 상관관계가 있음을 던바 교수와 동료들이 밝혀냈습니다. '호미닌'이라고 불리는 초기인류의 뇌의 크기는 현생인류인 '호모사피엔스'의 크기와는 비교가 되지 않습니다. 무리의 크기와 복잡도가 달랐기 때문입니다. 우리의 뇌는 사회적 복잡도에 의해 진화를 거듭하며 현재의 크기가 형성되었습니다.

"인간은 기본적으로 사회적 동물입니다."

---

[37] 동기는 인간의 무의식 심상에서 가장 깊은 곳에 위치한 역량으로 사람들이 행동을 촉발시키는 기본요소이며 본인의 동기수준은 판단하기 힘듭니다.

가족이라는 최소집단에서 출발하여 부족사회를 형성하며 인간에게 있어 타인들과의 관계(Relationship)는 생존을 위해 필수적으로 요구되는 기본요건이 되었습니다.

우리는 사회를 형성하며 적으로부터 자신을 보호할 수 있고 공동체의식을 유지할 수 있습니다. 이러한 공동체 내의 관계로부터 오는 평안함과 아늑함은 뇌에서 분비되는 엔도르핀(Endorphin)[38]으로 알려진 일종의 뉴로펩티드(Neuropeptide)[39]와 베타엔도르핀(β-Endorphin)[40]으로부터 기인합니다. 원숭이와 유인원들의 사회유대에서 보여주는 상호 간의 피부나 털 쓰다듬기 등의 접촉에서 뇌가 반응하는 것과 같습니다.

즉 인간은 상호신뢰관계를 통해 엔도르핀이 분비되고 이러한 보상을 맛본 사람은 타인과 신뢰관계를 구축하려는 행동을 보이게 됩니다. 또한 원숭이와 유인원 사회의 사례에서도 긴밀한 관계를 유지하면 엔도르핀 방출이 배가되고 동맹관계로 이어져 역경에 맞닥뜨렸을 때 기꺼이 서로를 지켜줍니다. 이러한 신뢰관계에서 분비되는 엔도르핀은 면역체계를 조율하는 의학적인 효과를 가져다줍니다.

우리는 보통 타인을 '그냥 아는 사람'과 '조금 아는 사람', '잘 아는 사람'으로 구분합니다. 잘 아는 사람이 많은, 깊이 있는 인간관계를 나누는 사람들이 많음은 성과창출 또는 삶의 질과도 직결되는 사안입니다. 아는 사람과 잘 아는 사람의 차이는 무엇일까요? '성과가 높은 사람이다', '나는 그 사람의 고향이 어디이고 학교를 어디 나왔는지 안다', '나는 그 사람이 사는 곳이 어디인지 안다' 등의 개인정보로 그 사람을 잘 안다고 할 수 있을까요? 저는 '관계의 질'에 대해 많은 시간을 고민한 결과 타인을 잘 안다는 것은 그 사람의 감정상태가 공감되는 상황이라고 정의하였습니다. 이는 타인들과 이심전심(以心傳心)의 상태임을 의미합니다. 이심전심이라 함은 마음의 상태가 공유된 상황으로 타인의 '마음의 상태'를 알았을 때 '잘 아는 사람'이라고 말할 수 있습니다. 여러분은 '잘 아는 사람'이 몇 명이나 있나요?

사람들은 기본적으로 상대의 감정상태를 파악하는 능력을 지녔습니다. 우리는 이것을 '공감능력'이라고 합니다.

---

38) 엔도르핀에 관한 요점은 그것이 육체에 가해지는 고통이나 스트레스에 대한 반응으로 뇌에서 방출된다는 거다. 심리적 스트레스도 엔도르핀 방출의 원인이 될 수 있다. 엔도르핀은 모르핀과 화학적인 관계가 있어서 통증을 진정시키고 모르핀과 같은 아편형 마취제가 주는 것과 똑같이 기분을 상승시킨다. 단 차이는 인공마취제는 중독이 되지만 이런 뇌의 화학물질군에는 육체적으로 중독되지 않는다는 사실이다. (로빈 던바, 《사회성》, 처음북스, 2016, 88쪽.)
39) 신경세포체에서 합성된 신경전달 물질로 신경호르몬 역할을 하는 펩티드이다.
40) 뇌하수체 전엽에서 방출되는 강력한 진통 펩티드 중의 하나이다.

> [41)]2008년 카네기멜론 대학교와 MIT 대학교 심리학자들이 합동으로 상대적으로 성과가 좋은 팀은 어떠한 팀인지를 알아봤다. 요즘에는 대부분 프로젝트가 팀 단위로 일어나고 개인의 성과 또한 팀의 성과에 달려 있기 때문에 팀워크는 생산성 측면에서 중요해졌다.
>
> 연구팀은 699명을 모집해 152개의 팀으로 나누고 각 팀에 다양한 수준의 협력이 필요한 여러 과제를 내주었다. 흥미로운 사실은 과제 유형이 매우 다양했음에도 불구하고 하나의 과제를 잘 해내는 팀이 다른 과제도 잘했다는 사실이다. 반대로 하나의 과제를 실패한 팀은 다른 과제도 실패할 확률이 매우 높았다.
>
> 잘하는 팀의 장점을 알아보려고 먼저 이들의 지능지수를 측정해보았다. 측정 결과 팀워크와 지능지수는 아무런 상관관계가 없는 것으로 나왔다. 그러면 도대체 어떤 요소가 훌륭한 팀워크를 만들었던 것일까? 연구 결과 두 가지가 있음이 밝혀졌다. 하나는 팀 문화였다. 잘나가는 팀은 모든 팀원이 거의 같은 비율로 대화했고 그렇지 않은 팀은 소수가 발언을 독점하는 경향이 강했다. 다른 하나는 사회적 감수성이었다. 이들은 상대방의 얼굴 표정, 말투, 목소리, 몸짓 등을 보고 상대의 감정을 직관적으로 잘 이해했다.
> 사회적 감수성은 사람의 눈 모습만 보여주고 감정을 맞추는 테스트를 통해 측정할 수 있다. 상대방의 감정을 잘 헤아리기 때문에 그것에 맞춰 대응을 할 수 있다. 예를 들어 상대방이 당황하거나 소외당한다는 것을 팀원들은 잘 느끼고 그것에 적절히 반응하게 되면서 팀 분위기가 좋아진 것이다. 한마디로 높은 공감능력을 보여주는 팀원들이 있을 때 팀은 높은 성과를 보여주게 된다.

공감(共感, Empathy)은 '타인의 마음, 타인의 감정, 타인의 현재 상태에서 그 사람이 하고 있는 생각을 내가 그 사람의 입장으로 들어가서 느끼고 지각한다'는 뜻으로 정의될 수 있습니다. 미국의 문화인류학자 로먼 크르즈나릭(Roman Krznaric)은 공감을 "다른 사람의 처지가 되어보고, 그들의 감정(정서적 측면)과 관점(인지적 측면)을 이해하고, 그 이해를 활용해 우리의 행동을 인도하는 과정"이라고 말했습니다. 이를 통해 공감은 단순히 타인의 감정을 공유하는 것뿐만 아니라 타인이 처한 상황과 관점을 이해할 수 있는 능력이 동반된다는 것을 알 수 있는데 정서적 공감 능력은 '타인의 느낌을 느낀다'로 말할 수 있고, 인지적 공감 능력은 '타인의 느낌을 이해한다'로 설명할 수 있습니다. 정서적 공감 능력은 무의식적인 것으로 타인의 감정의 상태를 느낄 수 있느냐, 없느냐의 문제입니다.

정서적 공감능력은 유년기에 부모와의 정서적·감정적 교류로 타인의 고통을 느낄 수 있는 뇌 발달이 이루어졌다면 무의식중에 개발될 수 있습니다. 반면 인지적 공감 능력은 상대가 처한 상황과 입장을 이해하려고 노력함으로써 개발될 수 있습니다.

우리는 타인들과의 관계를 벗어나서 살 수 없는 생물학적 구조를 가지고 있고 타인들과의 공감을 통한 신뢰관계 형성은 성과를 높이고 삶의 질을 높이는 기본적인 요건임을 알아야 합니다.

그럼 이제는 소통(疏通, Communication)에 대한 이야기를 나누어보겠습니다. 소통의 사전적 의미는 '사람이 가지고 있는 의사나 감정에 대해 생각이나 뜻이 서로 통함'입니다. 일반적으로 '의사소통'이라 하면 단순히 정보나 사실만의 소통을 생각하는데 이는 뜻이 통함을 의미하고 감정을 배제한 상황으로 볼 수 있습니다.

---
41) 신영준, 고영성, 《완벽한 공부법 1권》, 로크미디어, 2017.

명심해야 할 것은 소통이라 함은 감정의 공유, 공감을 빼고 이야기하면 안 된다는 것입니다. 소통을 위해 경청(傾聽)이 중요하다고 합니다. 경청의 진짜 의미는 무엇일까요? 경청은 상대의 마음과 감정상태를 듣는 것입니다.

조직 내의 소통이라 함은 상하 간의 수직적 소통과 구성원들 간의 수평적 소통을 말할 수 있고, 조직 외적으로는 고객, 협력업체, 지역사회 등을 말할 수 있습니다. 위의 소통 중에 가장 어려운 부분은 상하 간의 소통입니다. 소통의 채널로는 대화, 비언어적 대화(Body Language), 문서 소통, 이메일, SNS 등 다양한 소통의 방법이 있습니다.

저는 국내 굴지의 조선회사를 대상으로 소통과정을 10여 년 전부터 진행하고 있습니다. 진행 중인 과정의 이름은 '심청아(心聽我)' 과정으로 소통 중에 가장 핵심적인, 구성원들의 감정상태를 공유하기 위해 '인생곡선', '에고그램' 등의 다양한 기법을 활용하고 있습니다.

조선소는 매우 위험한 작업환경으로 감성적으로 기댈 수 없는 상황에서 근무를 하다 보니 갈등이 증폭되는 악순환이 반복되고 있었습니다. 이러한 상황에서 구성원 상호 간 기존에 말하기 힘들었던 성장배경과 성격유형, 관심사 등을 공유하는 과정을 통해 많은 참가자들이 같이 울어주고 웃어주면서 "저 친구가 왜 그런 행동을 했었는지 이제는 알 것 같아"라는 말을 하게 됩니다. 예를 들어 근래에 매우 민감한 행동을 보인 동료가 알고 보니 아내와 심각한 불화가 있음을 알게 되었고, 상대의 행동에 대해 이해하게 되면서 상대와의 감정적 소통이 가능해지기 시작한 것입니다. 이러한 치유과정에서 엔도르핀이 분비되어 참가자들은 감정적인 평안함과 안도감을 느낄 수 있고 회사에 출근하는 것이 기쁨이 되는 과정을 겪게 됩니다. 생산성이 높아지는 것은 덤입니다.

인간관계는 감성적 소통을 통해 만들어집니다. 정서적 공감을 통해 타인들과 관계를 잘 만들어가는 사람들을 볼 수 있는데 이들은 상대와 대화 시에 대화의 중심을 상대에 둡니다. 인간은 자기를 중심으로 '자기효능감'을 표시하고 싶어 하는데 정서적 공감수용이 뛰어난 사람들은 본인의 이야기보다 상대의 이야기를 들어주고 감성적 대응을 합니다.

조직 내부에는 다양한 역량을 지닌 분들이 있는데 특히 부하직원들에게 인기가 높은 분들이 있습니다. 이들은 본능적으로 상대의 말을 잘 들어주면서 "어머, 그런 일이 있었어?" 등의 공감표현에 매우 능숙합니다. 이들이 공감 수용 시에 주로 사용하는 대화기법이 '유-메시지(You-Message)' 기법입니다. 유-메시지 기법은 대화의 중심을 상대에게 두는 대화방법입니다. "어머 많이 힘들었겠구나?", "많이 답답했겠네", "얼마나 서운했니?" 등의 표현에서 힘들고, 답답하고, 서운한 사람은 상대입니다.

"고맙습니다"라는 표현은 아이-메시지 표현입니다. 내가 고맙고, 내가 감사하다는 표현입니다. 이렇듯 우리가 무심코 사용하는 대화에도 관점이 있다는 것을 알 수 있습니다.

아이-메시지(I-Message)	유-메시지(You-Message)
"나는 아들이 학교에서 돌아온 후 숙제는 하지 않고 집안을 어질러 놓고 게임만 하는 모습에 엄마가 참 속상해."	"나는 아들이 학교에서 돌아온 후 숙제는 하지 않고 집안을 어질러 놓고 게임만 하는 모습에 얼마나 답답하면 이랬을까? 생각했어."
말하는 이(화자) 중심의 대화	듣는 이(청자) 중심의 대화

아이-메시지 기법(I-Message)은 본인의 의견을 전달하는 기법으로 매우 유용하게 활용되는 기법입니다. 유-메시지 기법은 주로 상대를 혼낼 때 쓰는 기법이기도 한데, "너는 왜 그 모양이니?" 등의 표현은 매우 부정적인 표현이기도 합니다. 하지만 유-메시지를 부정의 단어에서 긍정의 감정으로 바꾼다면 상대의 공감을 수용하는 효과적인 기법이 되어 매우 유용합니다.

- 서운하셨겠습니다.
- 실망스러우셨겠습니다.
- 많이 답답하셨겠네요.
- 결과에 몹시 화도 나시고 자존심도 상하셨다는 말씀 아니십니까.
- 배신감까지 드셨던 모양입니다.
- 억울하고 분하고 원통하셨단 말씀이시죠.

경청(傾聽)은 앞서 말씀드렸듯이 상대가 말하는 의사와 감정상태를 같이 듣는 것입니다. 사람들마다 말을 하는 유형이 다릅니다. 두괄식으로 결론부터 말을 하는 사람과 미괄식으로 배경을 먼저 말을 하는 사람, 논점이 왔다 갔다 하여 집중하지 않으면 이해하기 힘든 사람 등 듣는 사람의 입장을 고려하지 않는 경우가 대다수입니다.

소통의 기본은 상대의 의도를 파악하는 것입니다. 우리네 속담에 '개떡같이 말해도 찰떡같이 알아듣는다'라는 말이 있습니다. 진지한 경청으로 화자가 무슨 말을 하는지, 이면에 감춰진 의도가 무엇인지 정확히 파악하려는 노력이 필요합니다.

경청과 더불어 수반되는 대화가 상대가 하는 말에 대한 대응과 질문하기입니다. 무조건 듣고만 있으면 상대가 대화에 관심이 없다고 판단할 수 있습니다. 그러기에 적절한 반응과 질문이 필요합니다. 정신없이 이야기를 하는 분이 있다면 가끔 대화 내용을 정리해주는 것도 하나의 반응입니다. "아 그래서 그 식당이 아주 친절하고 맛이 있다는 것이군요" 등으로 중간에 정리를 하고 넘어간다면 상대는 더욱 편안하게 말을 이어갈 수 있습니다. 언어적인 반응 외에 비언적인 표현 또한 중요합니다. 수긍한다는 의미로 고개를 끄덕여주고, 가볍게 웃어주는 등의 비언어적 표현은 실제 말로 하는 언어적인 표현보다 소통 시에 유용하다고 합니다. 대화 시에 인간은 오감을 사용하기에 말로 듣는 귀의 느낌 외에 눈으로 보는 등 다양한 상대의 비언어적 태도를 인지합니다.

- 시선(눈빛)
  - 시선은 상대에 대한 부정적이거나 긍정적 감정을 보여주며 따뜻한 시선은 상대와의 교감형성에 결정적 기여를 한다.
  - 때로는 상대방에게 말 순서를 넘기거나 상대방의 관심을 끌기 위한 신호로 사용되기도 한다.

- 표정
  - 얼굴표정은 연령, 건강상태, 사회적 신분, 성격 등의 대략적인 신상정보를 제공한다.
  - 얼굴표정은 놀라움, 두려움, 증오심, 질투, 혐오 등의 감정상태를 드러내 준다.
  - 미소 짓는 표정은 대부분 긍정적 효과를 가지지만 상황에 따라 의미가 달리 해석될 수 있으므로 유의해야 한다.

- 몸짓(제스처)
  - 몸짓은 긍정의 의미의 고개 끄덕임이나 부정적 의미의 고개 젓기와 같이 보편적인 것이 있으나 문화권마다 차이가 있기도 한다. 예를 들어 OK 사인은 미국에서 긍정의 의미, '좋다'라는 의미를 갖지만 일본에서는 돈을 프랑스에서는 빈털터리를 의미한다. 그러므로 몸짓은 문화권을 고려하여 사용하고 해석해야 한다.

적절한 질문은 대화의 방향을 정하고 활성화시키는 데 결정적인 역할을 합니다. 제가 만나본 대다수의 사람들은 경청을 하려는 노력을 합니다. 그러나 질문을 익숙하게 하는 분을 본 적이 없습니다. 질문에도 기술이 필요합니다.

상대방 중심의 질문을 건네야 합니다. 대화를 이끌어갈 때 대화의 이슈를 질문자의 관심 사항으로 질문을 진행하는 것입니다. "안색이 좋아 보이십니다. 혹 스트레스를 해소하는 선생님만의 기법이 있으신지요?", "자녀들과의 대화는 주로 어떤 내용으로 많이 하시나요?" 등의 표현으로 상대가 이야기할 수 있도록 진행하는 것이 중요합니다. 그러면서도 응답자가 본인의 이야기만을 한다는 느낌을 주지 않도록 질문자의 사례를 덧붙이면 좋은 대화가 이어질 수 있습니다. "저는 자녀들과 대화를 할 때 한류가수들에 대한 이야기를 나눕니다. 그럼 아이들은 아빠와의 대화에 무척 흥미를 느끼는 것 같습니다" 등의 표현은 대화를 확장시키는 데 매우 큰 기여를 합니다.

이러한 대화는 개방형 질문을 기반으로 하는 것입니다. 질문은 상대방의 대답에 따라 개방형 질문과 폐쇄형 질문으로 나뉘게 되는데 폐쇄형 질문은 '예, 아니오'로 끝나는 한정적인 질문을 말합니다. "고향에는 자주 가시는 편이신가요?"라는 질문의 답은 "네" 또는 "아니오"입니다. 그러나 "고향에는 어떤 목적으로 가시나요?"라는 질문은 고향에 가는 상대방의 목적을 포함하여 의견, 사고, 감정을 파악할 수 있습니다. "오늘 미팅은 잘된 것 같습니까?"보다는 "오늘 미팅에서 잘된 점은 무엇인가요?"라는 질문은 대화는 상대 중심의 대화로 대화의 물꼬를 트는 질문입니다.

인바스켓 역량평가 장면에서의 의사소통은 주로 과제조치 후의 질의응답을 통해 평가합니다. 문제해결, 동기부여 등 과제의 답지내용에 대한 평가자의 질문 사항을 평가시가 잘 알아들을 수 있도록 명확하게 전달한다면 다른 평가역량에 대한 평가결과를 긍정적으로 만들 수 있고, 의사소통 역량 수준도 높게 평가받을 수 있습니다.

필자는 많은 기관에서 평가사와 면접관으로 활동 하고 있습니다. 면접을 잘 보기 위해 가장 중요한 것이 무엇이냐고 묻는다면 저는 '소통'이라고 말하고 싶습니다.

모 공기업의 최종면접관으로 면접을 진행하고 있을 때 한 피면접자가 본인이 최종 면접에서 3번이나 떨어졌음을 강조하면서 읍소하는 장면을 목도하였습니다. 그 피면접자에게 "왜 3번이나 떨어졌다고 생각을 하느냐?"라고 물었을 때 그 신입사원 후보는 "본인을 효과적으로 피력하지 못해 떨어졌습니다"라고 말하면서 본인이 준비한 것을 말하기에 급급하였습니다. 그는 면접관들이 묻는 의미를 제대로 이해하지 못하였고 결국은 떨어지고 말았는데, 이는 소통의 부재가 낳은 결과였습니다. 그 신입사원 후보는 면접관들과 소통을 하려 하지 않았기 때문입니다.

마찬가지로 역량평가 장면에서도 대다수의 평가대상자들은 본인의 선입견과 직관을 활용하여 평가사의 질문 내용을 미리 판단해 버립니다. 소통이 안 되는 상황입니다. 물론 과제의 내용을 잘 파악하지 못하였고, 과다하게 긴장을 하여 그렇게 대응할 수도 있다만 평가사가 묻는 말에 두괄식으로 답변하며 효과적으로 소통하는 평가대상자들은 40%밖에 되지 않습니다. 평가사가 질문을 하면 반드시 명심해야 할 것이 있습니다.

"평가사가 묻는 말에 결론만 말하십시오."

우리나라는 말할 때 기승전결의 흐름에 익숙해져 있어서 배경을 앞서 말하고 결론을 말하는 경향이 있습니다. 효과적인 소통을 위해서는 결론을 먼저 말하십시오. 그럼 평가사들은 그 결론의 배경을 반드시 물어옵니다. 이러한 접근은 평가사들이 기본적으로 교육받는 내용입니다. 우리는 일상에서도 "그래서 결론이 뭔데?"라는 표현을 많이 듣게 되는데, 이는 결국 두괄식으로 대화를 하자는 것입니다.

"절대 즉답을 하지 마십시오."

질의응답 진행 시에 거의 모든 평가대상자들은 질문이 떨어지자마자 응답을 합니다. 그러면서 평가사의 질문과 다른 답을 하는 오류를 범합니다. 여러분들에게 권유드리는 부분은 즉각적인 대응보다는 정확하게 답을 하라는 것입니다. 평가사가 질문을 하면 2~3초 정도 생각을 하며 평가사의 의도를 파악한 후 천천히 대응하여도 전혀 문제되지 않습니다.

"단락을 지어 전달하십시오."

　인바스켓 질의응답 진행 시, 필자는 평가대상자들의 답변이 장황하다는 내용을 평가기록지에 자주 씁니다. 우리나라는 말이 청자 중심보다는 화자 중심으로 이어지는 경우가 많습니다. 특히 역량평가대상자들은 소속 기관에서 높은 위치를 차지하고 있는 분들로 청자가 알아서 새겨듣기를 바라는 경우가 대다수입니다. 전달하고자 하는 정보의 단락구분 없이 '게다가, 또한, 따라서, 한마디만 더하면, 마지막으로' 등으로 전개되는 경우가 많습니다.

　기본적으로 평가사들은 여러분들의 발언을 깊게 들으려 하지 않습니다. 평가대상자들의 말이 잘 들리지 않으면 "장황하여 알아들을 수 없다"라고 기록지에 기술해버립니다.

　소통을 한다는 것은 상대가 내가 한 말을 이해하고 수용해야 한다는 것을 의미합니다. 이를 교육학에서는 '정보처리과정'이라고 하는데 청자는 화자의 말의 의미를 알아듣고 뇌의 학습과 기억을 담당하는 '해마'의 단기기억 저장장치에 넣어둡니다. 그리고 장기기억으로 보내는 작업을 하면서 기억에 남게 하는 것입니다. 청자의 해마에 쉽게 저장하기 위해서는 단락을 지어 전달해야 합니다.

　예를 들어 과제 내의 문제점에 대해 평가사가 질문을 한다면, "네, 저는 문제점을 3가지로 파악하였습니다. 첫 번째 문제점은 제도가 미비하다는 것입니다. 두 번째 문제점은 홍보계도의 미비입니다. 세 번째 문제점은 교육훈련 미비입니다"의 표현으로 답을 하면 평가사는 문제점 파악에 대해 명확히 인지할 수 있고 이어 문제점들의 배경과 논거에 대해 질문할 것입니다.

　이러한 대화기법은 현업에서도 매우 유용합니다. 상사에게 보고 시에 "오늘 제가 보고드릴 내용은 총 2가지입니다" 등으로, 회의 시에는 "오늘 회의할 주제는 총 3가지입니다" 등의 표현을 일상적으로 쓴다면 타인들은 훨씬 쉽게 여러분들이 하고자 하는 말을 알아들을 수 있습니다.

　인바스켓 평가에서 대인관계 역량평가는 많지 않습니다. 하지만 조직관리, 이해관계 조정, 부하 동기부여, 고객만족 등의 과제에서는 대인관계가 기반이 될 수밖에 없습니다. 이해관계 조정의 과제는 갈등이 있다는 것을 전제로 합니다. 이성적으로는 갈등의 원인을 찾아 해결하면 된다고 할 수 있지만 그들은 이미 갈등으로 인해 화가 많이 난 상황입니다. 그러기에 갈등의 대상자에게 유-메시지와 같은 기법들을 활용하여 그들을 감정적으로 품어줄 수 있어야 합니다. 또한 고객만족 과제에서도 전제는 고객이 불편을 겪고 있고 화가 나 있다는 것입니다. 부하 동기부여 상황에서도 부하가 지금 뭔가가 불편하여 업무에 태만하고 있다는 것입니다. 일단은 부하를 감성적으로 품어줘야 합니다. 그다음 이성적인 대안을 제시해줘야 합니다.

제4강

인바스켓의 평가방식

① 평가기준 '역량'
② 평가를 위한 '기법'
③ 구체적인 평가 '방식'
④ 평가를 담당하는 '평가사'

제4강

인바스켓의 평가방식

역량평가를 위해서는 기본적으로 4가지의 요소가 필요합니다. 평가기준인 '역량', 평가를 위한 '기법', 구체적인 평가 '방식', 평가를 담당하는 '평가사'입니다. 위의 요소들을 간략하게 설명해 드리겠습니다.

1 평가기준 '역량'

모든 평가에는 기준이 필요합니다. 기준을 기반으로 좋고, 나쁨을 판단하는 것이 평가라고 말할 수 있습니다. 역량평가 장면에서도 기준이 요구되는데 '역량평가'이기에 평가의 기준점은 역량입니다. 여러분들이 소속된 부처 또는 기관에서는 평가역량이 구조화(모델링)되어 있습니다.

〈인사혁신처 4급 과장급 평가역량〉

역량	정의
정책기획	다양한 분석을 통한 현안 파악 및 개발하고자 하는 정책의 타당성 검토를 통해 정책 실행을 위한 최적의 대안을 모색하여 제시하는 역량
성과관리	정책을 통하여 행정서비스의 질을 최대화하기 위한 목표를 수립하고 이를 조직원과 공유하며, 실제 업무 수행과정에서 목표달성에 집중하는 역량
조직관리	전체조직 구조 및 각 조직 간의 상관관계를 고려하여 업무달성을 위한 계획 및 자원을 확보하고 최대의 성과를 발휘하도록 조직화하는 역량
의사소통	상대방의 의견을 경청하여 그 의사를 정확히 이해하고 자신의 생각과 의견을 명확하고 효과적으로 전달하는 역량
이해관계 조정	공동의 목적을 위해 다양한 이해관계자들 간의 갈등을 해결하고 협력적인 업무관계를 구축, 유지하는 역량
동기부여	부하직원들이 같은 조직의 구성원으로서 자발적인 노력과 적극적인 자세로 업무를 잘 수행할 수 있도록 격려하고 힘을 북돋아주는 역량

인사혁신처에서 실시되는 중앙부처 4급, 과장급 평가는 위의 6개의 역량으로 모델링되어 있고 평가방식은 행동관찰척도(BOS, Behavior Observation Scale) 방식을 쓰고 있으며 평가사들은 주로 퇴직 고위공직자와 대학교수, 외부 전문가 Pool로 구성되어 있습니다.

⟨서울시 4급 과장급 평가역량⟩

역량	정의
정책관리	거시적 사고를 통해 행정환경의 이슈를 고려한 정책을 기획하며, 핵심이슈에 대한 정책의 구체적인 추진방향을 제시하고 정책추진을 위한 대내외적인 협조와 지지를 이끌어낸다.
의사결정	정책방향에 따라 구체적인 목표를 설정하고, 주어진 권한과 책임 있는 자세를 바탕으로 합리적 판단을 통해 성공적인 업무 수행을 위해 명확하고 구체적인 업무를 지시하며, 자발적 노력과 참여 분위기를 조성한다.
조직관리	조직 목표를 달성하기 위해 인적·물적 자원의 활용 및 조달을 계획하고, 효과적인 업무분장을 통해 조직 구성원의 책임과 권한을 부여하며 조직의 자원을 효율적으로 구조화한다.
코칭	부하직원의 특성을 파악하여 가능성을 진단하고, 목표를 설정하고 잠재된 역량을 개발할 수 있도록 구체적인 피드백과 자신의 목표를 달성할 수 있도록 촉진하고 동기를 유발한다.
이해관계 조정	공동의 목표달성을 위해 이해관계자(외부협력단체, 기관)와의 갈등이해관계를 조정하고 최적의 협의안을 마련하여 협력적 관계를 유지한다.
감성소통	경청을 통해 상대방의 말과 감정언어까지 수용하고 공감하며, 상대가 전달하고자 하는 의도를 명확히 이해하고, 자신이 전달하고자 하는 말과 감정을 효과적으로 전달하여 설득한다.

반면 서울시에서 실시되는 4급, 과장급 역량평가는 위의 6개의 역량으로 모델링되어 있고, 평가방식은 행동기준척도(BARS, Behaviorally Anchored Rating Scales)기법에 행동관찰기법을 가미한 방식을 활용합니다.

같은 4급 과장급 공무원을 선발하는 과정에서도 부처의 특성을 감안하여 평가기준인 역량이 다름을 볼 수 있습니다. 따라서 평가에 참여하는 여러분들은 기본적으로 평가역량에 대한 명확한 이해가 필요합니다.

2 평가를 위한 '기법'

위에서 설명한 역량들을 효과적으로 평가하기 위해 적절한 기법을 사용해야 함은 평가구조 설계에서 매우 중요한 사항입니다. 국내에서는 인바스켓, 발표, 1:1/1:2 역할연기, 집단토론, 정책기획수립 등의 기법들을 사용합니다. 이러한 기법들은 기본적으로 평가하고자 하는 역량에 초점을 맞추어 선택합니다. 가령 정책기획력을 평가한다고 하면 가장 유리한 방법은 '분석과 발표' 기법이고 협의 조정 등의 갈등관리를 평가하려 한다면 '대민 1:1 역할연기' 또는 '1:2 역할연기' 기법이 적절합니다. 이렇듯 평가하고자 하는 역량에 따라 적합한 도구들을 선택합니다. 보통 하나의 평가기법으로 세 개의 역량을 평가하는데 인사혁신처 4급 과장급 평가에서는 인바스켓 기법으로 정책기획, 조직관리, 동기부여 역량을 평가합니다.

본서에서는 인바스켓에 대한 영역만을 다루고 있으므로 다른 기법들을 공부하고 싶으시면 제가 저술한 《장창수의 역량평가 강의》 책자를 활용하시면 위에서 언급한 다양한 기법들을 경험할 수 있습니다.

3 구체적인 평가 '방식'

역량평가는 평가대상자들의 행동을 평가하는 것입니다. 말하는 것, 글을 쓰는 것, 손짓, 눈짓 등의 비언어적인 행동, 기품 있고 상대를 압도하는 태도, 발을 떨면서 보여주는 경망스러운 태도 등 평가 장면에서 평가대상자들이 보여주는 모든 행동이 평가의 대상임을 명심하십시오.

평가사들은 여러분들이 작성한 답지와 인터뷰 내용들을 기반으로 2~3단계에 거쳐 평가점수를 평정합니다. 1명의 평가대상자를 2명 이상 복수의 평가사들이, 평가대상자가 보여준 행동들을 평가사 가이드에 기반을 두고 추려내어 점수화합니다. 각 평가사들의 점수는 상호 협의의 평정 과정을 통해 최종 확정합니다.

평가는 답지 검토를 통한 서면 평가, 인터뷰 내용을 기반으로 한 구술 평가, 인터뷰 시 나타나는 태도를 기반으로 한 태도 평가로 구성되는데, 행동을 통해 나타난 것만이 평가 대상이 되며, 평가사의 개인적인 느낌이나 평가사가 유추한 내용은 평가되지 않습니다. 인바스켓 역량평가 장면에서 가장 많이 쓰이는 방식은 BARS와 BOS 방식으로 아래에서 설명을 드리겠습니다.

(1) 행동기준척도(BARS, Behaviorally Anchored Rating Scales)

행동기준척도는 행동의 질을 평가하는 방식으로 쉽게 말씀드리면 평가대상자들이 보여줄 수 있는 행동을 미리 기술하여 평가한다는 것입니다. 우리가 자주 사용하는 체크리스트(Check List)처럼 평가를 통해 기대하는 행동을 기술하여, 해당되는 행동을 보여주면 체크하여 평가하는 방식입니다.

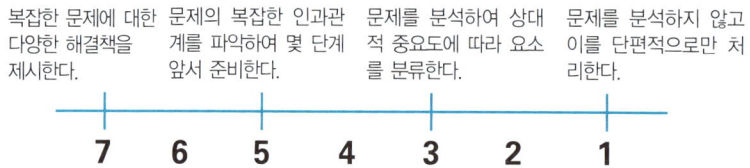

현재 서울시는 7단계의 BARS 방식을 활용하는데 실제 평가장면에서 기술된 각 점수 영역의 내용은 위의 내용보다 더욱 정교하게 기술되어 있습니다. 평가역량과 각 과제의 특성을 반영하여 1수준과 7수준을 표기한다는 것은 쉬운 작업이 아닙니다.

각 점수영역에 해당되는 행동이 잘 기술되었다면 BARS 방식이 매우 합리적이고 객관적인 평가방식이라고 판단할 수 있는데, 아무리 기술을 잘한다고 해도 인간의 행동을 글로 표현하는 데 한계가 있을 수밖에 없습니다. 예를 들어 "상대방에게 공감을 표시하였다"라는 평가사항에서 인간이 보이는 행동은 무척 많고 모호함도 있습니다. 공감을 표시하는 행동으로는 말로 표현하는 방법도 다양하고, 손을 잡아주는 등의 비언어적인 행동 등도 역시 다양합니다. 그러기에 BARS 방식은 많은 시간과 비용을 요구합니다.

또한 인간이 보여줄 수 있는 역량에 한계를 짓는다는 모순도 있습니다. 평가 리스트에 구체적인 행동들이 기술되어 있기에 리스트의 점수 영역을 벗어난, 뛰어난 행동을 보였을 때 평가가 어렵다는 것입니다.

현재 일반 학교에서 시행되는 시험이 천재를 평가할 수 없는 한계를 지니는 것처럼 BARS는 인간의 한계를 미리 설정하였기에 한계를 벗어나는 뛰어난 사람은 평가할 수 없다는 모순이 있습니다.

BARS 방식에서 고득점을 취하기 위해서는 높은 수준의 지표에 초점을 맞추어야 합니다. 각 기관별로 제시되는 역량모델은 역량명, 역량정의, 평가지표의 구조로 되어 있습니다. 지표는 평가의 척도로써 평가의 핵심이므로 평가 시에 지표에 기술된 높은 수준의 행동이 드러나도록 하는 것이 중요합니다. BARS는 좋은 행동의 빈도보다는 질 높은 수준을 기대한다는 것을 잊지 마시기 바랍니다.

(2) 행동관찰척도(BOS, Behavior Observation Scale)

행동관찰척도 방식은 서울시를 제외한 국내의 거의 모든 역량평가에서 활용되는 방식입니다.

행동관찰척도는 평가대상자의 행동빈도를 평가하는 것으로 평가지표에 기술된 행동의 빈도를 관찰하여 평가사가 판단하는 방법입니다. BARS는 질로 판단하고 BOS는 양으로 판단한다고도 할 수 있습니다. 쉽게 말씀드리면 기대하는 행동을 구체적으로 기술하기보다는 비슷한 행동들의 행위 수를 묶어서 매우 좋음(5점), 좋음(4점), 보통(3점), 미흡(2점), 매우 미흡(1점)으로 평가하는 방식입니다.

Communication

	매우 미흡	미흡	보통	좋음	매우 좋음
A. 불필요한 전문 용어를 사용하지 않는다.	1	2	3	4	5
B. 간결하고 명확하게 이야기한다.	1	2	3	4	5
C. 단계별 구조화된 설명을 한다.	1	2	3	4	5
D. 청중에 따라 말 속도/스타일을 조정한다.	1	2	3	4	5

BOS 방식의 평가는 가이드에 제시된 평가포인트(Check Point)를 기반으로 평가대상자가 보여준 행동의 빈도를 보면서 1~5점의 점수를 부여합니다.

구분	행동지표	점수	긍정적 행동	부정적 행동
문제 인식	- 상황이나 현상을 다양한 관점에서 접근하여 객관적으로 문제를 파악한다. - 문제 분석 및 해결에 필요한 정보를 인식하고 추가적으로 수집한다. - 주어진 정보를 가지고 논리적으로 추론한다.	3	- 교육생의 변화하고자 하는 마음이 중요하므로, 그것을 가능하게 하는 사례 위주, 선배특강 등 생생한 교육방법의 중요성을 강조함 - 능력개발 프로그램에 대한 구체적 조언이 없었지만(-), 질의/응답에서 보완됨(+)	- 소과제의 성격에 맞는 답변 작성과 조치가 필요함(-) (소과제 1, 2는 부하에 대한 자문 및 조언, 소과제 3은 타부서 상사에 대한 답변, 소과제 4는 동료 팀장의 업무 협조건) - 답변 자료의 서술에서 조언하는 내용(코칭 포인트)이 항목별로 서술되지 않아 이해가 곤란함(-) - 해외지원과장의 의견을 해석하는 형식에 본인의 의견을 추가하는 방식으로 답변해야 하는데, 그렇지 못함(-)

앞은 문제해결 역량평가에서 긍정과 부정의 빈도가 비슷하여 3점 점수를 받은 사례입니다.

구분	행동지표	점수	긍정적 행동	부정적 행동
문제 해결	- 문제해결에 도움이 되는 다양한 대안을 발굴한다. - 다양한 제안을 체계적으로 비교, 평가하여 최적 대안을 찾아낸다. - 문제해결에 필요한 다양한 경영자원을 효과적으로 확보하고 활용한다.	4	- 홍보/활용방안의 검토를 조언함 - 알기 쉬운 사례의 확대를 조언함 - 외부 영입 인력에 대한 사전 교육과 화합방안 촉구한 것은 좋음 - 외부 영입이 필요한 분야와 그렇지 않은 분야를 구분하자는 것(+), 그것을 가지고 내부 직원들을 설득하자는 얘기도 좋은 의견(+) - 외부 직원의 적응에 대한 도움 장치(멘토-멘티 등)를 제시함(+) - 근무시간 연장, 탄력적 근무제, 상황반 구성, 인센티브 제공, 예산이나 업무 메리트 등의 다양한 실행방안을 강구함	- 좀 더 다양한 시각의 조언이 없음(만화/삽화, 관련 교육 실시, TF 구성 등)

위의 사례는 긍정 행동의 빈도가 높아 4점을 받은 사례입니다.

구분	행동지표	점수	긍정적 행동	부정적 행동
고객 인식	- 정책과 관련된 고객(이해관계자 집단)이 누구인지 안다. - 역지사지의 관점에서 생각하고 행동한다.	2		- 소과제의 성격에 맞는 답변 작성과 조치가 필요함 - 고객을 너무 제한적으로 인식함(정책 유관 고객 이외에 내부고객(직원), 일반 시민 등)(-)

위의 사례는 부정 행동의 빈도가 높아 2점을 받은 사례입니다.

BOS방식은 질보다는 양을 중심으로 판단하는 방식이고 평가 행동이 정확히 기술되어 있지 않기에 평가사의 주관적인 판단이 많은 평가방식이라고 말할 수 있습니다. 평가사가 본인의 경험으로 평가포인트를 해석하여 긍정과 부정의 행동으로 판단합니다. 그러기에 평가사가 평가대상자보다 뛰어나야 합니다. 예를 들어 "문제해결에 필요한 다양한 경영자원을 효과적으로 확보하고 활용한다"라는 평가포인트가 있다면 평가사가이드에 내용이 기술되어 있다고 하더라도 경영전략을 공부하지 않은 사람은 '경영자원'이라는 개념을 모를뿐더러 '효과적인 확보'의 의미를 명확히 알 수 없습니다.

BOS방식은 BARS방식에 비해 시간과 비용이 적게 드는 장점이 있어 국내의 역량평가 장면에서 향후에도 많이 쓰일 것으로 판단됩니다.

본서에서도 인바스켓의 평가방식을 BOS방식으로 제시하고자 합니다.

 평가를 담당하는 '평가사'

역량평가의 학문적 뿌리는 산업심리학에 있습니다. 그렇기에 평가사 중 핵심은 산업심리학 교수들과 전공자들이 될 수 있습니다. 현재에도 산업심리학과 출신의 평가사들이 가장 활발히 활동하고 있습니다. 역량평가의 국내 도입 초기에 주로 산업심리학을 중심으로 사회과학 분야의 대학교수들이 평가사 양성과정을 통해 평가사로 배출됐지만 최근에는 훈련을 받은 국장급 이상의 퇴직 고위공직자들이 많이 활동하고 있습니다.

국내 역량평가 평가사 양성과정은 몇 개 기관에서 실시하고 있습니다. 하지만 며칠간의 평가사 교육으로 평가기법을 완벽하게 이해하고 습득하기에는 한계가 있습니다.

부록

인바스켓 실전 테스트와 해설 I

과제풀이와 평가 절차

이제는 실전연습을 통해 여러분들의 역량수준을 평가해보도록 하겠습니다. 과제명은 '가족복지부 청소년정책실 청소년보호과 정한수 과장의 현안업무처리'입니다. 국내 인바스켓 역량평가 장면에서는 주로 3개 과제가 나옵니다만 본 과제는 4개의 과제로 구성되어 있습니다.
과제의 수행과 평가의 흐름과 아래와 같습니다.

- 주어진 과제를 수행하고 조치내용을 기록지(답지)에 개조식으로 기술하십시오.
- 작성한 답지와 과제내용을 기반으로 스스로 인터뷰를 진행하셔야 하는데 제시된 질문에 대해 서면으로 작성하십시오.
- 제시된 과제 조치가이드에 맞춰 여러분들이 작성한 기록지의 내용과 가이드에 제시된 예시답지를 비교하십시오.
- 여러분들이 질의응답 시에 작성한 서면응답내용과 제시된 예시 서면응답내용을 비교하십시오.
- 최종적으로 BOS 평가방식에 맞추어 잘한 점과 부족한 점을 기술하여 자기평가를 수행하십시오.

가족복지부 청소년정책실 청소년보호과 정한수 과장의 현안업무처리

과제 처리 시간 **50분**
인터뷰 시간 **20분**

역할 및 과제

평가대상자
**청소년보호과장
정한수**

1. 2022 흡연청소년 건강상담 및 금연침 사업 업체 선정
2. 일정 조정 및 스케줄 관리
3. 인터뷰 질문에 대한 답변 작성
4. 청소년 유해매체물 이용 문제 개선 대책 보고서 작성

- 당신은 가족복지부의 청소년정책실 청소년보호과 정한수 과장입니다.
- 오늘은 2022년 3월 16일 월요일이고, 지금 시간은 13시입니다.
- 당신은 2022년 흡연청소년 건강상담 및 금연침 사업기관 선정 위탁업체 선정, 일정 조정 및 스케줄 관리, 학교 밖 청소년 지원대책과 학업중단숙려제 프로그램 인터뷰, 청소년 유해매체접촉 문제점 개선 대책 보고서 작성 업무를 50분 내에 처리하고 외부 미팅에 참석을 위해 출발해야 합니다.
- 주어진 모든 자료를 활용하여 업무과제를 처리해야 합니다.

유관조직도

청소년보호과 주요 업무 및 추진 현황

작성일시: 2022년 3월 16일

이름	직급	업무	업무 난이도	업무 강도	업무 완료 예정일	진척도
김중호	서기관	청소년 보호 관련 업무의 기획	上	中	2022.12.15.	15%
손호준	사무관	청소년 건강 관련 업무 기획/운영	上	中	2022.11.31.	10%
이진호	사무관	청소년보호위원회의 운영에 관한 사항	上	上	2022.10.15.	10%
김수나	주무관	청소년 보호 관련 교육 및 홍보에 관한 사항	中	中	2022.11.30.	12%
윤재형	주무관	청소년 유해약물·유해매체 등의 피해 예방	中	下	2022.12.31.	15%
최소라	주무관	청소년치료재활센터의 운영에 관한 사항	下	下	2022.12.10.	10%
유지현	주무관	청소년 보호 관련 법령의 관리/운영	下	下	2022.12.15.	12%

● 자료#1 2022 흡연청소년 건강상담 및 금연침 사업 계획

■ **사업계획**

◎ **사업 추진배경**
- 청소년 흡연은 청소년기뿐만 아니라 성인기까지 호흡기, 심혈관계, 운동능력 감소, 정신적 문제 유발 등 지속적으로 악영향을 미침
- 정부에서 앞장서서 청소년들의 금연을 장려하기 위한 정책을 추진할 필요성이 있음

◎ **대상**
- 전국 중·고등학교 300개(약 1만 명)

◎ **사업 내용**
- 전문 의료인(한의사)의 흡연예방 교육, 건강관리 상담 및 금연침 시술을 통해 청소년 흡연 예방과 금연을 지원함
- 청소년에게 흡연의 위험성과 흡연 시 나타나는 문제점에 대한 경각심을 일깨워주는 교육을 진행함
- 지속적인 상담을 통해 흡연 청소년의 금연을 유도하고 건강한 신체를 유지하도록 함

◎ **핵심 사안**
- 청소년 금연 교육: 금연의 필요성, 흡연의 위험성에 대한 정확하고 효과적인 정보 전달
- 청소년의 올바른 건강관리 방안 및 건강검진 방법 제시
- 홍보물: 금연 교육 내용과 금연 가이드라인의 제작, 효과적인 배포 방안 제시
- 금연침 시술 및 상담을 통한 추후 사례 관리

◎ **소요예산안**
- 금연침 시술: 30,000,000원
  (시술대상자 1,000명, 금연침 시술 1회 30,000원)
- 흡연청소년 건강상담 및 금연침 홍보물: 6,000,000원
- 학교 순회 금연상담: 70,000,000원
- 건강검진: 50,000,000원
  (대상자 1,000명, 검진비 1인당 50,000원)

※ 금연침: 귀에 침을 놓는 이침 요법의 일종으로 1mm 내외의 압정모양 피내침을 시술하고, 그 위에 살색 테이프를 붙인 후 담배 생각이 날 때 수시로 눌러 자극을 주어 흡연 욕구를 감소시키는 방법

● **자료#2** 손호준 사무관에게서 온 이메일

| 답장 | 모두 답장 | 전달 | 삭제 | 목록 보기 | 헤더 보기 | 인쇄 | 완전 삭제 |

보낸 사람	손호준(son@mogef.go.kr)
받는 사람	정한수(hansoo@mogef.go.kr)
받은 날짜	2022.03.16(월) 10:10
제목	흡연청소년 건강상담 및 금연침 사업 운영 위탁업체 선정 PT 관련 피드백 요청드립니다.
내용	과장님, 청소년보호과 손호준 사무관입니다. 이번에 2022년 흡연청소년 건강상담 및 금연침 운영 사업 위탁업체 선정을 위한 PT가 오늘 오후 1시에 가족복지부 제4회의실에서 진행될 예정입니다. PT 진행에 앞서 최종 후보로 선정된 세 업체의 제안내용을 과장님이 살펴보시고 가장 적합하다고 생각되는 업체가 어디인지, 그리고 사업 수행을 위해 더 보완해야 할 사항은 무엇인지 피드백해 주시면, 제가 PT 전후과제에 반영하고자 합니다. 그리고 이번 주 금요일 오후 1시에 흡연청소년 건강상담 및 금연침 사업 위탁업체 선정 결과를 청소년정책실장님께 보고하기로 하였는데, 과장님도 함께 참석하시는 게 어떤지 의견 듣고 싶습니다. 그럼 답변 부탁드립니다.

● 자료#3 A 업체 제안내용 요약본(일부)

1) 학교 순회 교육 일정

강의 시간	내용	비고
3시간	건강검진	강사: 이양민
1시간	담배는 무엇인가?	
50분	담배와 병의 관계	
50분	흡연이 신체에 미치는 영향	
50분	담배 어떻게 끊을까?	

2) 교육 내용

1. **건강검진:** 청소년의 건강검진을 통해 각 개인의 건강 상태를 조기 진단하고 금연 교육 시 건강한 상태의 몸과 흡연 청소년의 몸 상태를 비교하여 흡연의 위험성을 일깨워 준다.
   (혈액검사, 흉부 x선 검사, 간염 항체 검사, 위 내시경 등)
2. **담배는 무엇인가?:** 흡연 시 담배에서 나오는 유해 성분에 대한 내용
3. **담배와 병의 관계:** 흡연 관련 질병과 발병률
4. **흡연이 신체에 미치는 영향:** 흡연 시 몸에 나타나는 이상 현상에 대한 소개(동영상 시청 30분, 강의 20분)
5. **담배 어떻게 끊을까?:** 금연의 효과와 금연방법(금연침, 패치, 금연껌) 안내, 건강상담 및 금연침 홍보물 배포

3) 홍보물 내용 및 배포방안

- 2022년 흡연청소년 건강상담 및 금연침 사업 안내
- 금연 교육 내용 요약
- 금연침 지정 한의원 연계 병원 전화번호 소개
- 학교에 배포

4) 건강상담 및 금연침 이용 방법

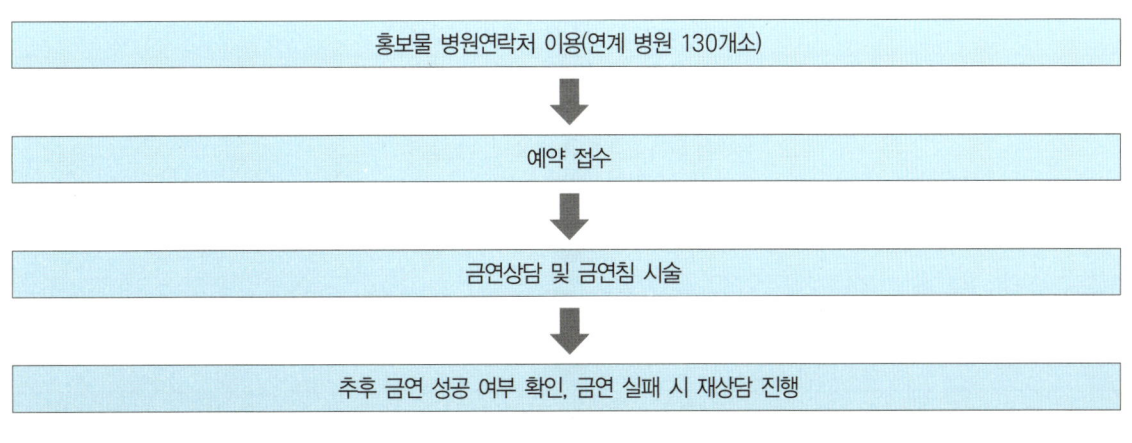

● 자료#4 B 업체 제안내용 요약본(일부)

1) 학교 순회 교육 일정

내용		비고
50분	담배의 진실	강사: 김남주 건강검진: 동부 시립 병원
50분	흡연에 대한 오해	
50분	금연의 효과	
50분	금연 결의서 작성	

2) 교육 내용
담배에 대한 정보, 위험성, 흡연으로 인한 문제를 시각과 청각을 자극하는 자료로 전달함으로써 청소년들이 경각심을 가지도록 함. 흡연자들이 각종 질병에 안전하지 않다는 것을 인지시켜 흡연 청소년들의 흡연의지를 약화시키는 동시에 비흡연자 청소년들이 흡연에 대한 호기심을 줄어들게 하는 것을 목표로 함.

3) 건강검진
학교 일정에 맞춰 학교장과의 협의

4) 홍보물 내용 및 배포방안
- 흡연에 대한 위험성 소개(시각 자료 활용)
- 교육 소개 및 교육 일정
- 금연 방법과 가이드라인 제시
- 금연침 이용 방법 및 금연침 연계 병원 연락처
- 스마트폰 어플과 지역 TV 광고 학교에 배포

5) 건강상담 및 금연침 이용 방법

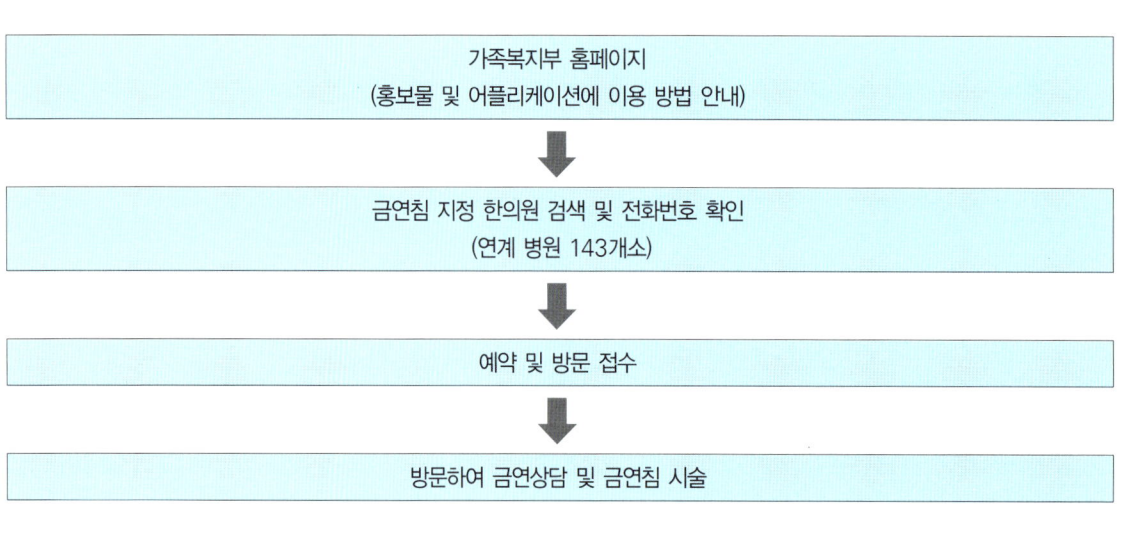

● 자료#5 C 업체 제안내용 요약본(일부)

1) 학교 순회 교육 일정

내용		비고
50분	흡연이란?	강사: 미정 건강검진: 동부 시립 병원
50분	흡연의 위험성	
50분	흡연과 암	
50분	금연 실천 방법	
50분	건강검진	

2) 교육 내용
1. **흡연이란?**: 흡연에 대한 정확한 정보 전달
2. **흡연의 위험성**: 흡연에 의한 질병과 위험성 소개
3. **흡연과 암**: 암에 걸린 흡연자의 다큐멘터리 동영상 시청
4. **금연 실천 방법**: 다양한 금연 방법 안내, 금연침 사업 및 이용방법 안내

3) 건강검진
혈액검사, 흉부 x선 검사, 위장, 간 등의 상태 점검, 간염 항체 검사

4) 홍보물 내용 및 배포방안
- 흡연으로 인한 문제 및 심각성 소개
- 교육의 목적과 내용 소개
- 금연방법과 유익성 소개
- 건강상담 및 금연침 이용방법, 금연침 병원 연락처
- 학교와 센터에 배포

5) 건강상담 및 금연침 이용 방법

홍보물 및 청소년 건강협회 홈페이지(www.adolescent.com) 방문

↓

가장 가까운 지역의 한의원 검색 및 전화번호 확인(연계 병원 200 개소)

↓

한의원으로 연락하여 찾아가는 방법, 시간 등 문의

↓

한의원으로 방문하여 금연상담 및 금연침 시술

과제#1 조치기록

제시된 자료를 활용하여 '흡연청소년 건강상담 및 금연침 사업' 진행에 가장 적합한 업체를 선정하고 추가적으로 보완해야 할 사항에 대해 피드백 하시기 바랍니다.

과제 뒤에 첨부된 기록지를 절취하여 그곳에 기술하여 주십시오.

● 자료#6 황은지 정책관에게서 온 이메일

| 답장 | 모두 답장 | 전달 | 삭제 | 목록 보기 | 헤더 보기 | 인쇄 | 완전 삭제 |

보낸 사람	황은지(silver@mogef.go.kr)
받는 사람	정한수(hansoo@mogef.go.kr)
받은 날짜	2022.03.16(월) 11:25
제목	청소년 보호정책에 대한 사항에 대해 이야기하고자 합니다.
내용	안녕하세요. 과장님. 청소년정책관 황은지입니다. 다름이 아니라 차관님께서 학업중단숙려제 사업의 진행사항을 알고 싶어 하십니다. 차관님께 보고하기 전에 제가 먼저 진행사항을 확인하고자 하는데, 이번 주 20일 2시에 잠깐 만나서 이야기를 할 수 있을까요? 이번에 차관님이 큰 관심을 보이고 계셔서 최대한 자세히 설명해 주셨으면 합니다. 금연침 사업 때문에 많이 바쁘시겠지만 시간을 내서 이야기를 했으면 좋겠습니다. 그럼 답변 부탁드립니다. 감사합니다.

● **자료#7** 청소년유해약물예방협회의 초대장

초대장

청소년보호과 정한수 과장님 앞

하시는 일에 늘 행운이 함께하길 기원하고 있습니다.
우리 사회의 미래인 청소년들이 여전히 유해환경에 노출되어 있습니다. 금년에는 청소년 유해약물 사고 발생 후 대처 과정에서의 문제점이 드러나면서 큰 혼란이 있었습니다. 그만큼 우리 사회가 청소년 유해 약물 예방 교육과 사후 대책 수립에 무심했다고 할 수 있습니다.

청소년의 건강을 해치고 나아가 우리 사회의 미래를 위협하는 청소년 유해약물 사고 방지를 위한 자구책 마련이 시급하다는 생각하에 '청소년 유해약물 사고 예방 교육'이라는 주제로 워크숍을 진행코자 하니 꼭 참석하여 의견 제시해 주셨으면 합니다.

일정 : 2018년 3월 20일 오후 2시 30분~4시
장소 : 고성 호텔 그랜드 볼룸

청소년유해약물예방협회장
이 상 일

● 과제#2 조치기록

귀하에게 이메일 및 초대장이 도착하였습니다. 이들을 확인하여 청소년보호과장으로서 어떤 일정에 참석할지 결정하시기 바랍니다. 또한 귀하가 참석하지 못한다면 적절한 조치를 취하시기 바랍니다.

과제 뒤에 첨부된 기록지를 절취하여 그곳에 기술하여 주십시오.

● **자료#8 홍보담당관실에서 온 이메일**

| 답장 | 모두 답장 | 전달 | 삭제 | 목록 보기 | 헤더 보기 | 인쇄 | 완전 삭제 |

보낸 사람	임현진(jin@mogef.go.kr)
받는 사람	정한수(hansoo@mogef.go.kr)
받은 날짜	2022.03.16(월) 11:34
제목	인터뷰 요청 및 질문 송부
내용	과장님, 안녕하세요? 홍보담당관실의 임현진입니다. 2022년 정책 중 학교 밖 청소년 지원 대책과 학업중단숙려제 프로그램을 시행하기 앞서 기자 인터뷰를 진행하고자 합니다. 담당 기자는 내일 오전 10시에 우리 부처로 찾아온다고 합니다. 인터뷰 질문 내용은 제가 미리 받아 아래에 첨부하였습니다. 바쁘시겠지만 우리 부의 현안 사안인 만큼 언론에 잘 보도될 수 있도록 협조 부탁드리며, 인터뷰 질문에 대한 답변은 간단하게라도 미리 작성해 보내주시면 감사하겠습니다. 인터뷰 질문은 아래 3가지입니다. 1) 두 대책을 시행하고자 하는 목적이 무엇인가요? 2) 학교 밖 청소년 지원프로그램에 대해서 간략하게 설명해 주세요 3) 학업중단숙려제 프로그램에 대해서 간략하게 설명해 주세요.

● 자료#9 보도자료

가족부, '학교 밖 청소년 지원대책' 마련

청소년복지일보 [2022.03.13.]

2022년 가족복지부는 학교를 그만두고 방향을 잡지 못하는 아이들, 즉 '학교 밖 청소년'들을 위한 지원대책을 마련했습니다. 매년 6만 명의 청소년이 학교를 떠나고 있습니다. 현재 '학교 밖 청소년'으로 분류되는 청소년 중 미인가 대안교육 시설이나 장기입원, 해외유학, 보호관찰과 같이 소재가 파악된 청소년은 30%에 불과하며, 나머지 70%의 청소년은 어디서 무엇을 하고 있는지 파악되지 않고 있습니다.

청소년들이 학교를 떠나는 이유는 초등학생과 중고등학생의 경우가 다릅니다. 초등학생의 경우 미인정 유학이나 해외 출국이 가장 큰 이유이며, 중·고등학생의 경우 학업이나 교우관계 문제, 학교 부적응의 경우가 50%, 학교 폭력이나 집단 따돌림으로 인한 것이 50%입니다.

이러한 '학교 밖 청소년'을 보호하기 위해 가족부는 '학교밖청소년지원법'을 통해 학교를 떠난 청소년들의 욕구를 채울 수 있는 교육을 지원하고 있습니다. 학업을 계속적으로 원하는 청소년은 학업진로 프로그램에 참여하고, 학업에 흥미가 없고 자립을 원하는 청소년은 취업사관학교나 취업성공패키지 등과 연계하여 직업훈련을 받고 있습니다.

또한 진로 선택에 혼란을 겪는 청소년에게는 동기부여나 심리상담, 1:1 맞춤형 지도를 통해 직업이나 학업을 이어갈 수 있도록 돕고 있습니다.

가족부의 또 다른 사업으로는 학업중단숙려제 프로그램이 있습니다. 학업을 중단하는 학생이 많이 발생하는 458개의 고등학교를 우선사업 대상으로 선정해 학업중단을 고민하는 학생들을 대상으로 예체능 활동, 직업체험, 대안교육 등으로 구성된 프로그램에 참여할 기회를 제공합니다.

이와 함께 학생의 소질과 적성을 고려한 맞춤형 대안교육을 강화하기 위해 대안교육 위탁 프로그램 제공기관을 대학, 직업훈련기관, 산업체 등으로 확대하고 진로·직업경험, 예술활동 등 프로그램을 다양화할 계획입니다. 또, 건강가정지원센터와 연계하여 가족상담 등 가족관계 개선프로그램과 학업중단 위기청소년들에게 동료 간 정서적 지원을 제공하는 또래 상담 동아리를 지속적으로 운영합니다.

● 자료#10 보도자료

'학교를 그만두기 전에 한 번 더…'

청소년 연합뉴스 [2022.03.14.]

학업중단에 앞서 2주간 숙려기간을 두는 '학업중단숙려제'가 올 4월부터 고등학생을 대상으로 시행된다. '학업중단숙려제'는 학교 밖 청소년을 줄이고 충동적인 학업중단을 사전에 예방하기 위한 것으로, 제도가 성공적으로 안착되면 고교생 학업 중단율이 10% 이상 감소될 것으로 전망된다.

학업 스트레스, 학교폭력 등 학교생활에 적응하지 못한 학생들이 학교를 떠나는 현상은 현재 꽤 심각한 상황이다. 교육 통계서비스에 따르면, 최근 3년간 학업을 중도 포기한 전국 초·중·고등학생은 20만여 명에 이르는 것으로 나타났다. 매년 평균 7만 명 안팎의 청소년이 학교를 떠난 셈이다. 그 가운데 고등학생은 3만 4천여 명으로 가장 높은 학업 중단율을 보이고 있다.

문제는 이렇게 학교 밖으로 내몰린 청소년들이 비행과 범죄에 쉽게 노출된다는 데 있다. 전문가들은 학교 밖 청소년 대부분이 1년 이내에 절도 등 범죄를 저지르거나 폭력에 가담하게 된다고 말한다.

학업중단을 예방하고 학교 밖 청소년을 보듬어야 하는 이유는 바로 여기에 있다. 곧 도입될 예정인 '학업중단숙려제'는 이러한 문제를 해결하는 열쇠가 될 것으로 전망되고 있다.

급증하는 이혼율을 낮추고 충동적인 이혼을 막기 위해 이혼숙려제를 도입한 것처럼, 학교 밖 청소년을 줄이기 위해 일정기간 숙려기간을 두는 것이 '학업중단숙려제'다.

지난 3월 10일 교육부는 가족복지부와 함께 '학업중단숙려제'를 오는 4월 1일부터 시행한다고 발표했다. 학업중단숙려제는 청소년기에 신중한 고민 없이 학업을 중단하는 사례를 방지하는 데 목적을 두고 있다.

따라서 학업중단의 징후가 발견되거나 학업중단 의사를 밝힌 학생 및 학부모는 우리센터, 청소년상담지원센터 등의 외부전문 상담을 받으며 2주 이상 숙려하는 기간을 갖게 된다. 숙려기간에는 우리센터 또는 청소년상담센터에서 심리검사, 집단상담, 학부모 상담 등 학업복귀 프로그램을 운영하며, 학업중단 이후 겪게 될 상황을 안내함으로써 충동적인 학업 중단을 예방한다. 그럼에도 불구하고 자퇴의사를 밝힌 경우에는 대안교육기관, 검정고시 준비 등 학업중단 이후 진로를 종합적으로 안내함으로써 학업중단 이후 사후관리를 진행하게 된다. 가족복지부는 학교 밖 청소년을 위해 학습지원 프로그램 등 각종 프로그램에 대한 정보를 제공할 계획이다.

올해는 학업 중단율이 높은 고등학생을 대상으로 먼저 실시된다. 상담이 진행되는 숙려기간은 출석으로 인정되며, 각 시·도 교육청은 필요에 따라 숙려기간을 2주 이상 운영할 수 있다.

● 자료#11 학업중단숙려제 운영 계획

학업중단숙려제 운영 절차

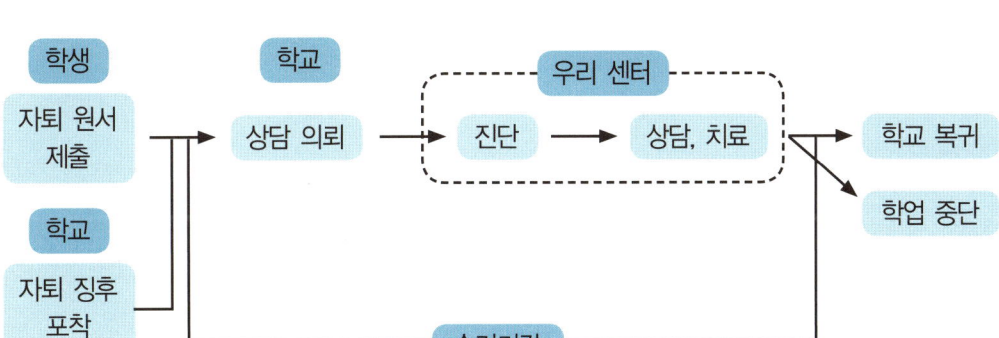

학교 밖 청소년 지원대책 개입 과정

과제#3 조치기록

학교 밖 청소년 지원대책과 학업중단숙려제 실시와 관련하여 기자 인터뷰가 진행될 예정입니다. 자료를 바탕으로 기자의 사전 질문에 대한 대응 문안을 작성하시기 바랍니다.

과제 뒤에 첨부된 기록지를 절취하여 그곳에 기술하여 주십시오.

● 자료#12 황은지 정책관과의 전화통화

(정한수 청소년보호과장이 사무실에서 서류들을 살펴보고 있는 도중 전화벨이 울린다.)

정한수 정한수입니다.

황은지 황은지입니다.

정한수 아 정책관님, 안녕하십니까?

황은지 그래요… 많이 바쁘죠?

정한수 아… 아닙니다.

황은지 정 과장님이 고생이 많습니다. 오늘 전화한 건 다름이 아니라, 청소년의 유해매체물 이용 문제점 개선 대책에 대해 실장님이 자료를 요청하셔서요. 당장 내일까지 대책안을 작성해서 제출하라고 하시는데, 제가 지금 지방 출장을 나와서요. 급하겠지만 정 과장님이 대신 자료를 작성해 줄 수 있나요? 오늘 오후까지 작성해 주면, 나머지 내용 내가 보완해서 내일 오전에 보고드릴게요.

정한수 오늘 오후까지요? 시간 내에 작성할 수 있을지….

황은지 상세한 내용을 담을 필요까진 없고, 지금 가지고 있는 자료를 바탕으로 간단하게만 작성해서 줘도 좋아요. 청소년의 유해매체물 이용 문제가 발생하는 배경과 개선 아이디어 위주로 작성해 주면 될 것 같아요.

정한수 네. 그럼 말씀하신 대로 청소년유해 매체물 이용 문제점 개선 대책 관련 내용을 메일로 보내겠습니다.

황은지 그래요. 김과장의 열심히 하는 모습 보기 좋습니다. 메일 기다리고 있겠습니다.

자료#13 통계자료

◎ 청소년 유해매체물 이용 실태

선정성 게임							
한 번도 없음	등교 전	수업 중	방과 후	저녁 시간	심야 시간	무응답	사례 수
350	80	40	231	430	235	213	1,579

음란 사이트							
한 번도 없음	등교 전	수업 중	방과 후	저녁 시간	심야 시간	무응답	사례 수
151	75	85	264	456	423	125	1,579

유해매체 차단 프로그램 설치 여부			
컴퓨터가 없다	설치되어 있지 않다	설치되어 있다	사례 수
111	1,032	436	1,579

◎ 청소년 유해매체물 인터뷰 내용

- 10대 청소년을 대상으로 설문조사를 진행한 결과 하루 중 방과 후에 유해매체물과 접촉하는 경우가 많음
- 유해매체 접촉은 대부분 가정에서 이뤄지며, 부모님이 맞벌이 부부라 청소년이 집에 혼자 있는 시간이 많은 경우에 더 쉽게 유해매체를 접하는 것으로 나타남
- 부모님이 컴퓨터나 통신기기를 잘 다루지 못하는 경우 부모의 감시에서 자유롭고, 부모가 이를 통제하거나 제재할 수단이 없음

자료#14 통계자료

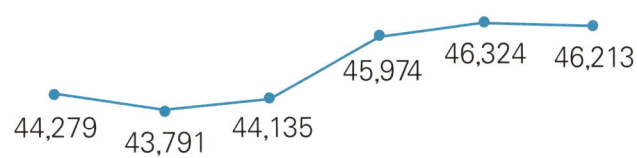

연도별 청소년 유해매체물 차단 사업 투입 예산

(단위: 만 원)

44,279 / 43,791 / 44,135 / 45,974 / 46,324 / 46,213
2016 / 2017 / 2018 / 2019 / 2020 / 2021

연도별 청소년 유해매체물 적발 건수

(단위: 만 건)

연도	음란사이트	선정성 게임	총
2016	5,123	7,039	12,162
2017	6,421	7,183	13,604
2018	5,873	7,309	13,182
2019	7,399	9,327	16,726
2020	8,343	9,232	17,575
2021	9,374	10,324	19,698

자료#15 인터뷰 내용

청소년 유해매체 교육 어디로 가야 하나?

한주뉴스 [2022.02.23.]
인터뷰 - 청소년보호재단 이원호 이사장

Q: 청소년 유해매체 교육은 학교와 국가, 가정의 관심과 지원이 필요하리라 생각한다. 부모가 청소년 아이들에게 실시하는 유해매체 교육에 대한 한계가 분명히 있을 것으로 보이는데, 이와 관련 정부에 대한 바람이 있다면?

A: 청소년의 유해매체 교육을 하는 데 있어 정부와 학교에서의 교육만으로는 한계가 있음이 분명하다. 유해매체 접촉은 학교 밖에서 이루어지는데 청소년의 부모들이 유해매체에 대한 교육을 진행할 수 없어 자녀의 유해매체 예방교육을 학교에만 전적으로 의지하고 있다.

각종 설문조사 결과, 청소년들이 유해매체를 주로 접하는 장소는 '현재 거주하는 집'으로 나타났다(전체의 45%). 그러나 청소년의 80.4%는 집에 있는 컴퓨터에 인터넷 사용 제한 프로그램이 설치되어 있지 않다고 응답했다. 가정에서 유해매체 접촉의 대부분이 이루어지지만, 대부분의 부모는 자녀에 비해 매체에 대한 접근 능력이 부족하기 때문에 자녀를 교육하거나 통제하는 데 영향력을 발휘하지 못하고 있다.

이에 학교에서 부모를 위한 유해매체 예방교육이 필요하며 컴퓨터·인터넷·텔레비전 비밀번호 지정 및 이용 수칙에 대한 교육이 필요하다. 또한 학교와 관공서 등에서 자녀의 미디어 이용에 관한 부모교육 매뉴얼을 제작, 배포하고 현재 일부에서 시행되고 있는 학부모 대상 미디어 교육 프로그램을 좀 더 활성화할 필요가 있다. 덧붙여 학부모를 대상으로 한 인터넷 사용 제한 프로그램을 보급하고 홍보를 강화해야 할 것이다.

● 자료#16 보도자료

청소년 유해매체 이용 문제 심각

매일뉴스 [2022.02.28.]

그동안 많은 연구에서 유해매체 예방교육의 중요성이 강조되어 왔지만 2022년 조사결과에 따르면 유해매체 예방교육을 받은 경험자의 비율이 51.9%로 전체의 절반 남짓한 수준인 것으로 나타났다. 또한, 유해매체 접촉의 저연령화 현상이 나타나고 있어 조기 미디어 교육을 포함한 유해매체 예방교육이 시급한 것으로 나타났다. 하지만 교육내용이 유해매체의 유해성을 강조하는 데 그친다면 아무런 효과가 없을 것이다. 성인용 음란폭력물에 대한 의식 조사에서 음란물을 이용한 청소년 중 대부분이 유해성을 몰라서 유해매체를 접촉하는 것이 아니라 알면서도 이용하고 있다고 답했다.

가족복지부가 리서치연구소에 의뢰해 전국 중학교 이상 19세 미만 청소년 18,544명(일반청소년 16,572명, 위기청소년 1,972명)을 대상으로 조사한 결과 유해매체를 접촉한 일반청소년의 32%(남학생 45%, 여학생 16%), 위기청소년의 44.1%(남학생 45.9%, 여학생 41.1%)가 성관계를 경험한 것으로 드러났다. 연령대 평균은 일반청소년 15.6세, 위기청소년 14.9세였다. 이 같은 결과는 유해매체가 청소년들에게 실질적으로 악영향을 미치고 있다는 증거이다. 청소년들이 컴퓨터 및 모바일을 통해 가장 많이 접촉하는 유해매체물은 온라인 사행성 게임과 성인용 게임이었다.

이에 관련하여 복지대 청소년문화학과 유배인 교수는 "유해매체 교육은 단순히 예방교육에 그치는 것이 아니라, 청소년의 삶에 깊숙이 영향을 미치고 있는 사회환경의 하나인 매체환경에 대한 비판적 수용 능력을 배양함으로써 청소년이 불가피하게 유해매체를 접촉하게 되더라도 스스로 악영향을 피해갈 수 있는 저항력을 길러줄 수 있어야 한다. 교육내용에는 정보윤리 교육 및 인터넷중독 예방교육을 비롯해 건전한 미디어문화 확산을 위한 교육 및 홍보, 미디어를 활용한 잠재력 개발까지 포함돼야 하고, 더 나아가서는 유해매체가 유해하다는 사실을 알면서도 달리 여가시간에 할 일이 없어 유해매체를 이용하게 되는 청소년을 위해 건전한 여가시간 활용 방법으로서 방과 후 프로그램의 활성화가 필요하다고 생각된다"고 말하였다.

● 자료#17 보도자료

청소년 유해매체 감시단 발족
서울 여성연합, 감시단원 1천여 명 다양한 활동 전개

하루일보[2022.03.03.]

통학길의 청소년을 유혹하는 향락업소, 학교주변에서도 쉽게 접할 수 있는 내용을 담은 영화 포스터, 저질 만화, 음란 비디오 등 청소년에게 심각한 영향을 미치는 유해매체의 문제를 해결하기 위해 여성단체가 발 벗고 나섰다.

서울 여성연합의 회장 김복규는 3일 오후 2시 서울 여성연합 명동본부에서 유해매체 감시단 발대식을 갖고 명동일대를 돌며 캠페인을 전개한다. 청소년 유해매체 문제는 이미 오래전부터 논의되어 왔으나 뚜렷한 대책 없이 방치되어 왔는데 최근에는 컴퓨터 보급에 따라 음란, 도박 프로그램이 유행하는가 하면 전화 유료정보서비스가 새로운 문제로 떠오르고 있다. 이에 서울 여성연합이 나선 것인데 여성단체로는 유례없는 1천여 명의 참가인원으로 올해 말까지 운영될 감시단은 4월 모니터 요원 교육을 시작으로 12월 보고서 발간까지 9개월에 걸쳐 지역 유해매체 감시, 법규 위반 업체 경고 등 다양한 활동을 전개할 예정이다.

감시단은 4개 분야로 나눠 활동을 벌이는데, 인쇄매체협의회(만화, 잡지)와 영상매체협의회(TV, 비디오, 음란 디스켓), 통신매체협의회(PC통신, 유료음성 정보서비스), 유해시설감시단(학교 주변, 향락업소 밀집지역) 등이 주축이다.

각 협회는 월 1회 모임을 갖는 2~3개의 모니터회를 운영, 꾸준한 감시활동을 벌이며 방학 중에는 청소년들로 구성된 모니터회도 운영할 계획이다. 또 정기보고서 작성과 모니터 요원 재교육 등도 실시한다.

감시단은 감시활동과 함께 정부 정책 개선을 촉구하는 활동도 함께 전개해 나간다. 연령 제한 및 본인확인 제한을 강화하고 규정 위반 시 콘텐츠 제공자를 엄격하게 처벌하는 등 유해매체 공급자에 대한 행동을 요구할 예정이다.

● 과제#4 조치기록

황은지 청소년정책관이 급하게 청소년 유해매체물 이용 문제점 개선 대책 보고서를 요청했습니다. 제시된 자료를 이용하여 청소년의 유해매체물 이용 문제점과 이를 개선하기 위한 대책을 담은 보고서를 작성하시기 바랍니다.

과제 뒤에 첨부된 기록지를 절취하여 그곳에 기술하여 주십시오.

In-Basket 조치기록지

- 안 건: (   )번   - 제 목:
* 조치방법: ** 수 신 자:
*** 조치사항

* 전화통화, e-mail, 공문발송, 지시, 보고 등 표시
** 전화통화 상대방, e-mail, 공문수신인, 피지시자, 피보고자 등 표시
*** 조치사항, 의도(또는 사유), 계획 등을 기술/전화통화, e-mail의 경우 수신인에게 얘기하고자 하는 내용을 기술, 세부적 내용보다는 핵심적인 의미가 드러나도록 작성

● In-Basket 조치기록지

- 안　건: (　　　)번 　　　　　　　　　- 제　목:
* 조치방법: 　　　　　　　　　　　　** 수 신 자:
*** 조치사항

*　전화통화, e-mail, 공문발송, 지시, 보고 등 표시
**　전화통화 상대방, e-mail, 공문수신인, 피지시자, 피보고자 등 표시
*** 조치사항, 의도(또는 사유), 계획 등을 기술/전화통화, e-mail의 경우 수신인에게 얘기하고자 하는 내용을 기술, 세부적 내용보다는 핵심적인 의미가 드러나도록 작성

● In-Basket 조치기록지

- 안 건: (   )번   - 제 목:
* 조치방법: ** 수 신 자:
*** 조치사항

*   전화통화, e-mail, 공문발송, 지시, 보고 등 표시
**   전화통화 상대방, e-mail, 공문수신인, 피지시자, 피보고자 등 표시
*** 조치사항, 의도(또는 사유), 계획 등을 기술/전화통화, e-mail의 경우 수신인에게 얘기하고자 하는 내용을 기술, 세부적 내용보다는 핵심적인 의미가 드러나도록 작성

In-Basket 조치기록지

- 안 건: (   )번   - 제 목:
* 조치방법: ** 수 신 자:
*** 조치사항

*   전화통화, e-mail, 공문발송, 지시, 보고 등 표시
** 전화통화 상대방, e-mail, 공문수신인, 피지시자, 피보고자 등 표시
*** 조치사항, 의도(또는 사유), 계획 등을 기술/전화통화, e-mail의 경우 수신인에게 얘기하고자 하는 내용을 기술, 세부적 내용보다는 핵심적인 의미가 드러나도록 작성

인터뷰

제시된 과제를 해결하느라 수고 많으셨습니다. 이제부터는 인터뷰를 진행하도록 하겠습니다.

다음 페이지에는 전체 과제 및 각 과제별 인터뷰 질문이 제시되어 있습니다. 작성하신 기록지와 제시된 과제를 기반으로 인터뷰에 대한 답변을 작성하여 주십시오. 실제 인터뷰 상황은 대단한 압박 상황임을 생각하시면서 작성하시기 바라며, 별도의 용지에 기록해 주시기 바랍니다.

과제 0 전체 과제에 대한 질문

Q1. 제시된 상황에서 귀하의 역할은 무엇입니까?
___

Q2. 귀하가 조치한 내용은 무엇인지 설명해 주십시오.
___

Q3. 귀하가 조치한 내용에 우선순위가 있습니까? 있다면 어떤 사안부터 조치하였으며, 그 배경은 무엇입니까?
___

Q4. 본 현안업무를 효과적으로 처리하기 위해 타인의 도움을 받거나 업무를 위임할 생각이 있습니까?
___

Q5. 본 현안업무를 처리하면서 과제 간의 관련성을 보셨습니까? 관련성이 있다면 설명해 주십시오.
___

과제 1 2022 흡연청소년 건강상담 및 금연침 사업 업체 선정

Q1. 본 사업의 목적은 무엇입니까?
___

Q2. 업체 선정 기준은 무엇입니까?
___

Q3. 업체를 선정함에 있어 추가적으로 필요한 정보나 자료는 없습니까? 있다면 어떠한 경로를 통해 이를 입수할 수 있나요?
___

Q4. 선정된 업체와 구체적인 선정 배경을 설명해 주십시오.
___

Q5. 사업의 완성을 위해 보완해야 할 사항은 무엇입니까?
___

과제 2 일정조정 및 스케줄 관리

Q1. 참석여부를 결정해야 하는 일정은 어떤 것입니까?

Q2. 어떤 일정에 참석할 예정이며, 참석여부를 결정할 때 가장 중요하게 고려한 점은 무엇입니까?

Q3. 스케줄 조정 후 그 결과는 누구에게, 어떻게 전달할 생각이었나요?

과제 3 학교 밖 청소년 지원 대책과 학업중단숙려제 프로그램 인터뷰 자료 작성

Q1. 인터뷰를 진행하는 목적이 무엇입니까?

Q2. 학교 밖 청소년 지원 대책에 대해 설명하여 주십시오.

Q3. 학업중단숙려제 프로그램에 대해 설명해 주십시오.

과제 4 청소년 유해매체물 이용 문제 개선 대책 보고서 작성

Q1. 본 보고서 작성의 목적은 무엇인가요?

_____

Q2. 제시된 자료 중 가장 중요하게 참고한 자료는 무엇입니까?

_____

Q3. 청소년 유해매체물 이용의 문제점은 무엇인가요?

_____

Q4. 위의 문제점을 해결하기 위한 대안은 무엇인가요?

_____

Q5. 제시한 대안을 실행할 구체적인 계획을 말씀하여 주십시오.

조치 가이드

인터뷰도 잘 마치셨나요?

그렇다면 이제 평가를 진행해야 하겠죠? 평가 진행에 앞서 평가하는 데 참고가 될 만한 조치 가이드를 보여드리겠습니다. 조치 가이드의 내용을 본인의 답안과 비교하여 보시기 바랍니다. 조치 가이드는 정답이 아니지만, 평가 문제 개발자의 의도가 담긴 가이드로 생각하시면 됩니다. 여러분의 더 탁월한 조치를 기대합니다.

가족복지부 청소년정책실 청소년보호과 정한수 과장의 현안업무처리 가이드라인

과제 처리 시간 **50분**
인터뷰 시간 **20분**

과제 개요

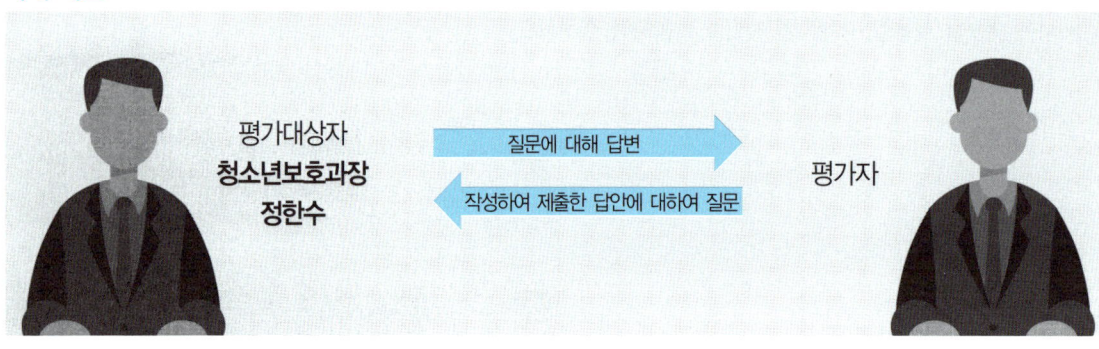

과제처리시간: 50분
인터뷰: 20분(평가자와의 면담)

◎ 피평가자의 역할
- 가족복지부의 청소년정책실 청소년보호과장 정한수는 오후 1시부터 50분 내에 다음의 4개의 업무를 처리해야 합니다.
  1. 2022년 흡연청소년 건강상담 및 금연침 사업 업체 선정
  2. 일정조정 및 스케줄 관리
  3. 인터뷰 질문에 대한 답변 작성
  4. 청소년 유해매체물 이용 문제 개선 대책 보고서 작성
     ◎ 평가역량
     · 과제1 : 전략적사고
     · 과제2 : 조직관리, 고객만족
     · 과제3 : 변화관리, 의사소통
     · 과제4 : 기획력, 성과관리

과제#1 참고답안   전략적 사고

현안업무	2022 흡연청소년 건강상담 및 금연침 사업 업체 선정
조치방법	이메일
우선순위	1순위
수신자	손호준 사무관

1. 위탁업체 선정조건
- 흡연교육에 대한 정보전달 및 자세한 교육 내용이 있는가?
- 건강검진 내용과 일정이 있는가?
- 홍보물 내용에 금연교육과 금연 가이드라인, 홍보물 배포방안이 제시되어 있는가?
- 금연침 시술과 상담을 통해 추후 사례 관리가 되는가?

2. 업체분석

		A 업체	B 업체	C 업체
교육 내용	교육 내용 소개	충분	불명확함	충분
건강검진	일정 및 세부내용	충분	불충분	충분
홍보물	금연 교육 내용	있음	있음	있음
	금연 가이드라인	없음	있음	없음
	배포방안	부족	충분	적정
추후 사례관리	추후 사례관리 계획	있음	없음	없음
	연계병원	적정	적정	충분

3. 업체선정
- 선정기준: 자세한 교육내용, 건강검진 일정, 홍보물에 금연교육 내용과 금연 가이드라인 홍보물 배포방안, 추후 사례 관리
- 선정업체: A업체
- 선정사유: 홍보물 내용이 부족하긴 하나, 교육 내용, 건강검진, 추후사례관리 계획 등 다른 주요 항목이 충실히 작성됨
    - B 업체: 흡연 교육 및 건강검진 계획이 불충분함
    - C 업체: 사례 관리 항목 외에 다른 항목이 충실이 작성되었으나, A 업체보다 건강검진계획이 충실하지 못함
- 보완사항: 홍보물 보완(금연 가이드라인 안내, 배포 방안 추가), 연계병원 추가 확보

과제#2 참고답안

조직관리, 고객만족

현안업무	일정 조정 및 스케줄 관리
조치방법	전화, 이메일
우선순위	4순위
수신자	황은지 정책관, 손호준 사무관, 이진호 사무관

1. 흡연청소년 건강상담 및 금연침 사업 위탁업체 선정 최종보고 참석 요청

* 수신자: 손호준 사무관(이메일)

- 금주 금요일 1시에 있는 업체선정 최종보고는 참석이 가능합니다. 같이 이동하도록 합시다. 다만 2시부터 차관님 보고가 있어 너무 늦어지면 저는 중간에 나올 것이니 그 부분은 감안해 주길 바랍니다.

2. 학업중단숙려제 사업 진행사항 보고 요청

* 수신자: 황은지 정책관(전화)

- 금주 금요일 1시에 금연침 사업위탁업체가 선정 보고가 있지만 효율적으로 추진하여 정책관님의 요청에 맞추어 2시에 보고를 드리겠습니다.

3. 청소년 유해약물사고 예방 교육 워크숍 참석 요청

* 수신자: 이진호 사무관

- 이진호 사무관 많이 바쁘죠? 업무협조 부탁 건으로 메일을 드립니다.
  금주 금요일 고성의 그랜드 볼륨 호텔에서 열리는 '청소년유해약물예방협회' 주관의 '청소년 유해약물 사고예방교육' 워크샵에 본인을 초청했어요.
  그러나 당일 보고일정이 있어 저는 참석이 힘들겠습니다.
  이 사무관도 알다시피 '청소년유해약물예방협회'는 우리의 일을 많이 도와주는 민간기관입니다. 기관의 위상을 고려하여 사무관급 이상이 참석해주어야 할 듯싶어서요. 청소년 유해약물 담당자인 윤재형 주무관과 협의하여 민간의 의견을 경청하고 정부의 정책방향을 설명해 주길 바랍니다. 그럼 부탁합시다.
  P.S: 윤재형 주무관에게도 연락하여 일정에 차질이 없도록 부탁합니다.

과제#3 참고답안

변화관리, 의사소통

현안업무	인터뷰 질문에 대한 답변 작성
조치방법	이메일
우선순위	3순위
수신자	홍보담당관실 임현진

〈질문 내용에 대한 답변〉

1) 학교 밖 청소년 지원 프로그램과 학업중단숙려제 도입 목적
    - 두 제도의 공통적인 목적은 비행과 범죄에 쉽게 노출되는 학교 밖 청소년을 보호하는 것임
    - 학교 밖 청소년 지원 프로그램은 학교를 떠난 후에도 청소년들이 학업을 유지하고 취업을 준비할 수 있도록 하기 위함
    - 학업중단숙려제는 새로 발생하는 학교 밖 청소년의 수를 최소화하는 것을 목표로 함

2) 학교 밖 청소년 지원 프로그램에 대한 설명
    - 학업을 원하면 학업진로 프로그램에 참여 가능
    - 학업을 원하지 않는다면 취업성공패키지 등과 연계하여 직업훈련에 참여
    - 진로를 결정하지 못한 청소년의 경우 동기부여나 1:1 심리상담 맞춤형 지도를 통해 어떤 프로그램에 참여할지 결정할 수 있음

3) 학업중단숙려제에 대한 설명
    - 학업중단을 결정하기 전 2주간의 숙려기간을 두는 제도
    - 숙려기간 동안 우리센터 혹은 청소년상담센터의 학업복귀프로그램에 참여하며 학업중단 이후 겪게 될 일에 대해 배움
    - 그 후에도 학업중단 의사를 밝힌 청소년에게는 대안교육기관 입학, 검정고시 준비 등 사후관리 진행
      제도가 성공적으로 정착할 경우 학업중단율이 10% 감소할 것으로 예상됨
    - 2022년 4월 1일부터 고등학생을 대상으로 시행

- 기자님께 당부의 말씀
    - 본 사업은 청소년들을 위해 정부가 준비한 매우 중대한 변화라고 생각합니다. 이러한 정부의 정책의 실효성을 높이기 위해서는 기자님의 많은 관심이 필요한 상황입니다. 기자님의 적극적인 협조 부탁드립니다.

과제#4 참고답안(1/2)

기획력, 성과관리

현안업무	청소년 유해매체물 이용 문제 개선 대책 보고서 작성
조치방법	이메일
우선순위	2순위
수신자	황은지 청소년정책관

청소년 유해매체물 이용 문제 개선 대책

1. 추진배경
- 인터넷 및 모바일을 통해 청소년 유해매체물이 급속도로 보급됨에 따라 청소년들은 더 쉽게 유해매체에 노출되고 있음
- 매년 청소년 유해매체물 적발 건수는 꾸준히 증가하고 있으나, 이에 투입되는 예산은 소폭 상승하거나 오히려 감소하기도 함
- (적발 건수: 2016년 12,162만 건 → 2021년 19,688만 건, 투자 예산: 2016년 44,279만 원 → 2021년 46,213만 원)
- 청소년들은 유해매체물의 유해성을 알면서도 청소년 유해매체물을 이용하고 있음
  - 청소년 유해매체 교육을 충분히 받고, 청소년 유해매체 이용의 위험성을 인지하고 있음에도 이를 계속 이용하는 청소년들을 정상적인 생활로 이끌어내기 위해 기존과 다른 조치가 필요함

2. 청소년 유해매체물 이용의 문제점
- 가정에서의 청소년 유해매체물 이용 차단이 적절하게 이루어지지 못함
  - 맞벌이 부모를 두어 자녀가 집에 혼자 있는 시간이 증가함
  - 부모가 컴퓨터 및 통신기기를 잘 다루지 못하는 경우 적절한 제재가 가해지지 않음
  - 유해매체 차단 프로그램이 설치되어 있지 않은 경우가 대부분임
- 적절한 정부 대책 도입 실패
  - 청소년의 절반 이상이 청소년 유해매체 교육을 들었지만 실효성이 없음
- 사회환경의 영향
  - 청소년이 건전하게 스트레스를 해소할 수 있는 방안 부족

3. 대책방안
◎ 단기대책
- 청소년 유해매체 교육 콘텐츠 보완(~'22.06)
  - 정보윤리 교육, 인터넷 중독 예방교육, 건전한 미디어 문화 확산을 위한 교육, 미디어를 활용한 잠재력 개발 내용 포함
- 학부모 대상 유해매체 관리 교육 실시(~'22.12)
  - 컴퓨터 인터넷 텔레비전 비밀번호 지정 및 이용수칙에 관한 교육
  - 학교와 관공서 등에서 자녀의 미디어 교육프로그램 활성화 자료 및 부모교육 매뉴얼 배포
  - 인터넷 사용제한 프로그램 보급 및 홍보
- 건전한 청소년 여가문화 확산(~'23.06)
  - 학교 방과 후 프로그램 활성화
  - 건전한 청소년 여가문화 확산 캠페인 시행

과제#4 참고답안(2/2)

기획력, 성과관리

◎ 장기대책
- 청소년 유해매체 감시단 운영('22.03~지속적 운영)
  - 지자체 중심의 유해매체 감시단 운영
  - 인쇄매체협의회, 영상매체협의회, 통신매체 협의회, 유해시설감시단 등 유해매체별 감시단 운영
  - 지역 청소년 유해매체 감시 및 위반 업체에 대한 경고 발행

- 청소년 유해매체에 대한 처벌 강화('22.03~지속적 운영)
  - 청소년 유해매체 이용자에 대한 본인확인 절차 강화
  - 규정을 위반한 공급자에 대해 처벌 강화

4. 기대효과
- 부모의 유해매체 예방교육을 통한 청소년 유해매체 이용 통제 및 감시
- 청소년 유해매체 교육을 통한 청소년들의 인식 개선
- 청소년 여가시간 프로그램 활성화로 청소년의 건전한 여가활동 증가
- 유해매체 감시단 운영, 처벌 강화를 통해 청소년 유해매체물 공급자에 대한 관리 강화

● 전체 과제 질문·응답 예시

Q1. 제시된 상황에서 귀하의 역할은 무엇입니까?

　　A. 가족복지부의 청소년보호과장이며, 50분 내에 청소년 보호 정책과 관련된 현안을 처리해야 합니다.

Q2. 귀하가 조치한 내용은 무엇인지 설명해 주십시오.

　　A. 총 4개의 현안업무가 제시되었으며, 이는 2022년 청소년 건강상담 및 금연침 사업 위탁업체 선정, 일정 조정, 학교 밖 청소년 지원 정책 및 학업중단숙려제 관련 인터뷰 대응, 청소년 유해매체물 이용 문제 개선 대책 보고서 작성입니다.

Q3. 귀하가 조치한 내용에 우선순위가 있습니까? 있다면 어떤 사안부터 조치하였으며, 그 배경은 무엇입니까?

　　A. 2022년 청소년 건강상담 및 금연침 사업 위탁업체 선정을 가장 먼저 조치하였습니다. 시급성을 가장 우선적으로 고려하였습니다.

Q4. 본 현안업무를 효과적으로 처리하기 위해 타인의 도움을 받거나 업무를 위임할 생각이 있습니까?

　　A. 생각은 하였으나, 제가 직접 처리해야 하는 업무가 대부분이어서 직접 처리하였습니다. 청소년 유해매체물 이용 문제 개선 대책 보고서 작성 업무는 위임도 가능할 것 같습니다.

Q5. 본 현안업무를 처리하면서 과제 간의 관련성을 보셨습니까? 관련성이 있다면 설명해 주십시오.

　　A. 과제 2번 일정조정과제에서 청소년 보호과의 주요업무 및 추진상황 자료를 활용하였고, 〈자료 1. 손호준 사무관의 이메일〉에서 금요일 1시에 실장님에게 보고 일정이 있다는 정보를 확인하였습니다.

● 과제#1 질문·응답 예시

과제 1. 2022 흡연청소년 건강상담 및 금연침 사업 업체 선정	
질문내용	예시 답변
본 사업의 목적은 무엇입니까?	흡연청소년에 대한 건강상담을 통해 흡연의 위험성을 알리고, 금연침을 시술함으로써 청소년의 금연을 돕는 것입니다.
업체를 선정한 기준은 무엇입니까? – 본인이 제시한 기준 중 가장 중요하다고 생각한 것은 무엇입니까?	교육내용, 건강검진 일정, 홍보물에 금연교육 내용과 금연 가이드라인 홍보물 배포방안, 추후 사례관리 등의 핵심사안이 모두 들어가 있는가를 최우선으로 평가하였습니다.
업체 선정에 있어 추가적으로 필요한 정보나 자료는 없습니까? – 있다면 어떠한 경로를 통해 입수할 수 있나요?	사업을 안정적으로 추진하기 위해 보유 인력 현황 및 구체적인 사업 추진 일정이 필요할 것 같습니다.
선정한 업체는 어디이며 구체적인 선정 배경은 무엇입니까?	A 업체를 선정하였습니다. 홍보물 내용이 부족하긴 하나, 교육 내용, 건강검진, 추후사례관리 계획 등 다른 주요 항목이 충실히 작성되었기 때문입니다.
사업의 완성을 위해 보완해야 할 점은 무엇입니까?	홍보물의 내용 등 구체화되지 않은 사항을 목적에 맞게 구체화시킬 필요가 있습니다.

과제#2, 과제#3 질문·응답 예시

과제 2. 일정조정 및 스케줄 관리

질문내용	예시 답변
참석 여부를 결정해야 하는 일정은 어떤 것입니까?	흡연청소년 건강상담 및 금연침 사업 위탁업체 선정 최종보고, 학업중단숙려제 진행상황 보고, 청소년 유해약물 사고 예방 교육 관련 워크샵의 참석 여부를 결정해야 합니다.
어떤 일정에 참석할 것이며, 참석 여부를 결정할 때 가장 중요하게 고려한 점은 무엇입니까?	업무의 중요도와 긴급성을 고려하였습니다. 참석하고자 하는 2개의 업무는 상사에 보고를 하는 중요한 업무이고 2개의 업무를 당일 처리할 수 있었습니다.
스케줄 조정 후 그 결과는 누구에게, 어떻게 전달할 생각이었나요? - 선택한 방식이 최선이라고 생각하십니까?	손호준 사무관과 이진호 사무관에게는 메일로, 황은지 정책관에게는 전화로 전달할 생각이었습니다.
이진호 주무관은 매우 바쁜 사람입니다. 꼭 이진호 사무관을 보냈어야 했나요? 다른 사람은 없었나요?	다른 직원을 보낸다면 가능하면 사무관급을 보내는 것이 좋겠다는 생각을 했습니다. 협회에서는 저를 초대했기에 담당이 아니라면 어느 정도 격이 맞는 직원이 가는 것이 협회에 대한 예우라고 생각을 했습니다.

과제 3. 학교 밖 청소년 지원 대책과 학업중단숙려제 프로그램 인터뷰 자료 작성

질문내용	예시 답변
인터뷰를 진행하는 목적이 무엇입니까? - 작성한 문서가 목적에 부합한다고 생각하십니까?	학교 밖 청소년 지원 대책 및 학업중단숙려제를 시행하기 전 시행 목적과 그 내용을 알리기 위함입니다.
학교 밖 청소년 지원 대책에 대해 설명하여 주십시오	학업을 중단한 학교 밖 청소년들이 사회에서 도태되지 않도록 학업, 진로 상담, 취업 준비 등을 지원하는 프로그램입니다.
학업중단숙려제 프로그램에 대해 설명해 주십시오.	청소년이 학업을 중단하기 전 2주 동안 고려기간을 두고, 상담 및 학업복귀 프로그램에 참여하도록 함으로써 충동적인 학업 중단을 방지하는 프로그램입니다.
이러한 정부 정책이 효과적이므로 실행되기 위해 필요한 사항들은 무엇이라고 생각하시나요?	관련 이해관계자들의 변화에 대한 공유와 주도라고 생각합니다. 이러한 변화가 잘 정착될 수 있도록 지속적인 모니터링과 교육, 홍보가 필요하다고 생각합니다.

과제#4 질문·응답 예시

과제 4. 청소년 유해매체물 이용 문제 개선 대책 보고서 작성자	
질문내용	예시 답변
본 보고서를 작성한 목적은 무엇입니까? – 작성한 문서가 목적에 부합한다고 생각하십니까?	청소년 유해매체물 이용을 줄일 수 있는 방안에 대한 아이디어를 제시하는 것이었습니다.
제시된 자료 중 가장 중요하게 참고한 자료는 무엇입니까? – 왜 그 자료가 가장 중요하다고 생각하십니까?	청소년 유해매체 교육의 방향을 제시한 자료#16의 보도자료가 가장 중요하다고 생각하였습니다. 그 이유는 향후 정책방향에 대한 큰 그림을 제공하고 있었습니다.
청소년 유해매체물 이용의 문제점은 무엇인가요?	첫째, 가정에서 적절한 교육이 이뤄지고 있지 않으며, 둘째, 기존에 시행되는 대책들이 실효성이 없으며, 셋째, 청소년들에게 건전한 여가 문화를 제공할 사회적 환경이 마련되어 있지 않다는 것입니다.
제시한 문제점들을 해결하기 위한 대안은 무엇인가요?	청소년 유해매체 교육 콘텐츠 보완, 학부모 대상 유해매체 관리 교육 실시, 청소년 유해매체 감시단 운영, 청소년 유해매체 보급에 대한 처벌 강화, 건전한 청소년 여가문화 확산 등의 대안을 생각하였습니다.
제시한 대책들을 실행할 구체적인 계획을 말씀하여 주십시오.	장단기로 구조화하였습니다. 단기적으로는 우선 올 상반기까지 청소년 유해매체 교육 콘텐츠 보완 작업을 마치고, 올해 안에 학부모 대상 유해매체 관리 교육, 건전한 청소년 문화 확산을 위해 학교 방과 후 프로그램 활성화를 실시할 계획입니다. 장기적으로는 청소년 유해매체 감시단 운영을 통해 청소년 유해매체에 대한 관리 감독을 강화하고 동시에 처벌 강화 작업도 진행하겠습니다.
대책방안을 장단기로 나누었는데 그 기준은 무엇인가요?	단기의 기준은 저희 예산으로 당장 실행 가능한 교육훈련, 홍보 등의 대책입니다. 장기는 법 개정과 추경예산 확보가 필요한 사안들을 장기대책으로 구분하였습니다.

평가

전문 평가사들은 여러분들이 작성한 기록지와 인터뷰 내용들을 기반으로 2~3단계에 거쳐 평가점수를 평정합니다. 1명의 평가대상자를 2명 이상의 평가사들이 동시에 평가하고, 상호 합의를 통해 최종 평가점수를 확정합니다.

평가는 조치 기록지 검토를 통한 서면 평가, 인터뷰 내용을 기반으로 한 구술 평가, 인터뷰 시 나타나는 태도를 기반으로 한 태도 평가로 구성됩니다. 행동과 행동을 통해 나타난 것만이 평가 대상이 되며, 평가사의 개인적인 느낌이나 평가사가 유추한 내용은 평가되지 않습니다. 잘한 혹은 잘하지 못한 행동의 빈도에 따라 평가 점수가 달라지게 됩니다.

조치 내용을 직접 보지 못하고, 인터뷰 역시 진행할 수 없어 여러분들의 정확한 수준을 알려드리지 못하는 점이 무척 아쉽습니다. 대신 여러분의 역량을 스스로 평가해보도록 합시다.

여러분이 작성한 조치기록지와 인터뷰 기록지, 그리고 제시된 조치가이드를 비교하면서 스스로 잘한 점과 부족한 점을 아래에 기술하여 주십시오.

잘한 점	부족한 점

잘한 점과 잘 못한 점에 기록된 내용의 빈도수에 따라 점수를 5점 척도로 평가하면 됩니다.

평가의 출발점은 3점입니다. 즉 잘한 점과 부족한 점에 적힌 행동의 빈도가 비슷하면 3점입니다. 잘한 점의 빈도수가 높으면 4점, 잘한 점의 빈도수가 매우 높으면 5점입니다. 반대로, 부족한 점의 빈도가 높으면 2점, 매우 높으면 1점이 됩니다.

다만, 같은 빈도수라고 하여도 '문제의 핵심을 파악하였다'와 같이 중요한 행동은 빈도를 측정할 때 더 높은 점수를 주어야 합니다. 또 문제 4개를 모두 풀었으나 내용이 빈약한 경우와 문제를 3개만 풀었으나 내용이 충실한 경우의 점수가 같을 수 있습니다.

역량평가는 주관적 평가방식으로, 위에서 언급한 '4개의 문제를 풀었으나 내용이 충실하지 못하다'의 판단 기준은 평가사 개인에게 달려 있습니다. 그래서 다수의 평가사들이 평가하며, 평가사들은 평가에 대한 전문적인 교육을 통해 일관된 평가 기준을 가지도록 훈련을 받습니다.

평가방식은 행위관찰척도법(BOS, Behavior Observation Scales)과 행동기준척도법(BARS, Behaviorally Anchored Rating Scales)로 나눌 수 있습니다. BOS방식은 국내 대다수 기관에서 사용하는 평가방식으로, 한 가지 기준에 대해서 어떤 태도를 보이는지를 숫자로 평가하는 것입니다. 위와 같이 5점 척도로 평가하는 것도 BOS방식에 의한 평가입니다. BARS방식은 하나의 역량에 대한 행동을 수준별로 구분하여, 평가대상자가 보인 행동이 어느 수준에 속하는 행동인지를 평가하는 방식입니다. 두 평가 방식의 차이는 다음 예를 본다면 확실하게 구분할 수 있을 것입니다.

[표] BOS 평가방식 예시

평가기준
우선순위에 따라 업무를 처리하였는가
점수
1　2　3　④　5

[표] BARS 평가방식 예시

평가기준	수준	행동지표
우선순위에 따라 업무를 처리하였는가	5	타당한 기준에 의해 업무 우선순위를 정한 후 이에 따라 모든 과제를 처리하였다.
	4	타당한 기준에 의해 업무 우선순위를 정하였으며 대부분의 과제를 처리하였다.
	3	우선순위 선정 기준이 모호하나, 우선순위에 따라 모든 업무를 처리하였다.
	2	업무 우선순위가 명확하지 않으나 모든 과제를 처리하였다.
	1	업무 우선순위가 명확하지 않으며 과제를 제대로 처리하지 못하였다.

해석

실제로 과제를 풀어보고 평가해보니 어떠셨나요? 만약 점수가 3점 미만이라면 더 노력하셔야 합니다.

인바스켓은 복합적인 현안 상황을 정해진 시간 안에 업무를 처리할 것을 요구합니다. 주어진 시간을 아주 효율적으로 사용하지 못하면 모든 과제를 조치할 수 없도록 과제의 난이도를 조절합니다. 모든 평가대상자가 주어진 과제를 모두 해결하면 변별력이 사라져 평가하기 어렵기 때문입니다. 그렇기 때문에 과제를 빠르게 분석하여 효율적으로 시간을 분배하고자 하는 노력이 필요합니다.

인바스켓은 고도로 복합적인 상황을 제시합니다. 과제 1을 효과적으로 조치하기 위해서는 과제 1에 제시된 자료들만을 분석해서는 곤란합니다. 다른 과제, 혹은 개요 및 상황설명에도 정보가 존재할 수 있습니다. 기본적으로 자료를 종간, 횡간으로 종합하여 볼 수 있는 통찰력이 있어야 합니다. 즉, 나무가 아닌 숲을 볼 수 있어야 한다는 의미입니다.

인바스켓을 잘 풀기 위해서는 인지/사고역량이 높아야 하는데, 인지/사고역량이 부족하면 과제들의 핵심을 파악하고 과제들 간의 관련성을 파악하여 전체를 구조화하는 데 시간이 걸립니다. 인바스켓을 푸는 것도 문제를 해결하는 과정입니다. 문제해결에 있어 가장 먼저 해야 할 것은 '문제를 정의하는 것'입니다.

1. 상황과 역할의 명확화

인바스켓 문제를 제대로 해결하기 위해서는 가장 먼저 상황과 역할을 명확하게 인지해야 합니다. 문제에서 귀하에게 주어진 상황과 역할은 무엇인가요?

- 당신은 가족복지부의 청소년정책실 청소년보호과 정한수 과장입니다.
- 오늘은 2022년 3월 16일 월요일이고, 지금 시간은 13시입니다.
- 당신은 2022 흡연청소년 건강상담 및 금연침 사업 기관 선정 위탁업체 선정, 일정조정 및 스케줄 관리, 학교 밖 청소년 지원대책과 학업중단숙려제 프로그램 인터뷰, 청소년 유해매체접촉 문제점 개선 대책 보고서 작성 업무를 50분 내에 처리하고 외부 미팅에 참석을 위해 출발해야 합니다.
- 주어진 모든 자료를 활용하여 업무과제를 처리해야 합니다.

위의 상황과 역할을 알리는 지문의 의미는 '귀하는 가족복지부의 청소년가족정책실 청소년보호과 정한수 과장이며, 지금부터 50분 내에 모든 업무를 처리해야 한다' 정도겠네요.

2. 과제의 명확화

다음으로는 과제를 명확하게 하는 것입니다. 본 과제에서 제시된 과제는 총 4가지입니다.

1) 2022 청소년 건강상담 및 금연침 사업 업체 선정
2) 일정조정 및 스케줄 관리
3) 인터뷰 질문에 대한 답변 작성
4) 청소년 유해매체물 이용 문제 개선 대책 보고서 작성

과제를 명확히 하고 난 후 2분만 생각해 주십시오. 과제를 명확하게 정리하고 나면, 과제의 윤곽이 보일 것입니다. 전체 문제 상황을 파악한 후 다음 과제를 조치하는 침착함이 필요합니다.

업체선정, 일정관리, 기자인터뷰, 보고서 작성 모두 그리 어렵지 않은 과제입니다. 문제를 명확히 하고 윤곽을 파악했다면, 이제는 과제 조치 우선순위를 생각해야 합니다.

3. 과제조치 우선순위 선정

과제 조치의 우선순위를 정하는 방법에는 기본적으로 중요도와 시급성을 고려하여 판단하는 방법이 있습니다.

시급성은 시간과 관련된 사항이기에 파악이 객관적입니다. 제시된 각 소과제의 수행시간을 파악하시면 됩니다. 문제는 중요성인데 앞서 소개를 드린 내용이지만 다시 소개해 드리면 아래와 같습니다.

- 프로젝트의 챔피언(지시자 또는 최종 의사결정권자)
- 프로젝트에 투여된 예산 및 인력의 규모
- 고객(국민) 또는 관련 이해관계자(언론, 관련단체, NGO 등)의 관심도(여론조사 결과 등)
- 정부 및 기관의 전략적 우선 사업(국정과제, 기관의 전략과제 등)

중요성은 위의 사항들을 고려하여 평가사가 수용 가능한 논리를 만드십시오.

이번 과제에서는 과제 1번을 1순위로 조치하였습니다. 그 이유는 2022년 흡연청소년 건강상담 및 금연침 사업 업체 선정 최종 PT가 오늘 오후로 예정되어 있어 가장 시급한 업무라고 생각했기 때문입니다.

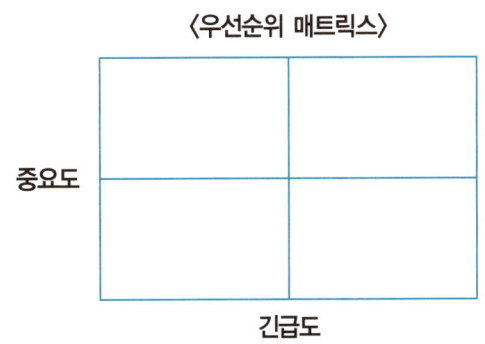

〈우선순위 매트릭스〉

4. 과제풀이

과제 1번을 푼다고 하여 이것에만 집중하신다면 곤란합니다. 문제를 풀이하실 때는 제시된 과제 모두를 염두에 두고 과제를 해결해야 합니다. 앞서 언급하였지만, 인바스켓 과제는 종간과 횡간을 함께 보는 인지/사고역량을 요구합니다. 즉 과제 1번의 자료들이 과제 3번을 풀기 위해 활용될 수도 있다는 것입니다. 그렇기 때문에 제시된 모든 과제들, 이 문제에서는 4개의 과제를 항상 생각하며 과제에 임하여야 합니다.

① 과제 1번은 업체선정 과제였습니다. 쉬운 문제입니다. 왜냐하면 일반적인 업체선정의 기준을 생각하시면 되니까요. 일반적인 업체선정의 기준은 내용의 적합성, 가격, 기간, 수행경력 등이 포함됩니다. 이번 과제에서는 내용만이 제시되었기 때문에 내용의 적합성을 고려하여 결정하면 됩니다. 세 업체의 제안서가 사업계획에 제시된 사업 내용을 얼마나 충실하게 담고 있는지를 비교한 뒤 가장 적합하다고 판단되는 업체와 그 업체가 보완할 점을 제시하면 됩니다.

사업의 내용을 비교할 때에는 비교표를 작성하여 비교하는 것이 좋습니다. 단순히 유무를 표시해도 좋고, 점수화하여 가장 중요하다고 생각되는 기준에 가중치를 두는 것도 좋습니다. 중요한 것은 논리적, 객관적으로 비교하여 가장 적합한 곳을 제시하였다는 것을 보여주어야 한다는 것입니다.

② 과제 2번은 일정 조정 문제입니다. 업무 일정은 과제 내용에 명시되어 있기 때문에 자료를 읽을 때 날짜 및 일정에 주의하셨으리라 생각됩니다. 과제 2번의 자료 외에 다른 과제의 자료 중에서도 일정이 겹치는 것은 없는지 확인하면서 자료를 읽으셨다면 그리 어렵지 않게 해결하셨으리라 생각합니다.

일정 조정을 할 때는
1) 본인이 꼭 참석해야 하는지
2) 일정 조정이 가능한지
3) 대리인/타인이 대신할 수 있는 일인지를
모두 고려하여 조정을 완료한 후에 참석 혹은 해결을 요청한 사람 및 대리인에게 모두 결과를 알려주셔야 합니다.

③ 과제 3번은 기자 인터뷰에 대응하는 내용입니다. 세 가지 질문이 제시되었는데, 이와 관련해서는 자료에 설명이 되어 있으므로, 자료를 요약해서 제시하면 됩니다. 내용을 정확하게 요약하는 것도 중요하지만, 인터뷰의 목적을 항상 염두에 두고, 인터뷰의 목적을 효과적으로 달성할 수 있도록 내용을 구조화하여 전달할 필요가 있습니다. 또한 정책의 실효성을 높일 수 있는 방안들도 같이 고민하여 제시한다면 효과적인 정책추진이 될 수 있습니다.

④ 과제 4번은 보고서를 작성하는 과제입니다. 만약 사례연구 혹은 기획보고서 작성과제라면 완벽한 한 편의 보고서가 나와야 하지만, 40분~60분 내에 3개~4개의 과제를 처리해야 하는 인바스켓에서는 보고서를 작성하기에 무리가 있습니다. 그렇다고 해서 형식 없이 아무렇게나 작성돼서는 안 됩니다. 보통은 보고서를 작성하게 된 배경(추진배경), 현황, 문제점, 대책, 실행계획, 기대효과 등으로 구성된 약식 보고서를 작성하면 됩니다.

이번 과제에서는 청소년 유해매체물 이용 현황, 청소년 유해매체물 이용이 여전히 성행하는 원인(문제점)을 지적한 후 이를 해결할 수 있는 대책과 실행계획, 기대효과를 작성하면 됩니다. 관련 자료들이 제시되어 있으니 이들을 원하는 목차에 적절하게 활용하여 보고서를 구성하면 됩니다. 여기서 유의해야 할 점은, 자료에 제시된 것 외에 기존에 알고 계시던 배경지식이나 데이터를 활용하면 안 된다는 것입니다. 오로지 자료에 제시된 것만을 활용하되, 이를 분석하고 유목화하여 답안을 구성하면 됩니다.

인바스켓
실전 테스트와
해설 II

과제풀이와 평가절차

다음 페이지부터 B 유형 과제가 제시됩니다.

인바스켓 B 유형은 일부 공공 부문의 역량평가에 사용되는 유형으로 구체적인 과제를 명시하지 않습니다. 과제의 상황을 파악하여 조치해야 할 과제를 스스로 도출하여 조치해야 합니다. 그러다 보니 평가 대상자의 역량 수준에 따라 도출되는 과제의 수가 달라지기도 합니다. 보편적으로 5개 내외의 문제를 도출할 수 있지만, 어떤 사람은 10개 이상의 과제 상황을 도출하기도 하고, 어떤 사람은 2~3개의 과제 상황을 찾아내기도 합니다. 똑같은 상황이지만 역량 수준에 따라 다르게 보이는 것이지요.

도출한 과제는 본인이 임의대로 정한 우선순위에 의해 조치하면 됩니다. 앞선 과제에서 설명한 대로, 자신의 논리에 따라 우선순위를 정하고 이에 맞춰 과제를 해결하면 됩니다.

이번 과제도 진행 요령은 앞선 과제와 동일합니다. 외부의 정보나 자료를 가져오시면 안 되며, 가상 상황 내의 정보와 자료만을 활용하여 조치하셔야 합니다.

조치 시간은 50분이며 별도의 용지를 활용하여 조치내용을 작성하여 주십시오.

반드시 시간을 엄수하여 작성해 주시기 바랍니다.

- 주어진 과제를 수행하고 조치내용을 기록지(답지)에 개조식 또는 서술식으로 기술하십시오.
- 작성한 답지와 과제내용을 기반으로 스스로 인터뷰를 진행하셔야 하는데 제시된 질문에 대해 서면으로 작성하십시오.
- 제시된 과제 조치가이드에 맞춰 여러분들이 작성한 기록지의 내용과 가이드에 제시된 예시답지를 비교하십시오.
- 여러분들이 질의응답 시에 작성한 서면응답내용과 제시된 예시 서면응답내용을 비교하십시오.
- 최종적으로 BOS 평가방식에 맞추어 잘한 점과 잘 못한 점을 기술하여 자기평가를 수행하십시오.

사랑시 문화관광국 관광정책과 관광개발 팀 나현석 팀장의 현안업무처리

과제 처리 시간 **50분**
인터뷰 시간 **20분**

역할 및 상황 설명

평가대상자
관광개발팀장 나현석

- 당신은 사랑시 문화관광국 관광정책과 관광개발팀장 나현석입니다.
- 사랑시는 평화국의 대표 도시로서, 5개의 행정구로 구성되어 있습니다. 각 행정구는 서로 다른 특색을 지니고 있어, 사랑시의 문화관광국에서는 이 특색을 활용한 관광상품을 올해 처음 도입하였습니다.
- 오늘은 2022년 3월 23일 수요일이고, 지금 시간은 11시입니다.
- 9시부터 11시까지 국장님 주재 회의에 다녀온 당신에게는 처리해야 할 현안업무가 놓여 있습니다. 당신은 이 업무를 모두 처리한 후 11시 50분에는 해외 출장을 위해 공항으로 떠나야 합니다.

유관조직도

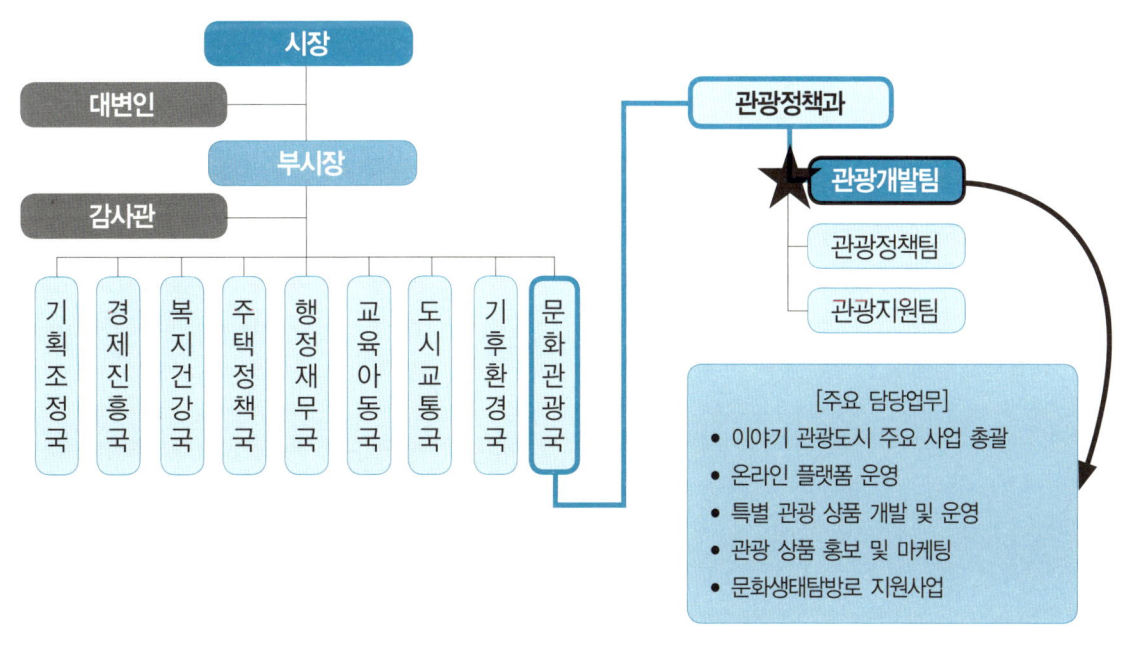

자료#1 사랑시 개요

1. 지리
- 평화국의 대표 도시로서 평화국의 북서부에 위치해 있음
- 평화국은 동쪽에 산이 많고 서쪽은 대체적으로 평지이기 때문에, 사랑시도 전체적으로 평지임
- 도시 한가운데를 가로지르는 넓은 강이 있고, 사면이 산으로 둘러싸여 있어 자연 경관이 수려함

2. 면적
- 600㎢

3. 인구
- 300만 명

4. 특징
- 984년부터 1392년까지 평화국의 수도였음
- 총 다섯 개의 구로 이루어져 있으며 각 구별로 다른 관광 콘텐츠를 가지고 있음
- 버스, 지하철 등 대중교통이 잘 발달되어 있음
- '한류'로 불리는 문화 트렌드의 핵심도시임

5. 사랑시 비전

시민과 함께하는 행복한 사랑

6. 사랑시 관광정책
□ 추진방향 및 목표
- 이야기가 넘치는 관광도시 만들기

□ 추진과제
- Story 관광: 스토리텔링에 기반한 관광 콘텐츠 다양화
- Smile 관광: 수요자 중심의 관광인프라 개선
- Safe 관광: 관광서비스 혁신으로 관광 편의 제고

● 자료#2 사랑시 관광정책과 업무분장

사랑시 문화관광국 관광정책과 과장: 장인성

관광개발 팀(팀장 나현석)	
함보현 주무관	• 이야기관광도시 사랑 사업 종합 • 실무협의체, 전문가 구성단 구성, 운영
진선아 주무관	• 온라인 플랫폼 운영 • 앱 개발 및 운영 • 지역 관광명소 지속화 사업
김보민 주무관	• 언론사 협력 사업 • 시민공유 홍보마케팅 사업
이현지 주무관	• 사랑시 특별 관광 상품 개발 및 운영 • 관광 관련 외부협력 담당 • 관광 해설 매뉴얼 제작 보급
장현수 주무관	• 문화생태탐방로 지원사업 • 공항–사랑시 간 환승 관광 지원사업

관광정책 팀(팀장 장석규)	
이지현 주무관	• 사랑시 관광 마스터플랜 수립 및 추진사항 관리 총괄
강정욱 주무관	• 외래관광객 불편사항 개선 총괄 • 외래관광객 유치대책 수립관리
안민석 주무관	• 외래관광객 실태 등 관광산업현장 조사 분석 • 관광동향 및 통계분석 관리
오혜숙 주무관	• 급여, 수당, 후생복지, 공공근로관리
박정환 주무관	• 예산, 회계, 민원, 평가, 보안, 교육업무 • 일상경비, 물품 및 재산관리, 기타 부서 일반 서무 업무
한상기 주무관	• 관광특구 지정 및 활성화 지원 • 관광불편처리센터 운영 등 외래관광객 불편사항 관리

관광지원 팀(팀장 박정호)	
강지환 주무관	• 관광숙박시설 관련업무 총괄
최용진 주무관	• 여행업 품질관리 • 관광통역안내사 역량 강화 지원
이명선 주무관	• 관광숙박업 헬프데스크 운영 • 관광정보센터 운영
박승옥 주무관	• 관광사업체 통계관리 • 관광안내소 운영

자료#3 관광정책과 과장의 전화

(나현석 팀장이 사무실에서 서류들을 살펴보고 있는 도중 전화벨이 울린다.)

나현석   나현석입니다.

장인성   장 과장입니다.

나현석   네… 과장님, 안녕하십니까?

장인성   그래요… 많이 바쁘죠? 그런데 관광지원팀 박정호 팀장의 보고에 의하면 아직도 근대문화유산 TF 인력구성이 완료가 되지 않았다면서요?

나현석   아… 네… 그것이….

장인성   나 팀장도 알다시피 근대문화유산 TF는 시장님의 공약사항으로 매우 중요한 사안입니다. 그런데 아직 인력구성이 확정되질 않아 지지부진하고 있다고 하는데… 무슨 이유가 있는가요?

나현석   과장님 먼저 죄송하다는 말씀을 드릴 수밖에 없습니다. 아시다시피 저희 팀도 인원이 부족하여 업무 로드가 너무 심합니다.

나현석   박정호 팀장의 입장도 이해는 됩니다만 막무가내식으로 우리 팀의 인원이 많으니 우리 쪽에서 보내야 한다고 우기는 상황이 되어버려 감정적인 대립이 앞선 것 같습니다.

장인성   내가 나 팀장과 박 팀장의 입장을 모르는 바는 아니지만 더 이상 감정적인 대립만 해서는 안 되는 상황입니다. 나 팀장이 박 팀장보다는 선임이니 구슬리던지 아니면 합리적으로 설득을 시키든지 빨리 대안을 찾아주세요..

나현석   네… 알겠습니다.

장인성   그럼 오늘 중으로 끝내는 것으로 알겠습니다.

나현석   네….

자료#4 TF 팀 과업 지시서

Ⅰ. 과제명
『사랑시 근대문화유산 관광 자원화 사업』

Ⅱ. 목적
- 사랑시 내에 산재하고 있는 근대문화유산의 발굴과 보존을 통해 관광자원을 확보하여 관광중심도시로서의 경쟁력을 높이고자 함

Ⅲ. 현황
- 사랑시는 오랜 역사를 지닌 도시로 1876년 강화도조약 이후 부터 일본, 중국, 러시아, 유럽 열강들과 통상조약을 맺으며 만들어진 외국인 조계지*와 근대산업건축물이 다수 존재하여 근대역사 자산이 풍부함

Ⅳ. 과업내용
1. 사랑시 근대문화 유산의 개념과 범위 설정
2. 5개 구에 산재되어 있는 근대문화유산의 발굴
3. 근대문화 보존을 위한 특별조례 신설
4. 근대문화유산의 관광자원 체계 구축
5. 근대문화유산과 기존 관광자원의 연계 추진

Ⅴ. TF 팀 구성
- 외부인력(8명): 학계전문가 3인, 문화재 발굴 현장 실무자 3인, 문화재청 2인
- 사랑시 내부인력(10명): 문화관광국 5명, 각 구에서 1명씩 차출로 구성
- 문화관광국 관광정책과에서는 관광정책팀에서 1명을 차출하고 관광개발팀과 관광지원팀에서 1명 선발하여 투입

Ⅵ. 운영방법과 기간
- 비상근 TF로 기본업무 병행(On-Line 활용, 필요 시 회의개최)
- 운영기간: 1차 2022년 4월 1일~2022년 12월 31일

조계지*
외국인들이 자유로이 통상 거주하며 치외법권을 누릴 수 있도록 설정한 구역으로 해당지역에서 외국인들이 정착하여 마을을 형성하여 생활함

자료#5 부하직원의 이메일

| 답장 | 전체 답장 | 전달 | 삭제 | 스팸 차단 | 이동 ▼ | 읽음 표시 ▼ |

근대문화유산 TF 구성과 관련하여 의견을 드립니다.

보낸 사람   함보현 〈hambh@yeokryang.ph〉
작성 일자   2022.03.22. 10:40:40
받는 사람   나현석 〈nanana@yeokryang.ph〉

팀장님 안녕하세요. 함보현 주무관입니다.

출근해서 메일을 확인해 보니 근대문화유산 TFT에 우리 팀 직원 1명이 TF 업무를 수행해야 한다고 합니다.

결론적으로 말씀드리면 저희 팀의 직원 투입은 어려울 것 같습니다. 팀장님도 잘 아시겠지만, 한류열풍으로 중국인들을 비롯한 외국 관광객들이 숫자가 엄청나게 늘어나고 있습니다. 이에 지금 저희 팀은 정신을 차릴 수 없을 정도로 바쁩니다.

근대문화유산 TF는 비상근이라고 하지만 거의 1년짜리입니다. 투입된 직원은 팀 업무를 거의 못 한다고 봐야 합니다.
관광지원팀에서 안 되면 관광정책팀에서 한 명을 더 보내는 것은 어떤지요?

팀장님도 아시다시피 현안업무를 처리하는 데 5명의 팀원이 모두 투입해도 모자라 야근까지 하고 있습니다. 우리 팀에서 TF 팀원 투입을 하는 것에 대해 다시 한번 생각해 주시기 바랍니다.

함보현

● 자료#6 **동료 팀장의 이메일**

| 답장 | 전체 답장 | 전달 | 삭제 | 스팸 차단 | 이동 ▼ | 읽음 표시 ▼ |

근대문화유산 TF 팀에 대하여

보낸 사람   박정호 〈Parkjh@yeokryang.ph〉
작성 일자   2022.03.22. 11:41:25
받는 사람   나현석 〈nanana@yeokryang.ph〉

팀장님 안녕하세요. 박정호 팀장입니다.

근대문화유산 TF 팀 구성에 대해 말씀드리고자 합니다.

팀장님도 아시다시피 우리 팀은 인원이 4명밖에 되지 않는 작은 팀입니다. 인원수를 가지고 논할 수는 없겠습니다만 현재 저희가 진행하는 일들은 3명의 인원으로는 도저히 수행할 수 없는 업무 범위입니다. 관광개발 팀의 상황도 어렵다는 것을 압니다만 저희 팀의 어려움을 헤아려주십시오.

최근에는 지원 업무가 많아 저희가 직접 발로 뛰어야 하는 상황입니다. 지난주 저희 팀의 최용진 주무관은 통역사들의 펑크가 잦아 통역사 수급에 애를 먹는 등의 스트레스로 병원 신세를 져야 하는 상황까지 왔습니다.

TF 팀원 투입 시 배려 좀 부탁드립니다.

박정호

자료#7 사내 메신저 대화

대화 상대: 나현석, 강정욱

강정욱 팀장님 안녕하세요. 관광정책 팀 강정욱입니다.

나현석 아, 강 주무관. 안녕하세요. 잘 지내고 있지요?

강정욱 네. 잘 지내고 있습니다. 나 팀장님도 잘 지내고 계신지요?

나현석 저도 잘 지내고 있습니다. 강 주무관이 대화를 건 데는 이유가 있을 텐데… 무슨 일이라도 있나요?

강정욱 네. 다름이 아니라 홈페이지에 게시된 글 때문에 대화를 걸었습니다. 전화로 말씀드리는 게 더 빠를 것 같긴 하지만, 홈페이지 글을 직접 보시는 게 더 나을 것 같아서 메신저로 말씀드립니다.

나현석 홈페이지 게시글이요? 무슨 안 좋은 글이라도 올라왔나 보네요.

강정욱 네… 한 외국인 관광객이 오색테마여행 및 사랑시 관광 전반에 대하여 불만족한 부분에 대해 글을 남겼습니다.

나현석 보통 홈페이지에 게시글에 대응하는 업무는 관광정책 팀에서 전담하고 있지 않나요?

강정욱 일반적인 불만사항은 저희 쪽에서 해결하지만, 이번 같은 경우는 저희가 단독으로 처리하기보다는 관광개발 팀과 함께 논의를 하는 것이 더 좋다고 판단하였습니다.

나현석 그렇군요. 그렇다면 어떤 글이 올라왔는지 글 번호나 제목을 알려주세요.

강정욱 글 주소를 직접 보내드리겠습니다.
http://tour.yeokryang.ph/board/3049582

나현석 다니엘 슈미츠씨가 남긴 글이지요? 확인해서 처리할게요.

강정욱 번거롭게 해드려 죄송합니다. 그리고 이 건과 관련하여 조치사항을 저희 팀장님 및 관광정책 과장님께도 보고드려야 하니, 조치내용 저에게도 전달 부탁드립니다.

나현석 네, 그럴게요.

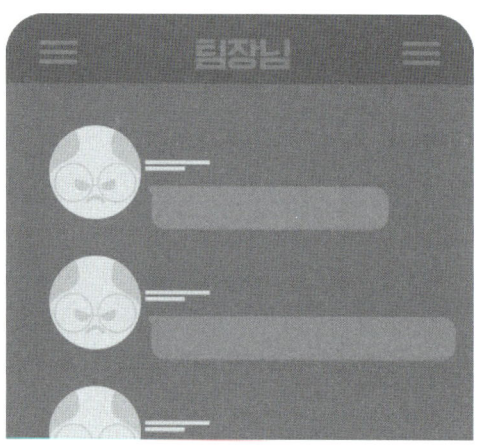

● **자료#8** 사랑시 문화관광국 홈페이지 글

| 제목 | 사랑시를 떠나기 전에 글 하나 남깁니다. | 글쓴이 | Daniel Schmidt | 작성일자 | 2022.03.21. |

안녕하십니까? 저는 평화국의 문화를 즐기기 위해 지난 3월 7일에 G국을 떠나 사랑시에 도착하여 14일 동안 평화국을 여행한 Daniel Schmidt입니다.

G국에서 공부하면서 교환학생으로 온 평화국 학생과 친구가 되면서 평화국에 대한 관심을 가지게 되었고, 한글을 공부하기 시작했습니다. 그리고 올해 드디어 평화국에 방문하였습니다. 평화국의 여러 도시 중에서도 오랜 역사를 가지고 있고, 수려한 자연경관을 자랑하는 사랑시에 대한 기대가 가장 컸습니다. 3월 7일부터 9일까지는 공항 근처의 행복시를 구경했고, 10일부터 13일까지는 사랑시를 혼자 여행한 뒤, 14일부터 18일까지는 사랑시 오색테마여행에 참가하였습니다.

평화국을 사랑하는 한 사람으로서 다음 방문 때는 제가 겪은 불편함이 반복되지 않기를 바라며 지금과 같은 글을 남깁니다. 사랑시에서 가장 불편했던 점은 교통 문제였습니다. 사랑시의 발달된 교통 체계는 세계적으로 유명합니다. 하지만 지하철, 버스 노선에 관한 정보를 홈페이지에서 찾아내는 데 어려움이 많았습니다. 이와 관련된 어플리케이션도 한국어로만 되어 있어 더더욱 정보에 접근하기 어려웠습니다.

오색테마여행은 체험할 때는 즐거웠지만 지나고 나니 특별한 인상이 남지 않았습니다. 평화국 친구가 사랑시의 명물을 무척 많이 추천해 주어서 자유여행에서 이를 많이 즐겼으나, 오색테마여행은 자유여행보다 큰 인상이 남지 않았습니다. 기억나는 것은 낙후한 숙소뿐입니다. 오색테마여행을 신청한 관광객들은 모두 같은 숙소를 사용해야 했는데, 생각보다 시설이 좋지 않았습니다. 사랑시 홈페이지에 베스트 게스트하우스로 지정되어 있다고 들었는데, 이런 곳이 어떻게 베스트로 뽑혔는지 이해하기 어렵습니다. 시설뿐만 아니라 서비스도 무척 불친절했습니다. 제가 영어권 국가 출신이 아니라 그런지 제 발음을 잘 알아듣지 못하는 것 같았고, 한국말을 해도 잘못 알아들었을 뿐만 아니라 제 부정확한 발음에 짜증을 내기 일쑤였습니다.

여행 끝나자마자 이 점을 전하려고 하였으나, 테마여행 후 만족도 조사도 간략하게 진행되어 제 생각을 전할 마땅한 방법이 없어 이제서야 글을 남깁니다. 불편사항이 빨리 개선되어 평화국을 방문할 많은 외국인 관광객들이 평화국에 대한 좋은 생각을 가지고 돌아갈 수 있었으면 좋겠습니다.

자료#3 1~3차 오색테마여행 만족도 조사(1/2)

1~3차 오색테마여행 개요

1. 여행개요
1차 오색테마여행 (2022.01.18~2022.01.22)
2차 오색테마여행 (2022.02.15~2022.02.19)
3차 오색테마여행 (2022.03.14~2022.03.18)

팀장님~
1~3차 오색테마여행 만족도 조사 결과 정리
완료하여, 출력본 책상 위에 올려두었습니다.

그리고 오색테마여행 관련 메일 드렸으니,
확인 후 답장 부탁드립니다!!

오늘도 좋은 하루 보내세요~
　　　　　　　　　　　　 －이현지

2. 여행 참가자 분석

1) 차수별 참가자 수

차수	1차	2차	3차	합계
인원	13	21	27	61

2) 연령대별 참가자 수

연령대	20대	30대	40대	합계
인원	17	41	3	61

3) 성별 참가자 수

성별	남	여	합계
인원	38	23	61

4) 출신국가별 참가자 수

출신국가	아시아				유럽					그 외	합계
	C국	J국	그 외	합계	E국	F국	G국	그 외	합계		
인원	11	7	7	25	6	5	5	7	23	13	61

오색테마여행을 어디서 알게 되었나요?

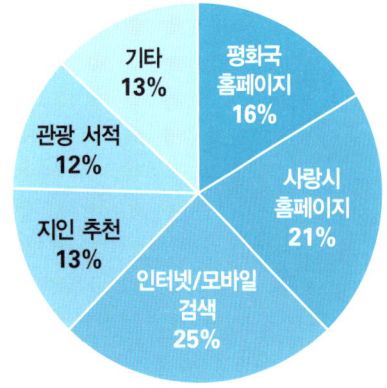

오색테마여행 중 가장 인상 깊었던 여행은 무엇입니까?

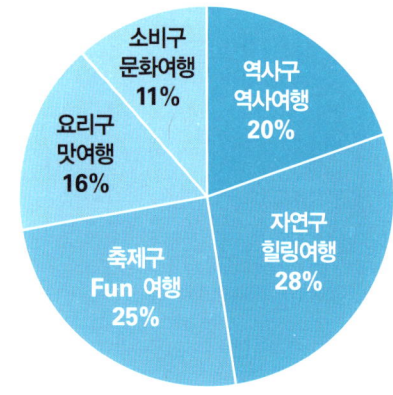

자료#10 1~3차 오색테마여행 만족도 조사(2/2)

방문 전 사랑시에 대한 이미지는 어떠했나요?

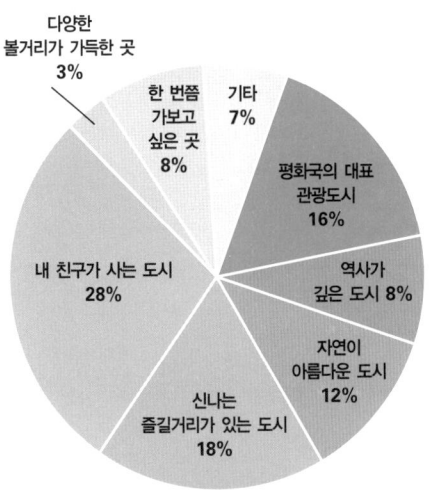

- 다양한 볼거리가 가득한 곳 3%
- 한 번쯤 가보고 싶은 곳 8%
- 기타 7%
- 평화국의 대표 관광도시 16%
- 역사가 깊은 도시 8%
- 자연이 아름다운 도시 12%
- 신나는 즐길거리가 있는 도시 18%
- 내 친구가 사는 도시 28%

오색테마여행에 대한 만족도를 평가한다면(5점 만점)

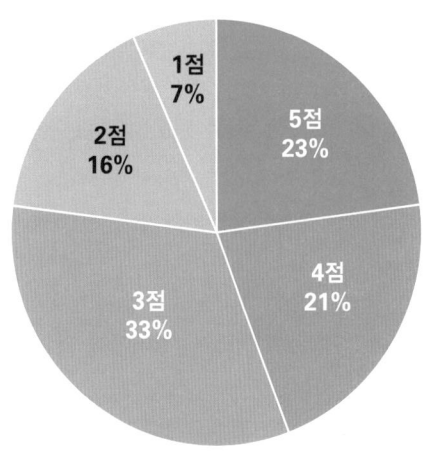

- 1점 7%
- 2점 16%
- 3점 33%
- 4점 21%
- 5점 23%

오색테마여행에서 개선되어야 할 점은 무엇입니까?

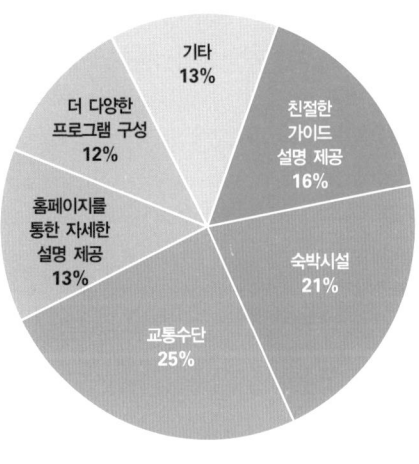

- 기타 13%
- 더 다양한 프로그램 구성 12%
- 홈페이지를 통한 자세한 설명 제공 13%
- 교통수단 25%
- 숙박시설 21%
- 친절한 가이드 설명 제공 16%

오색테마여행에 다시 참여할 의사가 있습니까?

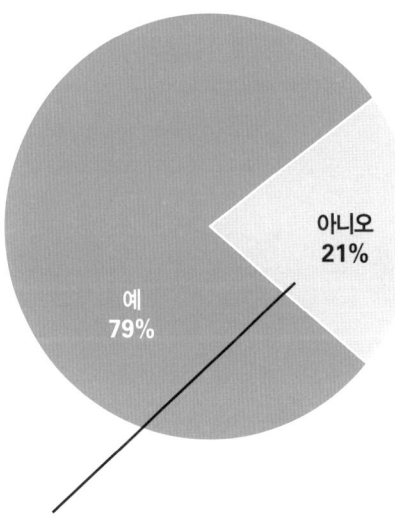

- 예 79%
- 아니오 21%

- 같은 테마의 여행을 두 번이나 갈 필요는 없을 것 같다.
- 다음에는 자유여행을 하고 싶다.
- 사랑시만의 차별화된 프로그램이 부족한 것 같다.
- 상주하는 가이드가 없어서 불편했다.
- 처음 방문하는 사람들에게나 어울리는 프로그램 같다.
- 참가비 15만 원이 비싸다.

오색테마여행 후 사랑시의 이미지는 어떠한가요?

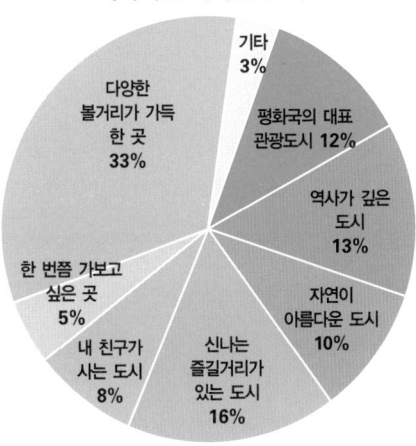

- 기타 3%
- 다양한 볼거리가 가득한 곳 33%
- 한 번쯤 가보고 싶은 곳 5%
- 내 친구가 사는 도시 8%
- 신나는 즐길거리가 있는 도시 16%
- 자연이 아름다운 도시 10%
- 역사가 깊은 도시 13%
- 평화국의 대표 관광도시 12%

● 자료#11 인사교육과에서 온 이메일

| 답장 | 전체 답장 | 전달 | 삭제 | 스팸 차단 | 이동 ▼ | 읽음 표시 ▼ |

이현지 주무관의 역량개발계획서 피드백을 부탁드립니다.

보낸 사람 김민아 〈kimma@yeokryang.ph〉
작성 일자 2022.03.22. 16:26:40
받는 사람 나현석 〈nanana@yeokryang.ph〉

팀장님 안녕하세요. 인사교육과 김민아 주무관입니다.
팀장님께서도 아시다시피 금년부터 신청자들에 한해 역량개발을 지원하고 있습니다.

관광개발 팀의 이현지 주무관이 본인의 역량개발을 위한 개발계획서를 제출하였습니다.
이에 인사교육과에서는 이현지 주무관의 역량개발을 위해 적극 지원할 계획인데 이현지 주무관의 역량개발계획서가 적정한지에 대한 판단이 쉽지 않습니다.

이현지 주무관의 역량평가결과와 관광정책과 업무고충 면담 파일 그리고 자기개발계획서를 첨부하니 검토하여 피드백을 부탁드립니다.

그럼 오늘도 좋은 하루 보내시길 바랍니다.

김민아 주무관

첨부 이현지 주무관 역량개발계획서.hwp
     2021년 이현지 주무관 역량평가결과.ppt
     2021년 관광정책과 업무 고충면담 파일.hwp

● 자료#12 역량 진단 및 업무상담신청내역

소 속	관광개발 팀	직 위	주무관	성 명	이현지

2021년 이현지 주무관의 역량 진단 결과

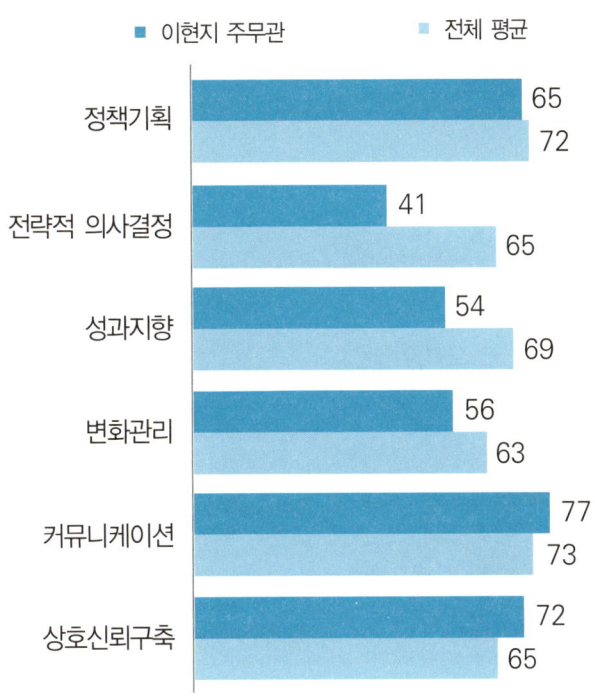

■ 이현지 주무관　　■ 전체 평균

- 정책기획: 65 / 72
- 전략적 의사결정: 41 / 65
- 성과지향: 54 / 69
- 변화관리: 56 / 63
- 커뮤니케이션: 77 / 73
- 상호신뢰구축: 72 / 65

2021년 업무 고충 상담 내역

성명	소속 팀	신청일	상담내용
안민석	관광정책 팀	3.21	업무량 과중
이현지	관광개발 팀	5.23	전공(언론홍보학)과 맞지 않는 업무
오혜숙	관광정책 팀	6.14	2021년 10월 육아휴직 신청 예정
이명선	관광지원 팀	8.7	고객 대응 문제로 인한 스트레스 관리
이현지	관광개발 팀	9.11	업무 전문지식 부족 관련 상담
강정욱	관광정책 팀	10.28	업무 관련 교육 희망
최용진	관광지원 팀	11.19	업무량 과중, 보조인력 채용 희망

자료#13 이현지 주무관 역량개발계획서

소 속	관광개발팀	직 위	주무관	성 명	이현지

이현지 주무관의 2022년 자기개발 목표
1. 리더십 역량 개발
2. 실무지식 향상
3. 활발한 대외협력업무 수행
4. 민원 행정 대응력 향상

2022년 자기개발 목표 달성을 위한 학습과제

학습과제	지원요청사항	중간점검	달성시기
리더십 교육 참여	내부 교육	3개월 후	6개월 후
자기학습(Self-Study)	도서관 활용	3개월 후	5개월 후
의사소통 능력 개발	스터디 그룹 구성	5개월 후	8개월 후

2022년 자기개발 1차 점검 계획

학습과제	지원사항	확인일자	내용	상급자 확인
리더십 교육 참여	내부 교육	3.1	실무자 리더십 향상 교육 수강 예정(4/2, 3, 4)	
자기학습(Self-Study)	X	3.10	도서를 통한 자기 학습 월 3회 진행	
의사소통 능력 개발	X	2.19	한상기 주무관, 박승옥 주무관과 진행 예정	

자료#14 사랑시 오색테마여행 추진 계획

4차 사랑시 오색(五色)테마여행

□ **개요**
- 기간 및 장소: '22.04.04(월)~ 22.04.08(금), 사랑시(소비구, 역사구, 자연구, 축제구, 요리구)
- 주제: 사랑시 오색테마여행
- 목표: 각 구의 매력을 살린 여행을 통해 외국인 관광객들의 재방문율을 높인다.
- 참석자: 신청 외국인 관광객들(10명~40명)

□ **전체 프로그램(안)**

일정	2022.04.04(월) 역사구 역사 여행 (주관: 두리투어)	2022.04.05(화) 자연구 힐링 여행 (주관: 하나탐험 문화재단)	2022.04.06(수) 축제구 펀(Fun) 여행 (주관: 로테그룹 사회공헌팀)	2022.04.07(목) 요리구 맛 여행 (주관: 요리문화재단)	2022.04.08(금) 소비구 문화여행 (주관: 두리투어)
09시~12시	역사 박물관 민속촌 방문	서락산 등산 (순환산책로)	놀이공원	진미동 전통시장 방문	사랑시립미술관 방문
12시~13시	점심 식사			점심 식사(먹자골목)	점심 식사
13시~15시	고궁 방문 (행복궁, 만덕궁, 종묘 등)	남강 산책 (산책로, 자전거)	놀이공원	떡 만들기 체험	의류동 패션의 거리
15시~17시		개나리 축제 방문	동물원 관람	요리대회 참석 및 관람	음악동 거리공연
17시~19시			판소리 페스티벌 관람		
19시~21시	저녁 식사 및 자유시간				

※ 민속촌, 고궁, 시립미술관 상시 방문 가능(1월 1일/매월 둘째 주 월요일 제외), 놀이공원, 동물원 상시 방문 가능

□ **인력 운영**
- 인력 운영 예상: 사랑시 소속 해설사(2명, 오전/오후 교대근무), 두리투어(2명), 하나탐험문화재단(2명), 로테그룹(4명, 2인 1조로 구성)
※ 외부 단체 인력은 주관 행사에만 참여
※ 지역 축제(개나리 축제, 판소리 페스티벌, 요리대회) 운영은 각 지자체에서 담당

자료#15 사랑시 4월 행사 일정

일	월	화	수	목	금	토
27 새봄맞이 마라톤	28 관광아이디어 공모전(공고)	29	30 The GREAT F	31 estival(E국 문화 축제)	1	2
3	4 자연구 푸른산 개	5 나리 축제 전국농산물박람회	6	7 축제구 판소리 페스티벌	8 자연구 맑은호수 축제구 미소섬	9 벚꽃축제 벚꽃축제
10	11 자연구 맑은호수 축제구 미소섬	12 벚꽃축제 벚꽃축제	13 관광아이디어 공모전(마감)	14	15 자연구 높은산	16 철쭉제
17 자연구 높은산 철쭉제	18 관광아이디어	19 공모전(1차 발표)	20 평화국제즉흥춤페	21 스티벌	22	23
24	25 공모전(최종발표)	26	27 사랑연극제(Y	28 TF)2016(4/25~5/31)	29 공모전(시상식)	30

- 축제구 추억의 그때 그 놀이 2022: 2022.03.23~2022.04.24
- 축제구 스탬프투어: 2022.03.01~2022.04.30
- 요리구 요리대회: 매월 첫째 주 목요일

자료#16 이현지 주무관의 이메일

| 답장 | 전체 답장 | 전달 | 삭제 | 스팸 차단 | 이동 ▼ | 읽음 표시 ▼ |

FW〉오색테마여행 운영과 관련하여

보낸 사람   이현지 〈leehj@yeokryang.ph〉
작성 일자   2022.03.23. 09:47:55
받는 사람   나현석 〈nanana@yeokryang.ph〉

팀장님, 이현지 주무관입니다.
다음 오색테마여행 진행과 관련하여 각 단체에서 요청사항이 들어오고 있는데, 매월 이런 상황이 재현되니 오색테마여행을 담당자로서 어떻게 처리해야 할지 모르겠습니다. 각 구의 담당자들 상황도 이해되지만 매번 저희에게 조정을 해달라고 하니 답답할 뿐입니다. 팀장님께 관련자 메일 및 요구사항을 정리하여 보내드리오니 확인하신 후 조정 부탁드립니다.
번거롭게 해드려 죄송합니다.

──────── Original Message ────────
Subject: 오색테마여행 운영과 관련하여
Date: 2022.03.22. 16:39:13
From: 김승재 〈sjkim@yori.nr〉
To: 이현지 〈leehj@yeokryang.ph〉
안녕하십니까. 요리구 문화관광국 김승재입니다.
다음 회차 오색테마여행 운영과 관련하여 건의사항이 있어 메일 보냅니다. 그동안 오색테마여행의 요리구 방문일은 항상 목요일이었는데, 이번에는 방문일을 변경하였으면 합니다. 예정된 요리대회가 주최측의 사정으로 하루 연기되었기 때문입니다. 대신에 저희는 화요일에 사랑시청 광장에서 진행되는 전국 농산물 박람회에 참여하는 게 어떨까 합니다. 자연구의 사정이 괜찮다면 이렇게 일정을 변경하고자 싶은데, 그 전에 오색테마여행 담당자에게 의견 듣고 싶습니다.
당장 다다음 주에 진행될 예정이므로 빠른 확인 부탁드립니다.

● **자료#17 전화 메모**

TO. 오색테마여행 담당자
롯데그룹 사회공헌팀 김진수입니다. 오색테마여행 4월 6일 일정이 축제구에 위치한 놀이공원에서 진행되는 것인데 혹시 일정 조정이 가능한지 문의하고자 합니다. 저희 팀 인력 모두 4월 6일부터 3주 동안 진행되는 롯데그룹 해외봉사에 운영 담당으로 투입되어 오색테마여행에 참석하지 못할 것 같습니다. 해외봉사 준비로 정신 없이 바쁘지만, 일정이 조정된다면 화요일 오전까지는 인력을 지원할 수 있을 것 같습니다. 확인 후 연락주세요.

TO. 이현지 주무관
자연구 김수환 주무관입니다. 푸른산 개나리 축제 일정이 변경되었습니다. 기상청에 문의를 해 본 결과 꽃이 평소보다 더 빨리 필 예정이라 개나리 축제를 3월 말에 진행해야 할 것 같습니다. 그래서 오색테마여행을 4월 중순에 시작하는 벚꽃 축제 일정에 맞추어 진행해야 할 것 같은데, 다른 구 일정이 괜찮을지 모르겠습니다. 담당자의 의견을 묻고자 연락드렸으니 확인 후 답변 부탁드립니다.

각 구 담당자들과의 통화 내용을 요약한 것입니다. 제가 담당자이기는 하나, 이렇게 일정 조정을 해도 되는 것인지 스스로 확신이 없고, 어떻게 변경하는 것이 최적의 선택인지 잘 모르겠습니다. 특히 다섯 개 구를 방문하는 순서는 전체 프로그램의 흐름을 고려하여 협의에 의해 정한 것이기 때문에 더욱 고민입니다. 팀장님의 조언 기다리고 있겠습니다.
—이현지—

In-Basket 조치기록지

- 안 건: (   )번　　　　　　　　　　　- 제 목:
* 조치방법:　　　　　　　　　　　　　** 수 신 자:
*** 조치사항

*　　전화통화, e-mail, 공문발송, 지시, 보고 등 표시
**　　전화통화 상대방, e-mail, 공문수신인, 피지시자, 피보고자 등 표시
***　조치사항, 의도(또는 사유), 계획 등을 기술/전화통화, e-mail의 경우 수신인에게 얘기하고자 하는 내용을 기술, 세부적 내용보다는 핵심적인 의미가 드러나도록 작성

In-Basket 조치기록지

- 안 건: ( )번					- 제 목:
* 조치방법:						** 수 신 자:
*** 조치사항

*   전화통화, e-mail, 공문발송, 지시, 보고 등 표시
** 전화통화 상대방, e-mail, 공문수신인, 피지시자, 피보고자 등 표시
*** 조치사항, 의도(또는 사유), 계획 등을 기술/전화통화, e-mail의 경우 수신인에게 얘기하고자 하는 내용을 기술, 세부적 내용보다는 핵심적인 의미가 드러나도록 작성

● In-Basket 조치기록지

- 안 건: (   )번   - 제 목:
* 조치방법: ** 수 신 자:
*** 조치사항

*   전화통화, e-mail, 공문발송, 지시, 보고 등 표시
** 전화통화 상대방, e-mail, 공문수신인, 피지시자, 피보고자 등 표시
*** 조치사항, 의도(또는 사유), 계획 등을 기술/전화통화, e-mail의 경우 수신인에게 얘기하고자 하는 내용을 기술, 세부적 내용보다는 핵심적인 의미가 드러나도록 작성

In-Basket 조치기록지

- 안 건: (   )번   - 제 목:
* 조치방법: ** 수 신 자:
*** 조치사항

*   전화통화, e-mail, 공문발송, 지시, 보고 등 표시
** 전화통화 상대방, e-mail, 공문수신인, 피지시자, 피보고자 등 표시
*** 조치사항, 의도(또는 사유), 계획 등을 기술/전화통화, e-mail의 경우 수신인에게 얘기하고자 하는 내용을 기술, 세부적 내용보다는 핵심적인 의미가 드러나도록 작성

In-Basket 조치기록지

- 안 건: (   )번　　　　　　　　　　- 제 목:
* 조치방법:　　　　　　　　　　　　** 수 신 자:
*** 조치사항

---

*　전화통화, e-mail, 공문발송, 지시, 보고 등 표시
**　전화통화 상대방, e-mail, 공문수신인, 피지시자, 피보고자 등 표시
*** 조치사항, 의도(또는 사유), 계획 등을 기술/전화통화, e-mail의 경우 수신인에게 얘기하고자 하는 내용을 기술, 세부적 내용보다는 핵심적인 의미가 드러나도록 작성

● 인터뷰

과제 해결하느라 수고 많으셨습니다.

이번에도 바로 인터뷰를 진행하도록 하겠습니다. 인터뷰는 가상 인터뷰로, 작성하신 기록지와 제시된 과제를 기반으로 작성하여 주십시오. 실제 인터뷰 상황은 대단한 압박 상황임을 생각하시기 바라며, 별도의 용지를 활용하여 답하시기 바랍니다.

과제 0 전체 조치에 대한 질문

Q1. 제시된 상황에서 귀하의 역할은 무엇입니까?

Q2. 귀하가 조치한 내용은 무엇인지 설명해 주십시오.

Q3. 귀하가 조치한 내용에 우선순위가 있습니까? 있다면 어떤 사안부터 조치하였으며, 그 배경은 무엇입니까?

Q4. 본 현안업무를 효과적으로 처리하기 위해 타인의 도움을 받거나 업무를 위임할 생각이 있습니까?

Q5. 본 현안업무를 처리하면서 과제 간의 관련성을 보셨습니까? 관련성이 있다면 설명해 주십시오.

과제 1 TF 팀 구성과 관련한 현안문제 해결

Q1. 본 사안의 개요는 무엇인가요?

Q2. 갈등해결 시 가장 주안점을 둔 사항은 무엇인가요?

Q3. 귀하의 갈등해결 방안은 무엇인가요?

과제 2 외국인 관광객 불만사항 대응

Q1. 외국인 관광객이 제시한 불만사항은 무엇입니까?
_____

Q2. 제시한 불만사항을 해결하기 위해서 어떤 조치를 취하셨습니까?
_____

Q3. 향후 이러한 불만사항이 재발되지 않도록 조치한 내용이 있습니까? 있다면 어떤 내용인지 말씀하여 주십시오.
_____

과제 3 오색테마여행 만족도 조사결과 피드백

Q1. 만족도 조사 결과에 대한 피드백을 업무로 인식하였습니까?
_____

Q2. 피드백을 작성한 목적은 무엇입니까?
_____

Q3. 구체적인 피드백의 내용은 무엇인가요?
_____

과제 4 이현지 주무관의 역량개발계획서 피드백

Q1. 이현지 주무관은 어떤 친구인가요?
_____

Q2. 이현지 주무관의 역량개발계획서에서 피드백 사항은 무엇인가요?
_____

Q3. 피드백의 구체적인 내용을 말씀하여 주십시오.
_____

Q4. 이현지 주무관의 역량개발을 위해 담당 팀장으로서 어떤 역할을 해주실 건가요?
_____

과제 5 오색테마 여행 일정 조정

Q1. 본 상황의 개요를 말씀하여 주십시오?

___

Q2. 문제 상황에 대해 어떻게 조치하였습니까?

___

Q3. 조치를 취할 때의 관점이나 기준이 있었다면 말씀하여 주십시오.

___

Q4. 향후 이러한 상황이 재발되지 않도록 조치한 내용이 있나요? 있다면 어떤 내용인지 말씀하여 주십시오.

___

● 조치 가이드

이번에도 평가를 진행해야 하겠죠? 조치 가이드의 내용을 본인의 답안과 비교하여 보시기 바랍니다. 조치 가이드는 정답이 아니지만, 평가 문제 개발자의 의도가 담긴 가이드로 생각하시면 됩니다. 여러분의 탁월한 조치를 기대합니다.

● 사랑시 문화관광국 관광정책과 관광개발 팀 나현석 팀장의 현안업무처리 가이드라인

과제 처리 시간 **50분**
인터뷰 시간 **20분**

과제 개요

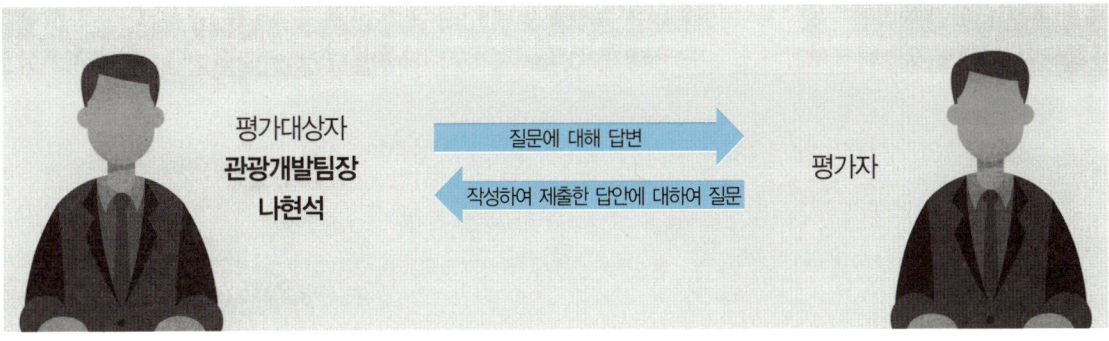

과제 처리 시간: 50분
인터뷰: 20분(평가자와의 면담)

◎ **피평가자의 역할**
- 사랑시 문화관광국 관광정책과 관광개발팀장 나현석은 오전 11시부터 50분 내에 다음의 5개의 업무를 처리하고, 해외 출장을 위해 공항으로 떠나야 합니다.
  1. 근대문화유산 TF 팀 구성과 관련하여 관광지원 팀과의 갈등을 해결해야 합니다.
  2. 홈페이지에 게시된 관광객 불편상황을 조치하여야 합니다.
  3. 1~3차 오색테마여행 만족도 조사 결과에 대해 피드백해야 합니다.
  4. 이현지 주무관의 역량개발계획서에 대한 피드백을 해야 합니다.
  5. 4차 오색테마여행 일정을 조정하고 재발 방지를 위한 방안을 제시해야 합니다.

◎ **평가역량**
- 과제1 : 갈등관리
- 과제2 : 조직관리, 고객만족
- 과제3 : 기획력, 성과관리
- 과제4 : 동기부여, 성과관리
- 과제5 : 기획력, 고객만족

과제#1 TF 팀 구성 갈등해결 참고답안

갈등관리

현안업무	TF 팀 구성 갈등해결
조치방법	이메일
우선순위	1순위
수신자	박정호 팀장, 함보현 주무관

1. 개요
사랑시 근대문화유산 관광자원화 사업을 위한 TF 팀 구성과정에서 관광지원 팀과의 갈등으로 팀 구성이 늦어지고 있어 이에 대한 해결이 요구됨

2. 갈등현황
- 근대문화유산 TF는 관광정책팀에서 1명, 관광개발팀과 관광지원팀에서 1명을 차출해야 함
- 그러나 양 팀은 업무로드로 인해 인력차출에 난색을 표명함

3. 해결방안
- 양 팀의 상황이 어려운바 총 9개월의 TF 기간 중 양 팀은 기간을 분할하여 1명씩 보내는 방안을 제시함(관광개발 팀 5개월, 관광지원 팀 4개월)

4. 차후 조치
- **박정호 팀장에게 이메일**
  - 박 팀장의 노고를 치하함
  - 박 팀장님 본 건과 관련하여 많은 고민을 하였으나 저희 팀의 상황 또한 좋지 못하여 양 팀이 9개월의 TF 기간을 분할하여 보내는 방안을 제시합니다. 저희 팀의 이현지 주무관을 먼저 5개월 동안 투입하겠으니 나머지 4개월은 관광지원 팀에서 1명을 보내주십시오. 그럼 본 제안으로 본 건이 마무리된 것을 알겠습니다.

- **함보현 주무관에게 이메일**
  - 함 주무관의 노고를 치하함
  - 함 주무관 보내준 메일은 잘 보았습니다. 우리 내부의 상황만을 강조할 상황은 아닌 것 같습니다. 내부적으로 어려움이 예상되는데 우리가 좀 더 효율적인 인력운영을 고민해야 할 것 같습니다. 일단 본 건과 관련하여서는 이현지 주무관을 5개월 동안만 TF 업무과 병행하게 하고자 합니다.
  내가 출장을 다녀온 후 다른 팀원들과 함께 인력운영 방안을 고민하고자 하니 전 팀원이 참석하는 워크샵 일정을 잡아주십시오.

과제#2 고객불만 사항 해결 참고답안

조직관리, 고객만족

현안업무	외국인 관광객 불만사항 대응
조치방법	구두 및 전화로 업무 지시
우선순위	3순위
수신자	진선아 주무관, 이현지 주무관, 강지환 주무관, 한상기 주무관, 강정욱 주무관

1. 외국인 관광객 Daniel Schmidt 씨의 불만사항
1) 교통문제: 교통 안내 시스템 미흡, 어플리케이션 언어 문제
2) 오색테마여행 프로그램 문제: 기억에 남지 않는 프로그램
3) 숙소 관리 문제: 베스트게스트하우스의 서비스 품질 관리 부족

2. 관련 직원
1) 전체 총괄
   - 강정욱 주무관: 외래관광 불편사항 개선 총괄
   - 한상기 주무관: 관광불편처리센터 등 외래관광객 불편사항 관리
2) 교통 시스템 관련
   - 진선아 주무관: 온라인 플랫폼 운영, 앱 개발 및 운영
3) 여행 프로그램 관련
   - 이현지 주무관: 사랑시 특별 관광 상품 개발 및 운영
4) 숙소 관리 관련
   - 강지환 주무관: 관광 숙박 시설 관련 업무 총괄
   - 최용진 주무관: 여행업 품질 관리

3. 업무 지시 사항
1) 진선아 주무관
   - 교통 정보를 더 쉽게 찾을 수 있도록 홈페이지 메뉴 개선(3/31까지)
   - 사랑시 관광, 교통 어플리케이션 언어 설정에 외국어(영어 등) 추가(4/30까지)
2) 이현지 주무관
   - 오색테마여행 참가자가 묵는 숙소 변경(4/4까지)
   - 만족도 평가를 반영하여 프로그램 내용 개선(매 차수 시행 후)
3) 강지환 주무관
   - 베스트 게스트하우스로 지정된 숙박업소 품질 관리 시행
     (5/31까지 현 지정 업소 재점검, 4차 오색테마여행 숙소 우선 점검)
4) 한상기 주무관
   - Daniel Schmidt 씨에게 개선 사항에 대한 진행 상황 알림
     (3/25까지 개선 예정 사항 전달, 4/30까지 개선 완료 사항 전달)
5) 강정욱 주무관
   - 지시한 개선 사항을 점검하여 보고서 작성
     (1차 결과 보고: 4/7, 최종 보고: 6/10)

● 과제#3 오색테마 여행 만족도 결과 피드백 참고답안   기획력, 성과관리

현안업무	오색테마여행 만족도 조사 결과 피드백
조치방법	이메일
우선순위	5순위
수신자	이현지 주무관

이현지 주무관, 오색테마여행 만족도 조사결과 잘 받아보았습니다.
차수가 진행됨에 따라 점점 더 많은 인원이 참여하고 있다는 점이 고무적입니다. 하지만 외국인 관광객 Daniel Schmidt 씨의 불만 사항들을 보더라도 사랑시의 관광 사업은 많은 개선과제들을 지니고 있는 것 같아요. 먼저 만족도 조사결과를 바탕으로 반영해야 할 사항입니다.

1. 오색테마여행 홍보
인터넷/모바일을 통한 정보 습득이 대부분이므로 이를 활용한 홍보 강화(홈페이지 포함 62%)

2. 프로그램 개선
다양한 볼거리에 만족한 관광객이 많으므로 이를 더 강화할 수 있는 프로그램 개발(프로그램 만족도가 상대적으로 낮은 소비구 프로그램 개선)

3. 관광객 불만족 사항 개선
- 프로그램 정착 후에는 기 방문 관광객을 위한 테마여행 기획 고려
- 일정별 담당자가 아닌, 테마여행 전문 가이드가 5일 내내 함께 참여하는 방안 고려
- 교통수단 안내, 숙박서비스 개선 등 기타 불만사항 개선 필요

4. 추가사항
만족도 조사결과는 관광정책과 과장님과 다른 팀의 팀장님에게도 회람을 해주시구요. 제가 출장을 다녀온 후에 본 건과 관련하여 결과 리뷰를 의한 팀 미팅을 갖고자 한다는 것을 전달해 주길 바랍니다.

● 과제#4 이현지 주무관의 역량개발계획 피드백 참고답안 동기부여, 성과관리

현안업무	이현지 주무관의 역량개발계획서 피드백
조치방법	이메일
우선순위	4순위
수신자	김민아 주무관

김민아 주무관, 고생이 많으십니다. 보내주신 역량개발계획서를 보면서 느낀 피드백 사항입니다.

1. 목표설정의 적정성 미흡
- 역량진단결과와 업무고충내역의 미반영
  - 역량진단 결과는 의사결정, 성과지향, 변화관리의 역량이 낮으나 개발목표에는 반영되지 않았고, 업무고충에서도 업무전문지식이 부족하다는 고충을 말한 바 있으나 반영되지 못했습니다.
- 목표가 너무 추상적임
  - 목표는 SMART기준에 맞추어 구체적인 내용과 기간, 측정 가능한 정량적인 지수들이 포함되어 기술되어야 하나 그렇지 못했습니다.

2. 목표와 학습과제의 연결성 미비
- 학습목표와 학습과제의 연계가 적절하지 않습니다. 학습목표를 구체화하고 이에 따른 학습과정 설계가 필요합니다.

3. 각 역량들이 개발되고 난 후의 결과 모습 미비
- 학습과제들의 실행 이후의 구체적인 결과이미지가 없습니다. 역량개발이라 하면 개발활동 이후의 구체적인 모습이 필요합니다. 차년도의 역량진단결과와 연계하여 개발활동이 이루어졌으면 합니다.

과제#5 관광일정 조정 참고답안

기획력, 고객만족

현안업무	오색테마여행 일정 조정
조치방법	이메일
우선순위	2순위
수신자	이현지 주무관

1. 상황 개요
- 각 구의 일정변경 요청
    - 요리구: 요리대회 연기(4/7 → 4/8)
          요리대회 대신 농산물박람회 참여 희망(4/5)
    - 축제구: 주관 업체 보조 인력 참여 불가(4/6~4/27)
          일정 변경 희망(4/5)
    - 자연구: 개나리 축제 일정 변경(4/4 이전에 종료)
          개나리 축제 대신 벚꽃축제 참여 희망(4/7, 4/8)
    - 이현지 주무관의 문의사항: 전체 프로그램의 흐름을 고려해서 정한 일정이라 변경해도 되는지

● 과제#5 관광일정 조정 참고답안

이현지 주무관, 메일 잘 받아보았습니다.
각 구의 사정을 고려하여 다음과 같이 일정을 변경하는 것이 좋을 것 같습니다.

일정	2022.04.04(월) 축제구 펀(Fun) 여행 (주관: 로테그룹 사회공헌팀)	2022.04.05(화) 요리구 맛 여행 (주관: 요리문화재단)	2022.04.06(수) 역사구 역사 여행 (주관: 두리투어)	2022.04.07(목) 자연구 힐링 여행 (주관: 하나탐험문화재단)	2022.04.08(금) 소비구 문화여행 (주관: 두리투어)
09시~12시	놀이공원	진미동 전통시장 방문	역사 박물관 민속촌 방문	서락산 등산 (순환산책로)	사랑시립미술관 방문
12시~13시	점심 식사	점심 식사(먹자골목)		점심 식사	
13시~15시	놀이공원	떡 만들기 체험	고궁 방문 (행복궁, 만덕궁, 종묘 등)	남강 산책 (산책로, 자전거)	의류동 패션의 거리
15시~17시	동물원 관람				음악동 거리공연
17시~19시	판소리 페스티벌 관람	전국농산물박람회		맑은호수 벚꽃축제	
19시~21시	저녁 식사 및 자유시간				

요리구와 축제구 모두 4월 5일로 일정을 변경하길 원하였으나 이를 모두 들어줄 수는 없고, 요리구 일정을 4월 5일로, 축제구 일정을 4월 4일로 변경하였습니다. 이 두 일정의 순서가 바뀌어도 큰 문제는 없지만, 전체적인 동선을 고려하였을 때 축제구-요리구-역사구-자연구-소비구 순으로 방문하는 것이 낫다고 판단하였습니다. 자연구는 벚꽃 축제를 방문할 수 있는 4월 7일로 일정을 변경하였고, 역사구는 특별한 요청이 없었지만 다른 구의 일정 변경을 위해 일정 조정을 하였습니다. 각 구에 연락하여 일정 변경 사항을 전달하고, 추가적인 문의사항 및 문제사항을 확인 후 조치하시기 바랍니다.

그리고 각 이해관계자들의 급작스러운 일정변경 요구가 많아 어려움을 겪는다는 측면은 명확한 기준을 제시할 필요가 있다고 판단합니다. 물론 최대한 지자체 및 협력업체들의 입장을 고려하는 것은 타당합니다만 성과에 영향을 줄 정도의 요구의 수용은 불합리하다고 판단됩니다. 이현지 주무관이 판단하여 명확한 기준을 세우고 기준에 부합한 업무추진이 될 수 있도록 하는 것이 효과적인 업무추진이 될 것 같습니다.

● 전체 과제 질문

Q1. 제시된 상황에서 귀하의 역할은 무엇입니까?

A. 사랑시의 관광개발팀장이며 50분 안에 사랑시의 관광정책 현안들을 처리해야 합니다.

Q2. 귀하가 조치한 내용은 무엇인지 설명해 주십시오.

A. 총 5가지의 조치 내용들을 파악하였으며 그 내용들은 TF 팀 구성 갈등해결, 외국인 관광객 불만사항에 대한 조치, 오색테마여행 만족도 조사 결과 피드백, 이현지 주무관 역량개발계획서 피드백, 오색테마 여행 일정 조정 등을 조치하였습니다.

Q3. 귀하가 조치한 내용에 우선순위가 있습니까? 있다면 어떤 사안부터 조치하였으며, 그 배경은 무엇입니까?

A. TF 팀 갈등해결과제를 가장 먼저 조치하였습니다. 그 이유로는 중요도와 긴급도를 고려하였을 때 가장 우선하다고 판단하였습니다.

Q4. 본 현안업무를 효과적으로 처리하기 위해 타인의 도움을 받거나 업무를 위임할 생각이 있습니까?

A. 생각은 하였으나 짧은 시간 안에 효율적인 조치를 위해 제가 직접 수행하고, 외국인 관광객 불만사항은 담당자에게 위임하였습니다.

Q5. 본 현안업무를 처리하면서 과제 간의 관련성을 보셨습니까? 관련성이 있다면 설명해 주십시오.

A. 과제 간의 관련성을 보면서 과제를 처리하였습니다. 구체적인 내용은 외국인 불만사항의 조치에서 자료 2의 업무 분장표를 활용하였으며 이현지 주무관의 역량피드백 시에 오색테마여행의 추진사항 등을 참조하여 작성하였습니다.

과제#1, 과제#2 질문

과제 1. TF 팀 구성 갈등해결	
질문내용	**예시 답변**
본 사안의 개요는 무엇인가요?	TF 팀 인력차출과 관련하여 관광지원 팀과의 갈등을 해결하는 것입니다.
갈등해결 시에 가장 주안점을 둔 사항은 무엇인가요?	본 사안이 시장님의 지시사항이어서 빨리 해결해야 한다는 것과 관광지원 팀과의 형평을 고려하려 고민하였습니다.
귀하의 갈등해결 방안에서 양팀이 일정기간 분할해서 직원을 파견하는 것에 문제점은 없는가요? - 업무의 연속성이 떨어진다는 의미가 무엇인가요?	현재에서는 가장 합리적인 방법이라고 생각을 했습니다만 직원들을 분할해서 보낼 때 업무의 연속성이 떨어진다고 점은 있다고 판단했습니다. - TF 파견기간이 5개월과 4개월입니다. 나중에 파견되는 직원은 새롭게 업무를 익혀야 하는 어려움은 있다고 생각합니다.

과제 2. 외국인 관광객 불만사항 대응	
질문내용	**예시 답변**
외국인 관광객이 제시한 불만사항은 무엇입니까? - 조금 더 구체적으로 설명해주실 수 있습니까?	교통정보 수집 방법, 오색테마여행 프로그램과 숙소에 대해 불만사항을 가지고 있었습니다.
제시한 불만사항을 해결하기 위해서 어떤 조치를 취하셨습니까? - 조치 사항과 관련된 업무를 수행하는 사람으로 누구누구를 생각하고 계시나요?	각 문제 사안별 담당자에게 조치를 취할 것을 지시했습니다.
향후 이러한 불만사항이 재발되지 않도록 조치한 내용이 있습니까? - 있다면 어떤 내용인지 말씀하여 주십시오.	기한을 정해서 조치를 요구하였고, 중간보고를 지시하였습니다. - 재발방지를 위해 지속적인 고객의 목소리를 모니터링이 중요하다고 생각합니다. 관광정책과 3개 팀이 상시적으로 고객의 요구를 확인하는 협력체제를 구축하도록 하겠습니다.

과제#3, 과제#4 질문

과제 3. 오색테마여행 만족도 조사 결과 피드백

질문내용	예시 답변
만족도 조사 결과에 대해 피드백을 진행하는 것을 업무로 인식하고 있었습니까?	구체적인 업무 요청이 있지 않았으나 결과에 대한 피드백이 필요하다고 판단하였습니다.
피드백을 작성한 목적은 무엇입니까?	오색테마여행 만족도 결과를 분석하여 더 나은 여행을 만드는 것입니다.
구체적인 피드백의 내용은 무엇인가요?	홍보 강화, 프로그램 개선, 관광객 불만 해소 등의 내용을 피드백하였습니다.
과장님과 타 팀의 팀장들에게도 회람을 지시하셨습니다. 목적이 무엇인가요?	본 사안은 관광정책과의 모든 직원들에게 공유해야 한다고 생각합니다. 그리고 구성원들의 피드백이 필요하다고 생각합니다.

과제 4. 이현지 주문관의 역량개발 계획서 피드백

질문내용	예시 답변
이현지 주무관은 어떤 친구인가요?	이현지 주무관은 역량평가 결과에서도 나와 있듯이 의사결정, 성과지향, 변화관리의 역량이 떨어지고 오색테마여행 담당자로서 보더라도 의사결정력이 떨어짐을 볼 수 있습니다.
목표설정에 문제가 있다고 하셨는데 구체적인 예시를 하나 들어봐 주시겠어요?	예를 든다면 "올해 의사결정역량을 강화하기 이해 관련 교육과정을 3회 수강하고, 관련도서를 5권 학습하며, 이를 현업에 활용하여 차년도의 다면평가에서 의사결정역량을 전체평균인 65점보다 상회하겠다"입니다.
이현지 주무관의 역량개발을 위해 담당팀장으로서 어떤 역할을 해주실 건가요?	이현지 주무관과 협의하여 멘토의 역할을 수행하고 싶습니다. 격주로 만나 진행 중인 다양한 역량개발활동을 점검하고 코칭과 지원을 해주는 역할을 해 주고 싶습니다.
이현지 주무관을 TF 팀에 파견을 하였는데 그 의미가 무엇인가요?	이현지 주무관에 현재 맡고 있는 업무에 어려움을 느끼고 있는바 업무 전환을 통해 자신을 돌아보고 자신감을 회복하는 계기로 삼고자 함입니다.

과제#5 질문

과제 5. 오색테마여행 일정 조정	
질문내용	예시 답변
본 상황의 개요를 말씀하여 주십시오? - 가장 핵심이 되는 문제는 무엇이라고 생각하시나요?	요리구, 로테그룹, 자연구의 일정 조정 요청을 들어줘야 한다고 생각했습니다.
문제 상황에 대해 어떻게 조치를 취하셨습니까?	조정된 일정을 이현지 주무관에게 알려주었습니다.
조치를 취할 때의 관점이나 기준이 있었다면 말씀하여 주십시오? - 그 외에 추가적으로 고려한 점은 무엇이 있나요?	각 이해관계자의 요구사항을 최대한 반영하고자 하였습니다.
향후 이러한 불만사항이 재발되지 않도록 조치한 내용이 있습니까? - 있다면 어떤 내용인지 말씀하여 주십시오.	사전에 고객들인 이해관계자들의 요구를 파악하는 것이 중요하다고 생각합니다. 그러나 급박스러운 일정조정은 업무추진에 어려움이 있는바 최소 2주 전에는 일정조정을 요청하는 것을 관계자에게 공유하고 협조를 구하는 것이 좋다고 생각합니다.

평가

이번에도 평가를 진행하도록 하겠습니다. 조치 내용을 직접 보지 못하고, 인터뷰 역시 진행할 수 없어 여러분들의 정확한 수준을 알려드리지 못하는 점이 무척 아쉽습니다. 대신 여러분의 역량을 스스로 평가해보도록 합시다.

여러분이 작성한 조치기록지와 인터뷰 기록지, 그리고 제시된 조치 가이드를 비교하면서 스스로 잘한 점과 잘 못한 점을 아래에 기술하여 주십시오. 그리고 행동의 빈도수를 보고 점수를 책정하시면 됩니다. 잘한 점의 빈도수가 높다고 생각되면 '매우 잘하였음'에, 잘 못한 점의 빈도수가 많으면 '못하였음'에 체크하시면 됩니다. 평가방식은 앞서 제시된 과제의 평가방식을 참조하여 주십시오.

잘한 점	부족한 점

해석

이번에도 차근차근 단계를 밟아가며 과제를 분석해보도록 합시다.

1. 상황과 역할의 명확화

가장 먼저 해야 할 행동으로 상황과 역할을 명확히 해야 한다고 말씀드렸습니다. 이번 문제에서 여러분에게 주어진 상황과 역할은 무엇이었나요?

- 당신은 사랑시 문화관광국 관광정책과 관광개발팀장 나현석입니다.
- 사랑시는 평화국의 대표 도시로서, 5개의 행정구로 구성되어 있습니다. 각 행정 구는 서로 다른 특색을 지니고 있어, 사랑시의 문화관광국에서는 이 특색을 활용한 관광상품을 올해 처음 도입하였습니다.
- 오늘은 2022년 3월 23일 수요일이고, 지금 시간은 11시입니다.
- 9시부터 11시까지 국장님 주재 회의에 다녀온 당신의 책상에는 처리해야 할 업무가 놓여 있습니다. 당신은 이 업무를 모두 처리한 후 11시 50분에는 해외 출장을 위해 공항으로 떠나야 합니다.

위의 지문을 통해 '귀하는 5개 행정구로 구성된 역량시의 관광정책과 관광개발팀 팀장 나현석이고, 지금부터 50분 내에 과제를 처리해야 한다'는 내용을 확인할 수 있겠네요.

2. 과제의 명확화

다음으로 해야 할 일은 과제를 명확히 하는 것입니다. 본 문제에서는 과제들이 드러나지 않고 있기 때문에 자료를 통해 과제를 찾아내야 합니다. B 유형은 과제가 드러나지 않기 때문에 여러분이 가진 모든 감각과 역량이 동시에, 고도로 사용되어야 합니다. 지문을 읽으면서 문제상황을 파악해야 하며, 조금만 소홀하게 생각해도 문제상황을 놓치는 큰 오류를 범할 수 있습니다.

과제 1번 'TF 팀 구성 갈등해결'에 대한 지시문은 자료 3번을 통해 알 수 있습니다. 과제를 파악했다면, 우선 과제의 내용 및 요구사항을 명확하게 기록한 후 다음 자료로 넘어가시는 것이 좋습니다.

자료 7번 사내 메신저 대화를 통해 관광정책팀 강정욱 주무관이 과제 상황을 제시한다는 것을 알 수 있습니다. 외국인 여행객이 작성한 불만사항에 대해 대처를 해달라는 내용이었습니다. 이것이 과제 2번이 되겠네요.

자료 9번에는 오색테마여행 만족도 조사 분석 내용이 나옵니다. 이현지 주무관이 남겨 놓은 메모가 있는데, 이 상황이 무엇을 의미하는지 한번에 파악하기 어려울 수도 있습니다. 조치를 하라는 것인지, 아니면 참고 자료로 활용하면 되는 것인지 혼란스러울 것입니다. 의미 없는 자료를 두 페이지에 걸쳐 제시하지는 않았겠지요? 조치하셔야 합니다. 과제 3번입니다.

자료 11번을 보시면 인사교육과에서 온 메일입니다. 이현지 주무관의 역랭개발계획서를 피드백해 달라는 내용입니다. 과제 4번입니다.

자료 16번을 보시면 이현지 주무관으로부터 오색테마여행 일정 조정을 요구하는 메일이 와 있습니다. 과제 5번입니다.

저는 이렇게 5가지의 과제를 파악하였지만, 여러분은 다른 관점에서 다른 문제 상황을 도출할 수 있습니다. 과제를 도출한 논리에 따라 점수는 다르게 매겨집니다. 타당한 논리로 조치 상황을 만드셨다면 추가적인 점수를 받을 수 있습니다.

본 과제에서 출제자가 의도한 소과제는 총 5가지입니다.

1) TF 팀 구성 갈등해결
2) 외국인 여행객의 불편 사항에 대해 조치
3) 오색태마여행 만족도 조사 분석 내용에 대한 피드백
4) 역량개발계획서 피드백
5) 오색테마여행의 일정 변경

대다수의 평가대상자들은 과제 1번 'TF 팀 구성 갈등해결'에 대한 해결을 진행하면서 과제 1번만을 생각합니다. 하지만 항상 전체 문제상항을 파악한 후 다음 과제를 조치하는 침착함이 필요합니다.

과제를 명확히 하고 난 다음 과제의 지문을 보면 문제의 윤곽이 보입니다.

5개의 과제를 보면 2개의 과제가 피드백을 해달라는 것이고, 갈등해결, 업무에 대한 조치, 일정변경 건입니다. 내용이 많아 난이도가 꽤 높은 과제들임을 알 수 있습니다.

문제를 명확히 하였고, 윤곽도 파악하였습니다. 이제는 과제를 해결해야 하는데, 우선 과제 조치의 우선순위를 정해야 합니다.

3. 과제 조치 우선순위 선정

과제 조치의 우선순위를 정하는 방법에 대해서는 앞의 과제에서도 설명을 드렸었습니다. 내용을 요약하자면 다음과 같습니다.

① 중요도와 시급성을 고려하여 판단하는 것이 가장 기본적이다.
② 그 외에 상황에 따라 실행용이성 등의 기준을 적용할 수 있다.

이번 문제에서는 과제 1번을 1순위로 조치하였습니다. 그 이유는 'TF 팀 갈등해결'은 시장님의 공약사항이고 문화관광국의 입장에서도 매우 중요한 업무입니다. 우선순위 2번은 '오색테마여행 일정변경'건입니다. 본 사안은 팀이 중점적으로 진행하고 있는 프로그램이며, 다른 행정구와 커뮤니케이션을 통해 일정을 조정해야 하기 때문에 상대적으로 처리하는 데 긴 시간이 걸릴 것으로 판단했기 때문입니다.

4. 과제풀이

① 과제 1번은 갈등해결 과제였습니다.

갈등해결을 위해서는 갈등의 원인을 파악하는 것이 우선입니다. 본 과제에서 갈등의 핵심은 업무량이었습니다. 그래서 업무량을 조정하는 데에 초점을 맞추어 해결방안을 고민하였습니다. 일반적으로 갈등해결을 위해서는 양 팀 업무의 진척상황, 구성원들의 전공과 경험의 정도 등의 자료들이 제시됩니다만 본 과제는 그러한 사항이 없어 인력을 분할하여 파견하자는 방안을 제시하였습니다.

② 과제 2번은 외국인 여행객의 불편 사항에 대해 조치하는 것입니다.

외국인 관광객이 느낀 불편 사항에 대해 해당 직무의 담당자에게 메일과 구두로 전달(Forwarding)하면서 구체적인 지시와 위임으로 문제상황을 조치하면 됩니다.

과제 중에 조치를 위임하거나 협조를 구해야 하는 상황이 불가피하게 발생합니다. 위임은 업무를 효과적으로 처리하기 위한 좋은 방법입니다. 그러나 위임을 할 때는 정확하게 해야 합니다. '관련 업무의 담당자가 A이므로 메일을 전달하여 조치한다'는 적절하지 못한 위임입니다. 위임을 할 때는 구체적인 내용을 적시해야 하고, 언제까지 어떤 방식으로 조치하길 바라며 본인에게는 언제까지 완료된 내용을 보고해달라고 전해야 합니다.

'관련 업무의 담당자가 A이므로 메일을 전달하여 조치한다' (X)
→ '관련 업무의 담당자인 A에게 다음 주 목요일까지 지정 숙박업체를 변경한 후 관련 내용을 보고해 달라는 메일을 보낸다' (O)

인바스켓에서는 위임 시의 업무 형태를 매우 유심히 살핍니다. 꼭 명심하시기 바랍니다.
본 과제 역시 자료 2. 사랑시 관광정책과 업무분장표를 참조해야만 과제를 효과적으로 조치할 수 있습니다.

③ 세 번째 과제는 오색테마여행 만족도 조사에 대한 피드백입니다.
본 과제는 과제상황으로 명확히 드러나지 않아 자칫 놓칠 수가 있는 과제입니다. 이러한 과제를 놓치지 않기 위해서는 인바스켓의 가상상황에 완벽하게 몰입해야 합니다. 실제 사랑시 나현석 팀장의 입장

에서 현안을 바라보며 문제 상황을 조치해야 합니다. 단순히 과제만을 처리하려고 하면 본 과제를 빠뜨릴 수 있습니다.

④ 네번째 과제는 역량개발계획서 피드백 과제입니다.

피드백이란 무엇인가요?

잘한 점과 부족한 점에 대해 조언을 해주는 것입니다. 즉, 계획서에서 잘된 점과 부족한 점을 찾아 언급해주면 됩니다. 부족한 점에 대해 구체적인 보완까지 덧붙인다면 최고의 피드백이 됩니다.

계획서에 대한 피드백이기 때문에 계획서의 구조를 먼저 생각하면 됩니다.

성과계획서는 기본적으로 Plan-Do-See와 SMART이론에 기반하여 구조화됩니다. 위의 구조들이 계획서에 나와 있는지 먼저 판단해야 합니다. 일반적인 기획서는 여러분들이 업무적으로 쉽게 접하는 보고서의 순서인 추진배경, 현황, 문제점, 대안, 실행계획, 기대효과, 장애요인의 흐름을 생각하여 부족한 부분을 찾아도 좋습니다.

구조적인 측면을 바라봤다면 그다음에는 내용을 살펴봐야 합니다. 역량진단결과와 업무고충상담 내역들이 충분히 고려되었는지 확인하여야 합니다. 기획서와 계획서의 피드백은 구조와 내용을 살펴봐야 함을 잊지 마십시오.

⑤ 과제 5번은 오색테마여행의 일정 변경과 관련된 사항입니다.

과제 5번은 빠른 상황판단과 의사결정을 요구하는 과제입니다. 많은 분들이 어려워하는 과제유형입니다. 표를 미리 그려서 각 이해관계자들을 요구사항을 정리한다면 10분 이내에 충분히 조치할 수 있는 과제입니다. 참고 답안을 참조하여 주십시오.